在家修行

재가수행

불이양생 7-1

在家修行

재가수행

정암 저

하늘북

들어가는 글

지혜를 일깨우는
재가수행

출가하여 스님이 되지 않고 세상사와 함께 하면서 수행하는 선지식을 대할 때마다 매우 존경하는 마음과 함께 한편으론 아쉬움이 많았습니다. 출가하지 않고 도(道)를 성취하겠다는 그 수행정신은 참으로 거룩합니다.

유마대사님처럼 세간에 머물면서 출세간의 이치와 계합된 불이선경(不二禪境)에 노니시는 분도 계시는 반면 대부분의 재가수행자는 어렵게 신심(信心) 내어 시작한 정진이 이어지지 못하고 도중하차 하거나 수행의 끈을 붙잡고는 있지만 어떻게 정진해야 될지 몰라 동서 사방으로 스승과 법을 찾아다니면서 시간을 허비하고 있습니다.

우리나라에도 중국에도 세상 어디에나 수행자를 깨달음으로 인도해 주실 훌륭하신 선지식은 많이 계십니다. 출가하여 여법한 모습으로 중생을 이롭게 하시는 분들도 많고 세속 사람과 섞여 세상사와 둘이 아닌 모습으로 지내면서 소요자재하시는 선지식도 많습니다.
그리고 수행의 세계를 전개하고 있는 경전도 수없이 많습니다.

그러나 그러한 선지식과 경전이 자신의 스승과 길잡이의 역할을 못하는 것은 분명 수행자 자신의 마음에 문제가 있어서 그렇습니다. 즉 수행자가 무엇인가에 미혹되어 세상천지 우주법계에 전개되어 있는 가르침과 상응하는 법연(法緣)이 이루어지지 못하고 있는 것입니다.

많은 분들께서 이와 같이 헤매고 있는 것을 보고 재가수행자 자신에게 맞는 가르침과 스승의 법연이 맺어지길 간절히 바라는 마음에서 외람되이 이와 같은 재가수행의 안내서를 집필하게 되었으며 그 내용은 다음과 같습니다.

제1편 재가수행성취의 사상연원
가족과 직장이 있는 재가수행자의 모습으로 수행하면서도 생사윤회에서 해탈하는 대도(大道)를 성취하여 자재인생을 실현할 수 있다는 이치를 주로 승조대사의 유마경 주석, 부대사의 어록, 혜능대사의 육조단경의 가르침과 상응하면서 정리했습니다.

제2편 도(道)에 대한 개념정립
도(道)의 성취에 수행의 궁극적 목적이 있습니다.

왜냐하면 도(道)의 성취를 통해 삶 속 모든 속박으로부터 자재할 수 있고 사후의 생사윤회로부터 초연할 수 있기 때문입니다.

도(道)는 언어로 쉽게 표현해서 밝힐 수 없다는 것을 성인의 가르침에서 무수히 강조하고 있습니다. 그러나 도(道)의 개념정립이 전혀 되어 있지 않은 상태에서 정진하기란 더욱 어렵습니다.

이러한 도(道)와 연관된 지도(至道), 대도(大道), 보리도(菩提道), 무상도(無上道) 등 다양한 용어의 상관성과 수행자 자신의 본래면목인 법신과의 관계성을 정립하는데 도움이 될 수 있게 주로 승조대사, 지자대사, 길장대사, 전등대사의 유마경 주석의 가르침을 중심으로 삼아 정리했습니다.

제3편 재가수행자의 심신양생

생사윤회로부터 해탈하여 자재하는 마음의 깨달음을 수행의 목적으로 삼아 정진하지만 건강한 몸이 뒷받침 되어 있지 않으면 지속적으로 수행력을 향상하기란 쉽지 않습니다. 특히 재가수행자의 경우 더욱 그렇습니다.

이러한 세속수행의 특징을 감안하여 옛날 달마대사 등 장수한 선지식의 가르침을 예로 들어 수행하면서 건강장수 또한 함께 성취할 수 있는 방법을 정리했습니다.

저 자신도 끊임없이 스승에게 배우고 정진하는 학인(學人)입니다.

40여 년 동안 출가수행자의 모습으로 거룩하신 큰스님들로부터 지도받고 때로는 유마대사님처럼 재가의 대선지식이신 난-후아이-진(南懷瑾), 로우-위-례(樓宇烈) 등 스승님들께 질책 받으면서 배운 법연(法緣)은 정말로 무엇으로도 그 은혜에 보답할 수 없고 무엇과도 바꿀 수 없는 소중함 그 자체입니다.

본 책이 재가(在家)에서 열심히 정진하시는 선지식과 상응할 수 있게 자비를 베풀어주신 우선(羽仙), 하늘북 두 분 선지식께 진심으로 감사드립니다.

집필 내용이 미숙하고 부족한 면이 있을 수 있습니다.

잘못된 점 일깨워주시길 제방의 선지식께 간청하오며 재가수행자의 스승이 되어주시는 모든 선지식과 재가수행자의 모습으로 정진하시는 모든 선지식께 진심으로 정례(頂禮)드립니다.

2009년 중추절
정암(靜岩) 합장

****
제1편 재가수행성취의 사상연원과 제2편 도(道)에 대한 개념정립 내용은 저의 박사논문 중에 일부 내용을 선별해 누구나 쉽게 이해할 수 있도록 풀어서 정리했습니다.

在家修行 재가수행

목 차

■ 들어가는 글/ 지혜를 일깨우는 재가수행　　5

제1편 在家修行 성취의 사상연원

1. 스승과 가르침을 찾아　　14
2. 부대사의 오도기연(悟道機緣)　　22
3. 부대사의 묵언설법(黙言說法)　　27
4. 발보리심이 곧 출가수행　　30
5. 승속의 집착타파　　33
6. 승속(僧俗)의 고뇌(苦惱)　　35
7. 불교단체의 분열　　39
8. 불교학파(學派)와 불교종파(宗派)의 차이　　56
9. 도의 성취가 어려운 재가수행　　70
10. 도의 성취가 쉬운 출가수행　　75
11. 자신에게 반문하는 수행정신　　81
12. 인법불이(人法不二)의 출가정신　　85

13. 형(形)출가의 의미	90
14. 심(心)출가의 의미	93
15. 자신은 심출가, 형출가?	96
16. 사(事)출가의 의미	98
17. 이(理)출가의 의미	112
18. 위(僞)출가와 진(眞)출가의 의미	144
19. 스님의 세 가지 수행력	148
20. 큰스님의 세 가지 수행력	151
21. 무위출가의 의미	158
22. 성현의 출가정신	161
23. 삼계에 초연한 출가	163
24. 집이 곧 수행도량	169
25. 재가수행성취의 기본조건	173

제2편 道에 대한 개념정립

1. 계합(契合)과 간택(揀擇)	178
2. 삼독심(三毒心)과 간택(揀擇)	181

3. 삼학(三學)과 육도(六度)   185
4. 나와 중생의 관계   188
5. 신심(信心)과 수행입문   192
6. 인정(印定)의 필요성   197
7. 불이중도(不二中道)   201
8. 대도(大道)와 사구(四句)   206
9. 대승(大乘)과 소승(小乘)   214
10. 지도(至道)와 반야(般若)   218
11. 지도(至道)와 대도(大道)   223
12. 대도(大道)와 삼심(三心)   226
13. 대도설법(大道說法)과 입정관심(入定觀心)   229
14. 대도(大道)와 법신(法身)   233
15. 방장실(方丈室)과 대도법문(大道法門)   236
16. 대도(大道)와 아라한(阿羅漢)   239
17. 대도(大道)와 일승(一乘)   242
18. 대도선양(大道宣揚)과 보살피로(菩薩疲勞)   247
19. 대도(大道)와 삼세(三世)   253
20. 대도(大道)와 선정(禪定)   259
21. 대도(大道)와 증상만(增上慢)   262
22. 대도(大道)와 상응(相應)   266

제3편 在家修行者의 심신양생

1. 달마(達摩)대사의 심신양생법 270
2. 옥천(玉泉) 양생법 288
3. 백세 청춘 양생법 297
4. 부부 양생 301
5. 의술봉사의 건강인생 306
6. 노자선인의 양생법 310
7. 관료의 장수인생 316
8. 혜가(慧可)대사의 자재인생 322
9. 관밀(觀密) 양생법 325
10. 추항(秋航)대사의 바둑양생 333
11. 천세장수의 보장(寶掌)대사 336
12. 팔백세 장수한 팽조(彭祖)선인 339
13. 결가부좌 심신양생법 344
14. 차(茶)와 심신양생 347

제1편

재가수행성취의 사상연원

가족과 직장이 있는 재가수행자의 모습으로 수행하면서도 생사윤회에서 해탈하는 대도(大道)를 성취하여 자재인생을 실현할 수 있다는 이치를 주로 승조대사의 유마경 주석, 부대사의 어록, 혜능대사의 육조단경의 가르침과 상응하면서 정리했다.

1. 스승과 가르침을 찾아

세속에서 수행했을 때 과연 도(道)를 성취할 수 있을까?
쉽지 않다!
그래서 석가모니부처님을 비롯해 대부분 선지식이 출가수행방법을 선택했다.
선종(禪宗)의 창시자 혜능대사나 《심신명》의 저자 승찬대사처럼 스님 되기 전에 이미 도(道)를 성취하신 분도 계시다.
그러나 이분들도 궁극엔 계(戒) 받고 스님이 되셨다.

왜 그랬을까?

가족이 있고 직장이 있으면 도(道)의 성취가 불가능한가?
그렇지 않다!
세속에서도 얼마든지 수행을 성취할 수 있다.
대부분의 경전에서 그와 같이 수행의 이치를 밝히고 있다.
그런데 왜 세속에서 수행을 성취한 분들이 적을까?

도(道)! 하면 모두 산속을 생각할까?
그럴 수밖에 없다!
도(道)를 성취하겠다는 마음은 스스로 일으킬 수 있다.
그러나 그 마음을 지속시켜 깨달음으로 나아갈 때 취해야하는 방법, 즉 수행! 어떻게 수행하지?
수행하는 길이 있어야 되는데?
그 길을 찾아야지!
어디서 찾지?
경전에서?
힘들어! 경전은 너무 어려워!

나는 선 수행자의 길을 걷고 싶어!
선(禪)!
말만 들어도 고상하잖아!
선(禪) 수행하는 그 자체에서 내가 이미 도인(道人)처럼 느껴지잖아!

이심전심(以心傳心)이라 했지!
선 수행은 이심전심이야!
마음에서 마음으로 이어지는 가르침이지!
그런데 누구 마음에서 누구 마음으로 이어지지?
누군가의 마음에서 내 마음으로 이어진다는 뜻일 거야!
그리고 누군가의 마음은 스승님의 마음을 뜻하겠지!

왜냐하면 이미 도(道)를 성취하신 분이 스승님이시니 그분의 도(道)를 성취한 도심(道心)이 나의 도(道) 닦는 마음인 도심(道心)을 일깨우는 것이지!
그럼, 스승을 찾아야지!
스승님, 어디 계세요?

대답이 없다!

스승님이 안 계시면 어떻게 선(禪) 수행하지?
경허선사처럼 스승 없이 혼자서 도(道) 깨달아볼까?
내가?
힘들지!
내 근기로 어떻게 경허선사와 비교해!
원효대사의 해골 물은 어때?
지금 그런 곳 어디 있어?

경허선사는 어려서 출가해 동학사 강원에서 불경을 공부했다.
그의 수학(修學) 능력이 뛰어나 스승을 계승해 동학사 강원의 강주가 되셨다.
여름 방학을 이용해 출가할 때 스승인 은사스님을 친견하기 위해 길을 나섰다. 어느 마을을 지날 때 많은 사람이 전염병으로 죽어가고 있는 모습을 보고 죽음에 대한 두려움으로 온 몸이 떨렸다.

그때 순간 생각하시기를:

'생사윤회를 초월하여 시방법계의 자재도인이 되기 위해 수행하는 내가 왜 그깟 전염병에 두려움을 느끼고 있지?'

그동안 수행했던 것이 모두 헛것임을 깨닫고 곧바로 돌아와 강원을 폐쇄하고 방문 걸어 잠그고 불철주야 화두참선에 몰두했다.

어느 날 방문 앞을 지나는 사미 스님의 목소리를 듣는 순간 오도했다.

의상대사와 함께 당나라 수도인 장안으로 스승 찾아 가던 원효대사는 백제 땅을 제대로 통과하지 못하고 도중에 되돌아왔다.

다시 신심 내어 둘이서 장안을 향해 가던 중 인가를 찾지 못해 동굴에서 하룻밤을 묵었다.

그날따라 짙은 어둠이 깔려 동굴 속은 더욱 껌껌했다.

갈증에 잠이 깬 원효대사가 사방을 손짓 발짓으로 뒤지면서 바가지에 담긴 물을 발견해 들이킬 때 그 맛 정말 꿀맛이었다.

시원한 기분에 다시 깊은 잠에 들었다.

다음 날 아침 일어난 원효대사는 알게 되었다.

"어젯밤 마신 물이 해골에 담긴 더러운 물이었다니!"

해골에 담긴 더러운 물을 마셨다는 생각이 든 순간 구역질이 나왔다. 이미 마신 더러운 물을 토해내고 싶어서이다.

구역질한 그 순간 원효대사는 드디어 도(道)를 성취했다.

생사윤회를 초월한, 세상사에 초연한 경지에 도달한 원효대사께서 도 깨친 게송 읊으니:

마음이 생(生)하니 갖가지 법이 따라 생겨나는구나!
마음이 멸(滅)하니 갖가지 법이 따라 없어지는구나!

같은 물인데 그것이 어디에 담겨 있느냐에 따라 더럽고 깨끗하게 느껴진 것이다. 이것은 물이 변한 게 아니고 그 물을 접하는 사람의 마음이 변한 것이다.

모든 것이 마음 따라 좋게 느껴질 수도 있고 나쁘게 느껴질 수도 있다는 이치와 계합된 순간 원효대사는 대도(大道)를 성취했다.

【문】 많은 수행자가 경전을 공부하면서 이러한 마음과 사물의 변화 이치에 대해 알게 되는데 왜 그분들은 원효대사처럼 그 이치를 아는 순간 도(道)의 성취와 상응하지 못하는가?

【답】 그 이치를 아는 것도 역시 깨달음이다. 세상사의 모든 이치를 작든 크든 아는 것은 모두 깨우침이다. 그러나 그러한 깨우침이 생사고해를 뛰어 넘고 세상사에 자재할 수 있는 지혜의 힘으로는 작용하지 못한 것이다. 그것은 작은 마음의 상태에서 그 이치와 상응했기 때문이다. 원효대사는 큰마음에서 그 이치와 상응하신 것이다.

지금 시대에 도(道) 닦는 분들 중 스승님이 되실만한 선지식도 계실 테니까 그분들이 어디 계시는지 알아보자!

도인 찾아 방방곳곳을 다닌 결과 다음과 같은 답안을 얻었다.

답안1

저 건너 마을 뒷산 아홉 고개 넘어 험준한 벼랑 위 동굴에 수도(修道)하시는 선지식이 계시다고 들었어요!

답안2

저 동쪽 산 계곡 아래 형성된 큰 절에 방장 큰스님의 도력(道力)이 출중하다고 들었어요!

답안3

저 서쪽에 소나무 숲 산속에서 칡뿌리만 캐드시면서 지내는 기인(奇人)이 계시는데 그분의 도술(道術)이 뛰어나다고 들었어요!

답안4

저 북쪽 산기슭 대나무 숲 안에 계시는 선지식의 도안(道眼)이 확 열렸다고 들었어요!

답안5

저 남쪽 산마루 정자에 한 번씩 나타나시는 선지식이 계시는데 그분의 도심(道心)이 태평양을 담을 만큼 크다고 들었어요!

스승님 찾아다닌 결과 다음 두 가지를 선명하게 알게 되었다.

1. 모두 산에 계신다!
2. 모두 들었지, 바로 '저분이 도인이야!' 하고 본 사람은 없다.

세속의 선지식이 일단 선(禪) 수행하려는 마음을 일으키면 그 스승을 자신이 살고 있는 도시가 아닌 산속에서 찾을 수밖에 없다.
그래서 도(道) 닦으려면 산으로 갈 수밖에 없다.
도(道) 닦으려는 사람이 도인(道人)을 찾아 가야지 도인이 도(道) 닦는 사람이 찾아오길 기다릴 순 없지 않는가?
그래서 석가모니부처님도 도인을 찾기 위해 궁전을 떠나 산으로 가셨다.
원효대사도 그러했다.
혜능대사도 그러했다.
우리가 역사적으로 알고 있는 대다수 선지식이 그러했다.

【문】 그럼, 반드시 집을 떠나 산속으로 들어가야만 도를 성취할 수 있는가?
【답】 꼭 그렇진 않다. 물론 산속에서 도인 찾지 않고 도(道)를 성취한 분도 계시다.

【문】 예를 들면?

【답】 부대사(傅大士)이시다.

부대사는 우리에게 친근한 인물이다.

적지 않은 사람이《금강경》주석에서 부대사의 게송이 제일 통쾌하다고 표현한다.

《금강경》은 많은 선지식에게 친근한 경전이다.

그 원인은 혜능대사의 말씀에 기인하고 있다.

혜능대사께서《금강경》독경소리를 듣고 깨달았고,《금강경》을 의지해서 선(禪) 수행하라고 강하게 천명하셨기 때문이다.

혜능대사 전까지만 해도《금강경》이 그렇게 많은 선지식의 가르침이 되어준 건 아니었다.

혜능대사의 선종(禪宗)이 중국을 통일하고 우리나라를 통일하고 일본을 통일하면서《금강경》이 선(禪) 수행자의 절대적인 사랑을 받게 되었다.

2. 부대사의 오도기연(悟道機緣)

부대사가 젊은 나이 때 물고기 잡다가 도통(道通)한 고사(故事)가 《부대사어록》에 다음과 같이 기록되어 있다.

부대사가 나이 24세 때 어느 날 계곡에서 고기를 잡고 있었다.
그때 이름이 숭두타(嵩頭陀)라는 인도에서 온 스님이 가까이 와서 말씀하시기를:
"자네와 나는 과거 비사시불(毘婆尸佛) 때 둘이 함께 부처님 면전에서 중생을 이롭게 하겠노라고 발원해서 지금은 도솔천궁에서 정진하고 있는데, 자네 지금 여기서 뭐하고 있는가?
우리의 의발(衣鉢)이 아직 도솔천궁에 있으니 빨리 돌아가세!"
왜?
빨리 오지 않고?
언제 돌아오려고 그러는가?
숭두타 스님의 말을 듣고 부대사가 무슨 뜻인지 몰라 어리둥절하고 있었다.

그러자 숭두타 스님이 부대사 보고 물속의 자신의 모습을 보라고 말씀해서 부대사가 물속을 들여다보자 자신의 머리 위에 보개(寶蓋)의 길상현상(吉祥現象)이 있는 것을 보고 그 순간 도(道)를 깨우쳤다.

도(道)를 깨달은 부대사가 숭두타 스님을 향해 말씀하시기를:

솥에 고철덩어리가 저렇게 많고
병원에 환자가 저렇게 많으니
중생 구제가 최급선무지!
어찌 천당의 불국세계 쾌락 생각할 틈 있겠는가!

(傅大士) 年二十四, 沂水取魚, 於稽亭塘下, 遇一胡僧, 號嵩頭陀, 語大士曰:"我昔與汝於毘婆尸佛前發願度衆生, 汝今兜率宮中, 受用悉在, 何時當還?"大士瞪目而已. 頭陀曰:"汝試臨水觀影." 大士從之, 乃見圓光寶蓋, 便悟前因. 乃曰:"爐鞴之所多鈍鐵, 良醫門下足病人. 當度衆生爲急, 何暇思天宮之樂乎!"

(傅大士 撰 《傅大士傳錄》 第1卷에서)

이와 같이 부대사는 고기잡이 하다가 도를 깨달았다.
산속에서 스승 찾고 도(道) 닦은 바 없이 마음을 깨달았다.
그러나 숭두타 스님이 와서 깨우치는 기연(機緣) 역할을 했으니 그가 곧 스승이나 다름없다.
세속에서 수행하는 많은 사람이 부대사의 깨달음처럼 자신들도 숭두타 스님 같은 스승이 와서 깨닫게 해주면 하고 기대하는 마음 적지 않다.

경전에서도 그 거룩하신 많은 불보살이 청(請)하지 않지만 중생에게 와서 그의 마음을 일깨워주신다고 밝히고 있다.
그러니 기대하는 마음 더욱 클 수밖에 없다.
염불하는 것도 사실 그러한 기대심리에서다.
열심히 아미타불 외우면 죽음에서 생(生)과 사(死)가 교차하는 순간 아미타불께서 오셔서 나를 그 좋은 극락세계로 데리고 가지 않겠는가 하는 기대심에서다.
아미타부처님이 바쁘셔서 못 오시면 좌우보처인 관세음보살이라도 보내지 않겠는가 하는 기대심도 분명 있을 것이다.

기연(機緣)!

수행자 자신에게 그러한 기연이 있는지 알 수 없다.
그와 같은 기연이 있길 희망한다면 당연히 더욱 열심히 정진해야 된다.
기연(機緣)은 선근(善根)에 기초한 법연(法緣)이 상응(相應)하는 동기(動機)를 뜻한다.

부대사가 도(道)를 성취했을 때 그는 이미 결혼해서 아내가 있고 자식이 있었다.
그는 깨달음을 성취한 다음에도 출가하여 스님이 되지 않았다.
그러면서도 가족과 세속이라는 외형의 틀에 얽매이지 않았다.

쌍림사(雙林寺)라는 사원 현판을 걸고 대중들을 이롭게 하니 그에게 가르침을 받으려는 사람이 천하에서 모여왔다.

여기에 모인 대중은 출가한 스님들도 적지 않았다.

처자식이 있다는 형상의 모습에 개의치 않고 자신들의 본심(本心)을 일깨우기 위해 쌍림사로 모여들었다.

부대사는 그들을 선법(禪法)으로 인도하시니 그 가르침의 종지가 《심왕명(心王銘)》에 귀결되어 있다. 《심왕명》은 《신심명》처럼 한자 네 글자씩 묶어 선지(禪旨)를 밝히고 있다.

역사적인 관점과 문구내면의 사상체계로 보았을 때 승찬대사가 《신심명》을 저술하면서 부대사의 《심왕명》의 수행정신과 사상체계를 계승한 것이 확실하다.

부대사가 생존했던 당시 중국은 불교가 한참 부흥하고 있을 때다.

어떤 단체든 발전하다보면 내부의 갈등으로 치고 박고하는 부작용이 발생한다.

세속의 권위와 명예를 모두 벗어버리고 순수한 가르침을 전개하는 불교 안에서도 이익을 차지하려고 아귀다툼이 일어난다.

수행단체에서 아귀다툼은 주로 신도 확보를 놓고 벌어진다.

가르침을 선양하는 지도자들 간에 그들을 추종하는 신자의 확보를 놓고 벌어지는 이 모습은 이미 순수성을 상실한 지극히 세속의 권모술수와 같은 추잡한 행위다.

도(道)를 배우는 사람은 누구에게든 가서 친견하고 배울 수 있다.

동쪽 대사에게 배웠는데 서쪽의 대사가 더 위대해 보이면 그곳으로 시줏돈 들고 가서 공양 올리며 가르침을 구할 수 있다.

중생을 인도하는 스승의 입장에선 그러한 배우는 사람들의 오고 감에 분별하지 않는다.

만약 그러한 현상에 분별하는 마음을 일으키면 그것은 이미 스승의 자리에 있을 선지식이 아니라 중생 틈에 끼여 중생과 함께 정성껏 가르침을 받아야 한다.

부대사 때도 불교 내부의 이러한 병폐가 만연했다.
그래서 대선지식인 부대사도 감옥에 갇혔다.
달마대사의 법을 계승한 혜가대사도《열반경》을 강의하던 스님의 모함에 의해 감옥에 갇혀 생명을 잃었다.
훗날 화두선법(話頭禪法)을 창시한 대혜(大慧)선사도 그러한 모함으로 인해 옥고를 치렀다.

예부터 지금까지 가장 유명했던《금강경》설법을 든다면 당연히 부대사의《금강경》설법이다.
불후의 명강(明講)이다. 이《금강경》강의는 부대사를 중국의 유마대사로 칭송하게 된 계기가 되었다.

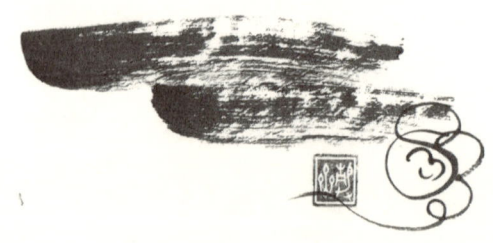

3. 부대사의 묵언설법(默言說法)

양무제가 하루는 스승인 지공(誌公)화상께 《금강경》 설법을 청했다.

지공화상(418~514)은 그 당시 수행승(修行僧)을 대표하는 훌륭한 선지식이셨다.

지공화상이 말씀하시기를:

"황제께서 진정한 《금강경》 설법을 듣고 싶으세요?"

"예!"

"그럼, 부대사님을 청하세요!"

양무제는 상당한 수행경지에 오른 선지식이다.

황궁에서 가사 입고 백관들에게 설법한다.

때로는 전국에 방장 큰스님들을 모두 불러 모아 스스로 황금가사를 입고 높은 법상에 올라 그들을 호령한다.

황제라는 절대권한이 있어서만 그런 것이 아니고 그 자신이 이미 상당한 수행의 성취를 이루었기 때문이다.

그런 그도 지공화상 앞에서는 절대복종이다.

지공화상의 말씀이라면 부처님 말씀처럼 믿고 따른다.

그것은 지공화상의 수행력이 그만큼 컸기 때문이다.

그런 지공화상이 《금강경》 설법에 있어선 자신도 부대사에게 비교하면 어린아이라고 말씀하시니 양무제가 의아해 할 수밖에!

그러나 스승님의 말씀이니 당연히 믿는다.

그래서 설법 날을 정해 부대사를 청했다.

《금강경》 설법을 계기로 감옥에서 풀려난 부대사는 유마대사의 묵언에 버금가는 묵언의 불이법문을 인도 땅이 아닌 중국 땅에서 발현했다.

화두선(話頭禪)의 근거경전인 《벽암록》에 이 대목 이야기가 다음과 같이 공안(公案)으로 정리되어 있다.

양무제가 부대사를 청해서 《금강경》 설법을 들었다.

부대사가 법상에 올라 주장자를 한 번 좌우로 휘두르자마자 곧바로 내려왔다.

그때 양무제가 뭐가 무엇인지 도무지 그 설법의 가르침을 알 수 없어 멍하니 있었다.

그러자 옆에서 지공화상이 묻는다.

"폐하! 아시겠습니까?"

양무제가 말씀하기를:

"모르겠습니다."

지공화상이 말씀한다.

"부대사께서 《금강경》 설법을 이미 마치셨습니다."

梁武帝請傅大士講《金剛經》, 大士便於座上揮案一下, 便下座。武帝愕然。志公 (寶志) 問: "陛下還會麼?"帝云: "不會!"志公云:"大士講經竟。"
(圓悟 撰 《碧巖錄》 第67則)

부대사의 묵언설법(默言說法)은 유마대사의 불이묵언(不二默言)과 상통(相通)한다.

부대사처럼 출가하지 않고도 도(道)를 성취할 수 있다는 근거를 바로 유마대사의 불이묵언이 담겨 있는《유마경》의〈제자품(弟子品)〉에서 다음과 같이 밝히고 있다.

4. 발보리심이 곧 출가수행

아뇩다라삼먁삼보리심만 일으키면 그것이 곧 출가요
구족계를 받은 것이니라!

汝等便發阿耨多羅三藐三菩提心, 是即出家, 是即具足.
(鳩摩羅什 譯 《維摩經》 上卷 第3弟子品 <羅睺羅篇>에서)

무상정등정각(無上正等正覺)의 마음을 아뇩다라삼먁삼보리심이라 표현한다. 무상정등정각은 최고의 수승한 깨달음을 뜻한다.

최고의 수승한 깨달음이란 더 이상 생사윤회가 없는 열반의 경지에 들어간 것을 의미하며 이것은 불교수행의 궁극적인 목적지이다.

무상정등정각을 약칭으로 정각(正覺) 또는 각(覺)이라 표현한다.

아뇩다라삼먁삼보리를 약칭으로 보리(菩提)라 표현하며 보리의 마음을 보리심(菩提心)이라 말한다.

보리심은 깨닫겠다는 마음으로 이러한 마음을 일으킨다는 표현을 일반적으로 발보리심이라 말하며 수행자 사이에서 서로 마주하면 합장하고 '발보리심 합시다!' 하고 인사한다.

어느 땐 합장만 하지만 그의 마음에는 '발보리심 합시다'는 생각이 함께하고 있다.

가르침을 배우러 온 청소년들에게 유마대사는 발보리심하면 이것이 곧 출가한 것이요 구족계를 갖춘 것이라는 이치를 밝히고 있다.

재가불자는 일반적으로 불교를 신봉한다는 맹세로 오계를 받는다. 그러나 출가한 스님은 사미의 십계와 비구의 250계를 받는다.

이 250계를 구족계라 표현한다.

여자 출가승인 경우 남자의 250계에 비해 배가 더 많은 비구니계를 받는다. 역시 구족계에 속한다.

구족(具足)이란 수행해서 도를 성취할 조건이 잘 갖추어진 것을 의미한다. 그래서 그것을 상징하는 구족계를 받는다.

구족계를 받음으로써 진정한 스님이 된 것이다.

사미계 또는 사미니계를 받으면 스님이지만 아직 진정한 스님이 되기 위해 교육받고 있는 과정이다.

보리심만 일으키면 이것이 곧 출가이다!
보리심만 일으키면 이것이 곧 구족계를 갖춘 것이다!

여기에서 우리는 정확히 알 수 있는 이치 한 가지를 발견하게 된다.

깨달음은 외형의 모습과 형식과는 관계없다!

왜 그런가의 이치를 다음 〈세속수행과 출가수행의 차이〉에서 함께 사유해보자!

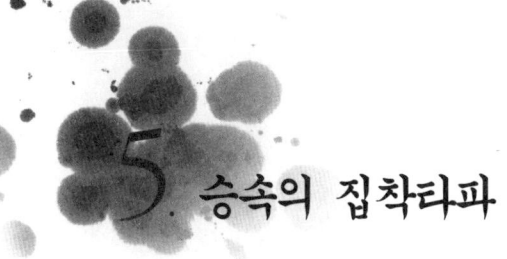

5. 승속의 집착타파

 출가해서 수행할 때 깨달음의 성취가 쉽고 공덕(功德)이 원만해지는지, 아니면 세속에서 수행할 때 깨달음의 성취가 더 쉽고 공덕도 더 원만해지는지의 내용에 대해 여러 경전에서 그에 대한 이치를 밝히고 있다.
 이것은 현실의 외형의 모습을 놓고 판단한 것이며 생명의 본성인 법신(法身) 또는 우주의 근원인 대도(大道)의 입장에서 보면 바람결에 먼지와 같은 부질없는 모습이라는 이치를 경전에서 더욱 강조하고 있다. 부질없는 모습이란 그러한 차별을 놓고 분별하는 그러한 생각이 부질없는 짓이란 뜻이다.

 그러나 수행을 성취하려는 수행자가 몸을 자신의 중심으로 삼아 수행이 쉽다 어렵다 또는 유리하다 불리하다고 판단하니 부처님 또한 그러한 중생의 마음을 일깨우기 위해 우는 아이 달래듯 방편설법을 아니 하실 수 없었다.
 옛 선지식도 그러한 분별의식을 타파하기 위한 가르침을 전개하셨고, 제자를 인도하는 지금 시대의 선지식도 그와 관계된 가르침을 밝히고 계신다.

특히 세속에서 수행하는 선지식의 경우 여기에 대한 선명한 답을 얻고 싶어 한다.

세속에서 수행하면서 정말 도(道)를 성취할 수 있는 것인지, 수행력이 향상 될 수 있는 것인지, 공덕이 쌓이는 것인지, 제자를 받아 인도해 줄 수 있는 것인지에 대한 명쾌한 가르침을 받고 싶어 한다.

이에 대해 불교의 가르침, 특히 선(禪)의 가르침에선 바로 '이런 것이다!' 하고 단정해서 나타낸 것은 없다.

왜냐하면 법신(法身)과 대도(大道)란 현상의 모습으로 단정해서 밝힐 수 없기 때문이다.

어떤 언어의 표현으로도, 어떤 행동의 모습으로도, 어떤 사물의 현상으로도 수행자 자신의 본성인 법신이나 우주의 근원인 대도(大道)에 대해 있는 그대로를 표현해 보일 수 없다.

그래서 옛 선지식은 제자들의 그러한 물음에 사구백비(四句百非)로 대응(對應)하신 것이다.

그럼, 경전에 나와 있는 출가수행과 세속수행에 어떤 차이가 있는지의 가르침과 상응하면서 수행성취에 있어서 승속불이(僧俗不二)라는 이치를 체득해 보자!

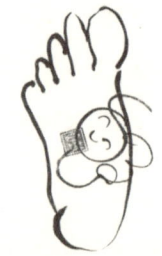

6. 승속의 고뇌

《중아함경》에 출가수행자와 재가수행자의 고뇌에 대해 다음과 같이 밝히고 있다.

출가(出家)와 재가(在家)에 각기 자재(自在)와 부자재(不自在)의 고락(苦樂)이 있다. 예를 들면 재가(在家)는 집에 금은(金銀)과 축목(畜牧)이 불어나지 않는 데에 대한 부자재(不自在)의 고뇌(苦惱)가 있다.
출가(出家)는 탐진치(貪瞋癡)로부터 자재임운(自在任運)하려는 고뇌(苦惱)가 있다.

> 出家、在家各有自在與不自在之苦樂, 如在家以金銀、畜牧等不增長之不自在爲苦, 出家以隨貪欲嗔癡自在任運爲苦.
>
> (《中阿含經》第36卷에서)

출가(出家)는 집과 가족을 떠나 홀로 출가해서 수행하는 것을 뜻하고 재가(在家)는 세속에서 가정과 직업이 있으면서 수행하는 것을 뜻한다.
여기서 자재(自在)는 세상사(世上事)로부터 자유로움을 뜻하고 부자재(不自在)는 세상사에 자유롭지 못함을 뜻한다.

출가하지 않고 재가인(在家人)으로 집에서 수행하면 왜 자재하지 못하는가?

금은과 축목이 불어나지 않기 때문이라고 밝히고 있다.

금은은 재물로 요즘 입장에서 보면 현금, 증권, 부동산, 자동차 등을 뜻한다.

축목은 목축으로 가축을 뜻하며 요즘에서 보면 직장을 뜻한다.

축목이 불어나지 않는다는 것은 수입이 늘지 않는다는 뜻이다.

세속에선 일반적으로 이러한 수입 즉 재물에 가장 크게 마음 쓰이게 된다.

예나 지금이나 의식주 해결이 당면한 인생문제이기 때문이다.

그러나 출가해서 수행하면 이러한 문제에 전혀 신경 쓰이지 않는다. 왜냐하면 걸식하기 때문이다.

날이 밝아 걸식 시간이 되면 거리로 나와 구걸하면 된다.

발우(밥그릇)에 음식이 얼마만큼 담겼는지 그것에 마음 쓰이지 않는다.

담겨 있는 만큼 먹는다.

만약 그날따라 밥 한 알도 담긴 게 없으면 단식하면 된다.

무엇이 걱정인가?

음식이 많이 담길 때는 배불러서 좋고 음식이 적게 담길 때는

속 편해서 좋다!

　그러나 출가승이 직접 음식을 해서 먹어야 한다면 세속에서 재물에 대해 신경 쓰는 것처럼 역시 신경 쓰일 것이다.

　단지 경중(輕重)의 차이는 있겠지만!

　출가한 수행자도 고뇌가 있음을 밝히고 있다.

　어떤 고뇌?

　탐진치(貪嗔癡)로부터 자유롭고 싶은 고뇌!

　세속에선 탐진치 그 자체가 바로 세상살이다.

　만약 탐진치가 없는 세속이라면 그것은 이름만 세속이지 이미 출가수행자가 거주하는 출세간의 환경과 다름없다.

　탐진치에 즐거워하고 탐진치에 엎어지며 탐진치를 꿈꾸면서 살아가는 인생이 세속인의 존재가치(存在價値)이다.

　그러나 출가한 수행자 즉 스님은 탐진치를 멀리한다.

　탐진치가 가까이 올까봐 두려워한다.

　왜 그럴까?

　탐진치를 끊어 없애야 도(道)에 들어가는 계정혜(戒定慧)를 성취할 수 있기 때문이다.

　탐진치는 탐내고 화내고 어리석은 마음을 뜻한다.

　계정혜는 계율과 선정과 지혜를 뜻한다.

계율(戒律)로 탐심(貪心)을 다스려 끊어 없앤다.
선정(禪定)으로 진심(瞋心)을 다스려 끊어 없앤다.
지혜(智慧)로 치심(癡心)을 다스려 끊어 없앤다.

그럼!

탐진치의 근원이 무엇일까?
탐진치는 어디에서 비롯되었을까?
탐진치는 정말 끊어 없앨 수 있는 것일까?

《아함경(阿含經)》은 원시불교 사상을 대표하는 불경(佛經)으로 《장아함경(長阿含經)》, 《중아함경(中阿含經)》, 《증일아함경(增一阿含經)》, 《잡아함경(雜阿含經)》 등 모두 네 가지 종류가 있다.

7. 불교단체의 분열

불교를 역사적인 관점에서 보았을 때 다음과 같이 세 단계로 구분한다.

1. 원시불교(原始佛敎)
2. 부파불교(部派佛敎)
3. 대승불교(大乘佛敎)

원시불교는 석가모니부처님 당시의 불교를 뜻한다.

불교수행자의 입장에서 보면 부처님께 직접 가르침을 받은 분들이 원시불교의 선지식에 포함된다.

사리불존자, 가섭존자, 수보리존자 등이 모두 여기에 속하며 그분들께 가르침을 받은 사람들부터 부파불교 시대에 포함된다.

부파불교는 부처님께 직접 가르침을 받지 못한 분들부터 대승불교가 창립되기 이전까지 약 500년 동안을 뜻한다.

이때를 학파불교의 부흥기라 표현한다.

그것은 그 당시에 부처님께서 남기신 가르침의 해석을 놓고 수없이 많은 견해가 나와 어느 것이 더 부처님의 가르침에 부합되는지를 놓고 연구와 논쟁이 지속되었기 때문이다.

논쟁의 발단은 계율문제였다.

계율의 개혁을 주장하는 스님들과 절대불가를 고수하던 스님들 사이에 자신들의 견해가 곧 부처님의 가르침과 상응함을 주장했는데 그 사상적 근거를 삼법인에 두고 있다.

삼법인은 불교의 가르침임을 입증하는 즉 헌법과 같은 것이다.

삼법인에 부합된 견해는 불교의 가르침이고 부합되지 않는 견해는 외도이다.

그럼, 계율과 수행 사이에 어떤 관계가 있는지 이해하기 위해 그 당시 있었던 분쟁의 줄거리를 살펴보자!

부처님 당시엔 주로 인도 북부지방에서 홍법활동을 전개했다.

부처님께서 입적하신 뒤로 많은 출가수행자가 남부지방을 향해 홍법활동에 들어갔다.

그런데 문제가 생겼다.

불교교단의 총본부에 남방에서 활동하는 스님들로부터 구원요청이 들어왔다.

"소량의 소금은 몸에 지니게 해 주세요!"

"강 건너는데 필요한 뱃삯 낼 정도의 현금은 갖고 다닐 수 있게 해주세요!"

답신 왈:
"어림없는 소리!"
"절대 불가!"

이 소식을 듣고 남방에서 활동하던 스님들은 절망적이었다.
이로부터 불교교단의 분열이 시작된다.

그 소량의 소금 때문에!
그 작은 현금 때문에!

왜 그랬을까?
남방의 스님들은 왜 소금과 현금의 소지를 요구했고 총본부에선 거절했을까?
이유인즉 다음과 같다.

북부에 비해 남부는 비가 많이 내리고 습하다.
인도는 원래 더운 지역이다.
비가 적게 오는 북부는 비록 덥지만 나무 그늘에 들어가면 좌선으로 수행하는데 지장이 없다.
그 당시 불교의 수행은 좌선이 전부였다.

삭발하고 출가하면 바르게 앉고 호흡하고 마음 다스리는 법을 배워 곧바로 좌선수행에 들어간다.

예를 들면 누가 신심을 내어 출가하러 오면 간단한 삭발수계의 의식을 거쳐 곧바로 좌선정진에 들어간다.

스님이 되는 과정이 간소하다.

출가당일에 곧바로 정진수행이 이어진다.

왜냐하면 출가의 목적이 오도의 해탈에 있기 때문이다.

세상사의 격식행위를 배우는데 있지 않다.

곧바로 마음이 본래 청정한 법신과 계합하는데 있다.

어찌 아까운 시간을 소비할 필요 있겠는가!

이것으로 보아 부처님 당시엔 출가 그 순간이 바로 좌선수행으로 이어졌다.

지금처럼 세속적인 행위와 같은 격식과 절차로 몸과 마음을 피곤하게 만들고 아까운 시간을 소비하지 않았다.

그래서 부처님 당시를 수행하기 좋은 때라고 칭송한 것 같다.

그런데 부처님께서 세상을 떠나자마자 역시 세속적인 분쟁이 스님들 세계에서 일어나기 시작했다.

이것으로 보아 훌륭한 스승이 계신다는 것은 정말 수행자의 홍복(洪福)인 것은 사실이다.

인도의 남부는 수분이 많아 비록 나무 그늘아래 들어가지만 좌선하고 있으면 땀이 줄줄 흐를 때가 많다.

땀을 많이 흘릴수록 몸이 무력해진다.

그와 같은 가장 큰 원인 중에 하나가 몸 안의 염분 성분이 땀과 함께 밖으로 배출되어 생리적으로 필요한 염분이 부족하기 때문이다.

높은 산을 오를 때 대부분 사람들은 몸에 소량의 소금을 지닌다.

등산 중에 땀을 흘려 지치면 작은 소금 덩어리를 입에 머금고 등산한다. 입안의 침에 용해된 소금이 몸 안으로 흡수되면서 부족한 염분이 보충되어 다시 기력을 찾을 수 있도록 도와준다.

이것은 어떤 업에 종사하든 어떤 운동을 하든 어떤 수행법으로 정진하든 몸이 지니고 있는 생명활동의 특성과 상응했을 때 뜻한 바대로 길을 잘 갈 수 있다는 이치이다.

【문】 운기조식이 원만한 수행자는 무염식으로도 건강하게 잘 정진 하지 않는가?

【답】 그렇다.

【문】 그럼, 그렇게 하면 되지 않는가?

【답】 수행에는 단계가 있다. 아직 무염식으로 정진할 수 있는 경지에 도달하지 못한 수행자는 당연히 염분을 섭취해야 건강이 유지 된다. 그리고 수행력이 향상된다고 해서 모두 무염식의 체질로 바뀌는 것은 아니다. 무염식과 상응한 수행법으로 정진했을 때 그와 같은 체질로 바뀐다.

생명체는 현실에 적응한다. 어떤 물질이 비록 생명유지에 필요하지만 그것을 구할 수 없을 때 그것이 없어도 능히 생존할 수 있는 체질로 바뀌게 된다. 그러나 불교수행에서 반드시 무염식으로 식사해야 수행을 성취한다고 주장하진 않는다.

부처님께서도 세속의 음식 그대로 드셨고 옛 선지식도 지금의 선지식도 역시 세속 음식을 그대로 드시면서 수행한다.

남부에서 정진과 홍법하던 스님들은 소금의 보충이 반드시 필요했다. 좌선 중에, 행각 중에 몸이 탈진 되었을 때 소량의 소금을 복용하면 금방 회복된다.

만약 그대로 방치하면 몸도 빠르게 쇠약해질 뿐만 아니라 분명 큰 병을 얻기 쉽다.

이와 같이 소금의 필요성을 절실히 느낀 남부의 스님들이 북부에 있는 총본부에 구원요청을 했지만 그것이 통과되지 못했다.

만약 총본부의 장로들께서 남방에 가서 그곳 스님들과 함께 땀 흘리면서 직접 체험했다면 결과가 어떠했을까?

어떤 방법으로든 대책을 강구하지 않았겠는가?

아무 대책도 세워주지 않고 부처님의 말씀은 곧 진리여서 시간과 공간의 변화와 상관없이 항상 그대로 유지 되어야 한다는 원론만을 강조하니 남부의 스님들 사이에서 장로스님들에 대해 비판의식이 싹트기 시작했다.

"고집불통의 늙은이들!"
"현실을 모르는 이상주의자들!"

"이미 홍법이 잘 되어 있는 곳에서 불편함 없이 성자처럼 존경받으면서 지내기에 우리들처럼 새롭게 개척하는 스님들의 고통을 모르는 거야!"

"부처님의 진정한 가르침의 뜻이 무엇인지도 모르는 외도야!"

"몸의 행위가 진리라니 그럼 몸이 성불한단 말이야?"

"몸이 깨닫는다면 몸이 죽으면 안 되지!"

"그럼! 몸이 곧 부처이잖아!"

"만약 이와 같다면 몸이 죽은 사람은 범부이지 성자가 아니야!"

"그럼, 우리의 스승 부처님도 범부인거야?"

"그러니 그 늙은이들의 말이 헛된 것이지!"

그 당시 분명 위와 같은 언행으로 북부의 장로 스님들을 비판한 남부의 스님들도 있었을 것이다.

그래서 개혁에 들어가지 않았겠는가?

남부의 스님들이 보낸 서신이 북부의 장로들에게 도착했다.
내용 왈:

"이제 당신들과 결별하겠소!"

"이제부터 당신들은 우리들의 지도자가 아니오!"

"우리들끼리 불교의 정법교단을 만들었소. 왜냐하면 당신들은 진정한 부처님의 제자가 아니기 때문이오. 부처님의 가르침의 본뜻이 마음의 깨달음에 있는데 그대들은 몸에만 집착되어 있지 않소! 몸과 연관된 행위가 마치 영원불멸하는 그대들의 조상이나 된 듯!"

이로 인해 인도불교는 크게 둘로 분열되었다.

남부의 대중부(大衆部)
북부의 상좌부(上座部)

두 문파 간에 서로 자신들이 진정한 부처님의 후계자라고 주장하기 시작했다.
그럼, 과연 어느 쪽이 진정한 부처님의 후계자이지?
부처님의 진정한 후계자가 어느 쪽인지 어떻게 판단하지?
그렇다!
판단할 근거!
어느 쪽이 더 부처님의 진정한 가르침에 가까운지 판단해서 알 수 있는 근거!
바로 삼법인이다.
가르침에 문제가 생기면 그것이 불법(佛法)인지 아닌지 판단하는 근거가 삼법인이다.
그래서 상좌부와 대중부는 자신들의 주장이 삼법인의 이치에 부합됨을 증명하기 위해 연구한 결과 수없이 많은 논문이 나왔다.
이것을 논(論)이라 표현한다.

먼저 삼법인의 가르침 내용이 무엇인지 이해한 다음 다시 대중부와 상좌부의 분열현장에 들어가 보자!

세 가지 법의 인을 삼법인(三法印)이라 표현한다.
세 가지 법의 인은 다음과 같다.
1. 제행무상(諸行無常)
2. 제법무아(諸法無我)
3. 열반적정(涅槃寂靜)

제행무상은 수행자의 모든 행위가 무상(無常)하다는 뜻이다.

왜냐하면 무명(無明)으로 인한 어리석음에 의해 일어나는 행위이기 때문이다.

이러한 행위가 마치 진정한 수행인 것처럼 인식하면 반야심경에서 밝히고 있는 망상으로 인해 전도된 인생이 이어진다.

그래서 수행자의 그 어떤 행위도 여법한 것이 없다.

이때 행위란 몸으로부터 나타나는 모습뿐만 아니라 수행자 내면의 마음작용도 포함된다.

제법무아는 일체법이 무아(無我)라는 뜻이다.

무아란 어떤 사물 또는 법칙이든 그 모양과 현상에 실체가 없다는 뜻이다. 왜냐하면 인연화합으로 이루어져 있기 때문이다.

사람의 몸, 자동차, 집, 컴퓨터, 지구, 우주 그 어떤 사물도 불변하는 실체가 없다. 그런데 이것에 영원히 변하지 않는 실체가 있는 것처럼 인식했을 때 미혹되어 생사윤회의 늪에 빠지게 된다.

특히 명상 또는 선정 중에 나타나는 신비하고 환희한 현상을 실체로 인식하여 집착하면 수행의 성취가 이루어지지 않을 뿐만 아니라 증상만의 정신질환을 얻게 된다.

열반적정은 삼독(三毒)과 삼학(三學)이 둘이 아닌, 번뇌(煩惱)와 보리(菩提)가 둘이 아닌, 생사(生死)와 열반(涅槃)이 둘이 아닌 깨달음의 절대경지(絶對境地)를 뜻한다.

자! 그럼 다시 분열현장에 가보자!

인도는 예로부터 논쟁문화(論爭文化)가 발전했다.
논쟁문화란 한 종교단체 안에서 또는 다른 종교인 또는 종교단체 사이에 마찰이 있을 때 그것을 논변을 통해서 푸는 방식이다.
인간세상에서 문제를 해결하는 가장 이상적인 방법 중 하나다.
논쟁엔 반드시 중재자가 필요하다.
중재자는 어느 쪽에도 편들지 않고 중간의 입장에서 양쪽을 공평하게 도와야 된다.
여기에서 중재자는 법원의 재판장과는 다르다.
법원의 재판장은 양쪽의 의견을 모아 스스로 판단해서 결정하지만 논쟁에서 중재자는 결정자가 아니다.

서로의 논쟁분위기를 잘 유지할 수 있게 돕는 역할만 한다.
결정은 논쟁자끼리 한다.
논쟁은 문답방식이다.
한쪽이 물으면 한쪽에선 그에 부합된 답변을 내 놓아야 된다.
만약 내놓지 못하면 진 것이다.

먼저 결론부터 보자!
상좌부가 대중부에게 졌다.
그 결과 훗날 대승불교가 탄생되었다.
왜 졌을까?
대중부는 어떻게 승리했을까?
그 줄거리만 간추려보자!

왜냐하면 이 논쟁은 긴 세월 지속되었기 때문이다.
소금과 뱃삯 문제로 시작된 논쟁이 대승불교가 정착하면서 막을 내렸으니 무려 500년 이상 오랜 기간 이어졌다.

대중부를 대표하는 스님들이 한 쪽 줄에 앉고 상좌부를 대표하는 스님들이 다른 한 쪽 줄에 앉는다.
논쟁에 동참하는 인원은 때에 따라 다르다.
많으면 수십 명 적으면 몇 명이다.
그 뒤로 그 문파에 해당한 스님들이 수백 수천 명씩 앉아 있다.
정말 여법한 모습이다.

이러한 현장에 함께 하기만 해도 신심이 절로 난다는 것을 상상만 해도 알 수 있다.

뱃샆의 어려움에 대해 장로스님들께서 제대로 이해하지 못 하실 수도 있다. 왜냐하면 북부지역은 이미 불교가 어느 정도 발전되어 있어 어딜 가든 불교신자를 만날 수 있다.
차비가 필요할 때 함께 차 안에 있는 분들 중 누군가가 대신 내 줄 수 있다. 그러나 그 당시 남부지역의 분위기는 다르다.
아직 불교가 발전되어 있지 않다. 개척시기이다.
몇 마을을 지나야 한두 명 정도의 불교신자를 만날 수 있다.
이러한 어려움을 장로스님들께서 제대로 파악하지 못했을 수도 있다.
다툼이란 서로 간에 상대방의 생각을 제대로 이해하지 못했을 때 발생하는 경우가 많다.

수행자의 모든 행위의 여법함의 판단근거는 삼법인의 첫 번째 가르침인 제행무상이다.
제행이 무상한데 어찌 행위 그 자체만을 가지고 진리라고 고집할 필요 있겠는가?
계율이란 수행을 돕기 위한 규범이다.
계율 그 자체를 지키기 위해 수행하는 것이 아니다.
계율은 성문을 지키는 병사와 같다.

병사는 궁궐 안의 평안을 위해 존재한다. 그래서 궁궐의 평안에 방해 될 수 있는 것은 미리 막아 못 들어가게 만든다.

계율도 성문을 지키는 병사와 같다.

수행에 방해되는 요소는 미리 막아 수행에 방해되지 않게 한다.

몸에 음식을 지니는 것은 수행에 방해된다.

수행자가 세속의 명예와 재물과 인간관계를 내려놓았어도 만약 생명이 존재하는데 필요한 먹고 입고 자는데 얽매여 있다면 순조로운 정진이 이어지기가 쉽지 않다.

의식이 밖의 사물로 흐르는 것을 가능한 차단해야 된다.

그런데 비록 작은 양의 음식이라 할지라도 몸에 지니고 있으면 생각이 그 음식으로 향할 때가 있음을 면할 수 없다.

몸에 현금을 지니는 것은 수행에 방해된다.

여기서 말한 현금이란 요즘으로 보면 현금카드, 신용카드 등 돈으로 운용해 사용할 수 있는 모든 것이 포함된다.

음식에 비해 현금을 몸에 지니고 있는 것은 수행에 더욱 큰 방해요소이다. 현금이 몸에 있음으로써 불안함이 생긴다.

죽음이 두려워서 수행한다.

죽음이란 두려움으로부터 해탈하려면 큰마음으로 정진해야 된다.

마음이 클수록 불안함도 적어진다.

재물이 있어 마음이 편안하지만 동시에 재물은 마음을 불안하게 만드는 가장 큰 요소 중에 하나이다.
특히 몸에 지닌 현금은 더욱 그렇다.

이와 같이 현금지참과 음식휴대가 수행에 방해되지만 만약 그것이 없음으로써 존재할 수 없다면 존재에 필요한 최소한의 음식과 현금을 지니는 것은 당연하다.

왜냐하면 생사의 윤회를 초월해서 열반의 적정에 들어가는 것이 수행의 목적인데 열반세계에 들어가는 것은 몸이 아니다.

몸과는 상관없다.

몸이 있고 없고를 떠나서 그 세계는 항상 존재한다.

몸이 있고 없고를 떠나서 열반세계에 갈 수 있는 법신은 항상 존재한다.

수행 행위와는 상관없이 법신은 항상 열반세계와 상응하고 있다.

수행의 목적이 그러한 법신과 열반이 상응하고 있는 세계와 현실의 자아의식이 계합하는데 있다.

밥을 먹든 죽을 먹든, 돈을 지니고 있든 없든, 밥 먹고 돈 쓰는 활동행위와는 상관없이 자아의식이 일념으로 법신과 계합되어 있어야 된다.

계율, 용품, 수행법은 모두 수행자가 법신과 계합하는데 도움을 주기 위한 도구들이다. 그런데 이것을 절대적인 불변의 진리로 못박는 것은 부처님의 가르침을 참되게 이해하지 못한 것이다.

논변 현장에서 들려오는 대중부 스님들의 목소리 중에 분명 위와 같은 내용의 소리도 있었을 것이다.
왜 그런가?

후대의 불교발전 역사를 고찰해 보면 쉽게 알 수 있다.
인도의 불교가 중국으로 전래되면서 수 백 년 동안 문화충돌현상이 일어났다. 그런 다음 불교국가라 할 만큼 중국불교가 발전했다.
이때 수행정신, 수행방법, 수행사상 등 불교의 내면은 인도에서 전래된 경전의 가르침을 그대로 계승했고 외형으로 보이는 모습은 많은 부분이 변화되었다.
소량의 소금과 뱃삯 정도의 변화가 아니다.
인도불교에서 보면 외형만 보았을 때 불교가 아니라 할 만큼 변화되었다. 많은 복장, 정착생활, 재물소유, 노비관리, 노동 등 너무도 많은 외형의 모습이 변했다.
인도의 출가수행자가 수행하기 위해 소유한 것에 비해 중국의 출가수행자가 소유한 것은 정말 많다.
인도의 출가수행자가 생각하면 상상할 수 없을 만큼이다.
세속과 연관된 인간관계도 그렇다.
이와 같이 보았을 때 인도의 출가수행 관념에서 보면 중국의 출가승은 출가승이 아니다. 왜냐하면 끊고 들어와 출가해야 할 세속의 것이 대부분 그대로 다 있기 때문이다.
그럼, 이와 같은 생활문화에서 수행하는 우리나라, 중국, 일본의 스님들은 스님이 아니란 말인가?

만약 그렇다면 이곳의 불교는 불교가 아닌 외도이어야 된다.

친환경시대에 티베트불교는 세계적으로 각광받고 있다.
외형의 모습으로 볼 수 있는 복장, 의식 등 많은 부분이 티베트에 불교가 들어갈 당시 유행하던 종교단체에서 사용했던 것이다.
그때 그곳 문화를 그대로 받아들인 것이다.
이와 같은 불교의 생활문화는 시대에 따라 장소에 따라 더 나아가 개인에 따라 변화되어 왔다.
그래서 불교를 세계에서 가장 포용력이 큰 종교라 칭송한다.
여기에서 우리는 중요한 수행이치를 체득하게 된다.

스님들의 삶이 출세간문화 중심이었던 불교가 중국으로 전래되어선 적지 않은 스님들의 생활문화 속에 세속적인 성분이 포함되었다는 사실이다. 이것은 불교가 세속화 되고 있다는 뜻이다.
다시 말하면 세속은 원래 세속이었는데 세속과 완전히 상반된 생활문화였던 출세간이 점점 세속화 되고 있다는 뜻이다.
출세간의 개념은 세간의 세상사로부터 벗어나 존재한다는 의미다.
출세간에는 세속문화가 없다는 뜻이다.
세속문화의 대표적인 것이 인간사의 소식이다.
인간사란 사람들이 모여 살면서 일어나는 각양각색의 사건들이다.
현대 용어로 표현하면 곧 뉴스이다.
이러한 세상사의 소식이 수행에 절대적인 방해요소이기 때문에 출세간엔 세속의 모든 소식이 끊긴 장소라 표현할 수 있다.

그래서 많은 수행도량이 도시가 아닌 깊은 산속에 세워졌다.

인간사를 멀리하기 위해서다.

그러나 지금은?

도시에 있는 사찰은 포교를 위해 세상살이를 갖추고 있다고 치고, 전문 수행도량인 산속의 사찰에 뉴스를 알리는 매개체인 TV, 신문이 없는가?

그러한 소식으로부터 비롯되는 번뇌를 끊고 수행하기 위해 더 깊은 골짜기에 들어가 토굴 짓고 정진해도 인적은 끊이지 않는다.

인적이 있는 곳에 인간사가 전해진다.

이런 면에서 삭발하고 수행하는 과거의 스님들은 현대 시대의 스님들에 비해 정진에 전념할 수 있는 복이 더 많았다고 볼 수 있다.

이와 같이 보았을 때 상좌부는 부처님의 말씀은 시대와 장소의 변화와 상관없이 그대로 지켜져야 된다는 학설을 강조했고, 대중부는 부처님의 말씀이 중요한 것이 아니라 그 말씀 안에 담겨 있는 이치가 중요하다.

그래서 부처님의 근본정신이 살아 있는 상태에서 시간과 장소의 변화에 따라 그의 문화에 부합된 실천방법이 변화되어 나와야 한다는 학설을 강조했다. 이러한 연유로 상좌부를 보수파, 대중부를 개혁파로 지칭하고 있다.

8. 불교학파(學派)와 불교종파(宗派)의 차이

우리나라에선 종파(宗派)라는 개념에 익숙한 반면 학파(學派)의 개념은 별로 없다.

그것은 우리 불교문화가 종파중심으로 형성되어 있기 때문이다.

예를 들면:

"어느 절에 다니세요?"

묻지만

"어떤 수행법으로 정진하세요?"

묻는 경우는 별로 없다.

"다니시는 절이 무슨 종(宗)이세요?"

묻지만

"다니시는 절에선 어떤 수행법으로 인도해 주세요?"

하고 묻는 경우는 별로 없다.

이러한 현상은 우리나라 불교수행자의 의식이 너무 외형에 집착되어 있기 때문이다.

이러한 상(相)을 타파하라는 가르침을 절에 갈 때마다 스님들로부터 배우지만 정작 자신의 마음엔 그러한 상(相)을 하나 더 담고 와서 더욱 상(相)에 집착하게 된다.

수행의 입장에서 보면 아주 못된 버릇이다.

무아상(無我相)하라는 《금강경》을 수없이 독경하지만 무아상까지도 이상의 모양으로 만들어 집착하니 인도하는 스승의 입장에선 정말 답답할 수밖에 없다.

그러니 절에 가면 스승님으로부터, "열심히 염불하세요! 그러면 자식도 잘 되고 업장도 소멸되어 죽어서 극락세계 입장표 보장받게 됩니다."는 가르침만 자주 듣게 된다.

학(學)이란 법(法)이란 뜻으로 학파(學派)란 수행법을 배우고 참구하고 실천하는 단체를 뜻한다.

인도에선 이러한 학파가 발전했다.

그것은 세속적인 모든 문제를 내려놓고 수행에만 전념할 수 있었기 때문이다.

다시 말하면 출가수행자가 정진할 수 있는 사회 환경이 좋았다.

그러나 우리나라, 중국, 일본은 예부터 인도처럼 출가수행자가 의식주 등 사회현상에 고뇌하지 않아도 정진할 수 있는 그러한 환경이 아니었다.

　수행자는 그 지역 문화를 떠나 존재할 수 없다.

　그곳에서 생존하면서 수행을 성취하려면 당연히 그 지역문화에 자신이 상응해야 한다.

　아니면 그 지역 문화를 자신의 수행습관에 맞게 바꾸어 버리던가!

　예를 들어보자!

　우리나라는 여름을 제외하고는 추운 곳이다.

　인도에서처럼 기다란 천 하나만 걸치고 나무 아래 어디에서나 기숙할 수 있는가?

　불가능하다.

　옷도 많이 입어야할 뿐만 아니라 숙소도 어느 정도 난방을 갖춰야 된다.

　자연환경에서 인위적인 꾸밈없이 생존하기란 힘들다.

　【문】 달마대사님도 그 추운 소림사 위 숭산 중턱 석굴에서 9년 동안이나 면벽수행하시지 않았는가?

　【답】 수행법은 달마대사님처럼 이미 도(道)를 성취한 사람을 위해서 있는 게 아니다. 그와 같이 도(道)를 성취하려는 선지식을 위해 수행법이 있고 수행처가 있다.

　달마대사처럼 수행성취하기 위해 출가하고 수행한다.

　영하 온도의 석굴에서 난방설비 없이 깊은 선정에 몰입할 수 있는 수행력을 갖추기 위해 출가하여 정진한다.

그러나 우리나라 수행환경은 인도에 비해 좋지가 못하다.

비록 출가했지만 세상사(世上事)의 의식주로부터 인도의 출가수행자처럼 완전히 자유로울 수 없다.

수행하는 도량이 있어야 된다.

수행도량이 있으면 생활용품이 있어야 된다.

생활용품이 있으면 음식물을 갖춰야 된다.

음식물을 갖추면 그것을 해서 먹어야 된다.

인도의 출가수행 문화에 비해 이 얼마나 번잡한 일이 많은가?

비록 출가했지만 세상사의 많은 부분을 다시 함께하면서 수행해야 된다.

【문】 그럼, 수행할 집만 있으면 되었지 돈도 없는데 무엇 때문에 비용 많이 드는 법당 짓고 탑 세우고 불상 모시는가?

【답】 만약 당신이라면 "정진하고 수행할 방 만들려는데 시주 좀 하시요!" 하면 시주하겠는가? 법당 짓고 불상 만든다고 해야 시주하지 않는가? 그래서 불상모시고 법당 짓는다는 명분을 찾아 불사에 남는 일부분 돈으로 선방 짓고 강당지어 출가수행자의 정진 공간을 마련한다.

【문】 출가수행자에게 수행력이 있으면 그 거룩한 모습을 보고 어떤 재가신도가 시주하지 않겠는가?

제1편 재가수행 성취의 사상연원 59

【답】 그대가 어떻게 출가수행자가 수행력을 갖추고 있는지 아닌지 알 수 있는가? 남들이 그를 큰스님이라 하니 그대도 그를 큰스님으로 생각하는가? 남이 그를 도력 있다고 하니 그대도 그를 도력을 갖춘 고승으로 모시는가? 그의 모습이 위엄스러워서 그를 큰스님이라 부르는가? 그의 이력이 좋아서 그를 큰스님이라 부르는가? 십 년 장좌불와해서 그를 큰스님이라 부르는가?

만약 이러한 문제를 그대의 말씀처럼 풀 수 있다면 어찌 선종(禪宗)의 제도의 틀을 정립시킨 백장선사(百丈禪師)께서 일일부작(一日不作)이면 일일불식(一日不食)이라는 더욱 세속적인 출가수행자의 생활방식을 선택했겠는가?

출가수행자의 계율에 일할 수 없게 되어 있다.

무엇을 생산하기 위해 작업하면 안 된다.

그것은 생업에 종사함으로써 정진시간이 낭비되고 더 중요한 것은 생업활동으로 인해 수없이 많은 의식변화가 일어나기 때문이다.

그런데 백장스님은 출가수행자도 농사일에 종사해서 음식물을 생산해야 한다고 강하게 주장하고 있다.

그러한 그의 주장에 의해 그 법을 계승하고 있는 후손들은 그러한 가르침에 충실하고 있다.

임제종 등이 여기에 속한다.

우리나라는 조계종이 여기에 속한다.

백장스님이 이와 같이 농사일을 주장한 것은 아무리 출세간의 가르침을 성취하려는 출가수행자지만 먹지 않고 살 수 없기 때문이다.

【문】 신도의 시주물에 의지하면 되지 않는가?
【답】 인도의 출가수행자는 주워 기워 입은 가사를 제외하고 모든 생활용품을 시주물에 의지한다. 그러나 그 시주현상에 구속받지 않는다. 그것은 오고간 시주물이 출가 수행자를 속박하지 않기 때문이다.
　왜 속박되지 않는가?
　수행자가 정착하여 머물지 않기 때문이다.
　절은 안거 때 정진하는 곳이며 출가수행자 자신은 항상 발우, 가사 등 수행에 필요한 아주 단순한 물건만 지니고 다닌다.

　그러나 한문문화권의 종교문화는 인도의 종교문화와 상당한 큰 차이가 있다.
　첫째 인도에선 출가수행자가 집 앞에 와서 걸식하면 환영하고 존경하면서 음식물을 보시한다. 그러나 한문문화권에선 누가 집 앞에 와서 걸식하면 가장 천박한 놈으로 인식하여 구박하고 천대한다.
　다시 말하면 출가수행자의 걸식문화가 없다.
　그러한 인도의 걸식문화를 옮겨와 실천해도 변화되지 않는다.
　어쩔 수 없다. 백장스님께서 자급자족의 수행방식을 선택한 것은 바로 이 문제 때문이다!

결연(結緣)!

결연(結緣)을 벗어나기 위해 출가해서 수행하는데 시주물에 의지하면 다시 새로운 결연(結緣)에 속박된다.

수행에 제일 큰 방해가 결연(結緣)이다.

그래서 수행자는 반드시 먼저 주변 사람과의 인연을 벗어나서 수행에 들어가야 된다는 가르침을 매우 강조한다.

달마대사의 첫 가르침인 외식제연(外息諸緣)도 이러한 이치를 뜻한다.

《신심명》의 "증애(憎愛)만 없으면 도(道)는 저절로 깨우친다."는 가르침 또한 이러한 이치이다.

그런데 시주물에 의지하면 또 다시 결연(結緣)에 얽매인다!

결연(結緣)을 절연(絶緣)하기 위해 출가했는데 다시 결연(結緣)된다면 출가하지 않은 것이나 같다.

다시 말하면 출가한 의미를 상실하게 된다.

【문】 시주물에 의지하면 왜 다시 결연(結緣)되는가?
【답】 출가수행자가 정착생활하기 때문이다.
【문】 정착하면 왜 결연(結緣)이 생기는가?
【답】 인지상정(人之常情) 때문이다.
【문】 구체적으로 표현하면?
【답】 불교의 출가수행자가 중국에 와서 처음엔 걸식 대신 공양

접대를 위주로 음식문제를 해결했다. 그러면서 점차 사원이 생기고 출가한 수행자는 사원에서 정착생활하게 되었다. 걸식과 유랑생활을 기초로 한 출가수행이 집 짓고 살림 꾸리는 정착생활로 바뀌었다.

자신이 출가수행자라 생각하고 이 두 가지 길을 직접 간다고 생각해 보면 금방 알 수 있을 것이다. 이 두 길에 어느 정도의 생활방식의 차이가 있는지! 엄청난 차이가 있다는 것을 알게 될 것이다.

【문】 출가해서 생활환경에 집착할 필요 있겠는가?

【답】 생활환경에 구애 받지 않는다면 집에서 수행하지, 무엇 때문에 출가하는가?

밖에서 구걸해오던 음식을 절에서 직접 해 먹으니 부엌이 있어야 되고 주방도구도 있어야 되고 쌀과 채소도 있어야 되고 정말 있어야 할 게 많다.

발우 하나만 있으면 되었는데 세속 집의 부엌에 갖추고 있어야할 대부분의 것이 다 있어야 한다.

잠자리도 그렇다.

여름에 사용할 이불, 겨울 이불. 옷도 그렇다.

만약 인도처럼 유랑수행 한다면 그 많은 것을 어떻게 지니고 다닐 수 있겠는가?

유랑생활의 출가수행자가 정착생활의 출가수행자로 바뀐 것은 그

원인이 두 지역의 사회문화의 차이에 있다.

결론부터 논(論)하면 인도에 있던 출세간의 환경이 우리나라나 중국에는 없다.

우리나라, 중국, 일본에는 세간만 있다.

출가수행자의 전용공간인 출세간 지역이 없다.

세간(世間)은 황제가 다스리는 공간이다.

즉, 황제의 땅이라 할 수 있다.

반면 출세간(出世間)은 누구의 제한도 받지 않는 신성한 땅이다.

인도에는 출세간이라는 공간이 있었는데 중국에는 왜 없었을까?
생사관(生死觀)의 차이 때문이다!

인도 사람은 윤회를 믿는다.

태어나면 죽고 죽으면 다시 어떤 생명으로든 태어난다.

이와 같이 자신의 영혼이 나고 죽음을 반복하면서 끝없이 이어진다.

그래서 인도 사람들은 말년에 이르면 홀로 집을 떠나 세상을 떠돌면서 걸식수행으로 생활을 이어간다.

이것은 죽음 후의 자신을 준비하는 과정이다.

누구나 보편적으로 실천하는 사후준비 수행이라서 출세간의 공간이 있게 되었고 100년 세월 함께 존재하는 현생(現生)의 국가주인인 황제보다 생사윤회의 영생(永生)의 길을 인도하는 수행지도자를 사람들이 더욱 의지하고 믿고 따랐다.
 황제도 죽으면 황권이 없어진다. 다시 윤회한다.
 황제 또한 사후를 위한 준비수행자 중에 한 명이다.
 그래서 정신세계의 지도자가 육신세계의 황제보다 사회적으로 더 높은 위치에 있었다.

 그러나 우리나라가 포함된 한문문화권엔 출세간이란 개념이 없다.
 왜냐하면 죽은 후 영혼이 있어 윤회한다는 개념이 없기 때문이다.
 사후에 계속 이어지는 나의 존재가 없으니 그러한 사후의 나를 위해 닦는 공간이 있을 필요가 없다.
 그래서 인간이 존재하는 모든 공간은 황제의 땅이다.
 그리고 모든 사람은 황제의 사람이다.
 그 속에 정신지도자도 포함된다.
 이러한 사상에 근거해서 큰스님의 직위도 황제가 임명한다.
 큰스님의 명호도 황제가 하사한다.
 큰스님의 승적박탈도 황제가 할 수 있다.
 큰스님의 목숨도 황제가 앗아갈 수 있다.
 더 나아가서 승려가 되는 것도 황제의 허락 없이는 불가능하다.
 왜냐하면 모든 사람이 황제에게 예속되어 있기 때문이다.
 이러한 사회문화의 배경으로 인해 출가수행자의 정착생활이 생겨났다.
 예를 들어 황제가 어느 큰스님께 명령한다.

"당신, 황궁 부근 OOO절에서 상주하시오!"

명령하면 그곳으로 가서 지내야 한다.

마치 관리가 황제의 명령에 의해 근무지를 옮기는 것과 같다.

간혹 불심(佛心)이 돈독한 황제가 다스리는 세상에선 스님들이 대우받기도 한다.

그러나 그것도 극소수의 큰스님에 한정되며 출가수행자 대다수는 생활에 있어 제약적일 수밖에 없다.

물론 운수납자(雲水衲子)로 선(禪) 수행하며 다니는 경우엔 불교를 탄압하는 시기를 제외하곤 제약받지 않는 경우가 많다.

그러나 사찰관리는 위론 황제로부터 아래론 지역관리로부터 주지 임명장을 받아야 그 절을 관리하는 권한이 주어진다.

또한 운수납자처럼 자유롭게 스승을 찾아 토굴 찾아 정진하는 스님들도 절의 관리책임자인 주지스님의 도움이 없으면 수행하기 쉽지 않다. 수행경비가 나올 곳이 없다.

인도의 수행환경 같으면 수행경비라는 그러한 개념 자체가 참으로 우스운 소리이지만 한문문화권에서 출가하여 수행하는 사람에겐 지극히 당면된 현실문제이다.

이와 같이 불교의 발원지인 인도의 출가수행자와 한문문화권의 출가수행자 사이에 적지 않은 수행배경의 차이가 있음을 알 수 있다.

【문】 출가한 스님이 왜 재물과 권위에 집착하는가?

【답】 그러한 재물과 권위에 집착하는 것처럼 비춰지는 사원관리를 하지 않으면 불교가 세상에서 지속될 수 없다. 만약 인도의 출가수행자의 수행문화를 그대로 계승하길 고집했다면 중국에서 불교가 정착하지 못했을 뿐만 아니라 우리나라까지 전해오지도 못했을 것이다.

이러한 인도와는 다른 사회문화에 정착하기 위해 옛 큰스님들께서 수없이 노력했다.
"어떻게 하면 부처님의 가르침이 이 땅에 정착해서 이 세상 사람들의 안심(安心)을 돕는 지혜등불이 될 수 있게 할 수 있을까?"

종교에 있어서의 중국문화가 인도문화와는 큰 차이가 있다는 것을 뼈저리게 체감한 지자대사에 의해 불교 역사상 최초로 종파불교가 탄생한다.

종파불교의 특징을 다음과 같이 이해할 수 있다.
1. 종파의 독립적인 재산이 있다.
2. 종파의 독립적인 의식, 계율, 수행법이 있다.
3. 종파의 독립적인 사제상승(師弟相承)의 계보가 있다.
4. 종파의 독립적인 승려가 있다.

대승불교는 용수보살을 중심인물로 전개한 대중화 불교운동으로 시작되었다. 그 당시 자신의 깨달음 중심으로 치우쳐 있던 보수적인 스님들을 지탄하면서 일어난 개방적인 스님들이 중심이 되어 전개시킨 불교개혁운동이다.

【문】 불교의 어떤 개혁인가?
【답】 불교의 수행방법에 대한 가르침의 개혁이다.
【문】 예를 들면?
【답】 주요한 변화는 다음과 같다.
1. 일불(一佛)에서 다불(多佛)로 변화되었다.
   석가모니부처님 한 분에서 아미타불, 약사여래불 등 수없이 많은 부처님이 수행법 안에 포함되었다.
2. 수행자의 모습이 아라한(阿羅漢) 중심에서 보살(菩薩) 중심으로 바뀌었다.
3. 《아함경》 중심이었던 경전이 무수히 많은 종류의 경전으로 불어났다.
4. 깨달음의 목적지가 아라한의 경지에서 성불(成佛)의 경지로 바뀌었다.
5. 팔정도(八正道) 중심의 수행법이 육바라밀(六波羅密) 중심으로 바뀌었다.
6. 형(形)출가 수행중심에서 심(心)출가 수행중심으로 바뀌었다.
7. 번뇌를 끊고 보리를 깨우친다는 사상이 번뇌를 끊지 않고 보리를 깨우친다는 사상으로 바뀌었다.
8. 생사를 벗어나 열반에 들어간다는 사상이 생사와 열반이 둘이

아니라는 사상으로 바뀌었다.

【문】 몇 백 년 동안 없었던 대승사상을 담은 그 많은 경전이 어떻게 불현듯 나타나게 되었는가?

【답】 용궁에서 가지고 왔다.

【문】 전설로만 존재하는 해저의 용궁 말인가?

【답】 경전에 존재하는 용궁이다.

【문】 전설 같은 이야기를 믿으란 말인가?

【답】 당신 마음속에 불성(佛性)이 있다는 것이 더 전설 같지 않은가?

그래서 역사적인 관점에서 일반적으로 인식할 때 원시불교의 가르침이 석가모니부처님의 가르침에 제일 가깝다고 표현한다.

《대보적경》에서 출가와 재가의 득실(得失)에 대해 다음과 같이 밝히고 있다.

재가는 세상사에 부딪침이 많고 출가는 오묘하고 즐겁다.
재가는 세상사에 결박되어 있고 출가는 걸림 없이 자유롭다.
재가는 악(惡)을 섭수하고 출가는 선(善)을 섭수한다.
如在家塵汙多, 出家妙好 ; 在家俱縛, 出家無礙 ; 在家攝惡, 出家攝善。
(《大寶積經》 第82卷 <郁伽長者會>에서)

9. 도의 성취가 어려운 재가수행

세속수행자는 도(道)를 성취하기가 쉽지 않고 출가수행자는 도(道)를 성취하기가 그만큼 쉽다고 《대보적경》에서 밝히고 있다.

【문】 세속수행자가 도(道)를 성취하기가 왜 어려운가?
【답】 세속에서 수행하기가 어렵기 때문이다.
【문】 왜 세속에서 수행하기가 어려운가?
【답】 **1 세상사에 부딪침이 많기 때문이다!**

고요히 명상하려면 가족의 움직임이 시끄럽다.
평소엔 그러한 시끄러움을 전혀 느끼지 못했는데 명상하고부터 느껴지기 시작한다.
처음엔 크게 떠드는 소리만 방해 되었는데 명상수행이 깊어질수록 주방에서 음식 만드는 작은 소리도 시끄럽게 느껴진다.
가족이 옆방 또는 응접실에서 작은 소리로 TV 보는 것도 짜증난다.

전에는 동료에게 획기적인 아이템에 대한 소식이 전해오면 매우 반가웠다.

그러나 명상수행하고부터 명상시간에 이러한 전화가 오면 목소리부터 반갑게 전해지지 않는다.

눈으로 보이진 않지만 사회는 인간의 내면관계가 가장 크게 작용한다.

그래서 많은 사람이 사회활동에서 대인관계를 중요시한다.

그러나 명상수행하고부터 이러한 대인관계를 발전시키는 모임에 참석하는 것도 귀찮다.

예를 들어, 매일 아침에 한 시간 저녁에 한 시간씩 수행시간을 정해놓고 열심히 정진한다.

어느 날 저녁에 중요한 회의에 참석한 다음 귀가해서보니 이미 정진시간이 지났다.

이때 세상사로 인해 수행을 뜻대로 못하고 있다는 아쉬움이 생긴다.

어느 땐 갑작스런 일로 잠결에 일어나 밖으로 나간다.

역시 아침수행을 빠뜨렸다.

이러한 결석이 한 번 두 번 이어지다보면 굳게 신심 내어 시작한 아침저녁 정진이 쥐 꼬랑지 감추듯 사라진다.

【답】2 세상사에 결박되어 있기 때문이다!

어느 땐 수행이 순조로워 정말 단 3일만이라도 집중해서 만사

내려놓고 정진하고 싶다.

자식이 뭐 길래!
잘 키우기 위해 돈 벌어야 된다.
데리고 함께 놀아줘야 된다.
전엔 자식을 위해 돈 번다는 그 자체가 인생을 의미 있게 해 주는 원동력이었는데 지금은 그것이 큰 방해요소로 작용한다.
함께 아이와 노는 그 시간이 무엇보다 행복감을 주었는데 지금은 아이가 주말에 함께 공원가자고 보채면 정말 짜증난다.

반려자는 자식에 비해 수행에 있어 더욱 방해요소이다.
자식과 부모는 일촌의 촌수가 존재한다.
그러나 부부지간은 촌수가 없다. 무촌이다.
이것은 무엇이든 서로 통할 수 있고 희생할 수 있고 함께할 수 있다는 뜻이다.
무한히 함께할 수 있는 관계 안에 끝이 보이지 않는 정(情)의 결박이 함께하고 있다.
어떤 상황에서도 이성(理性)의 판단보다 희노애락(喜怒哀樂)의 뿌리인 정(情)이 먼저 발동한다.
인간관계에서 양면성이 가장 강하게 작용하는 것이 정(情)의 마음이다.
좋아하면 할수록 그에 상응한 미워함이 항상 준비되어 있다.

그 좋아함을 깨뜨리는 순간 그에 상응한 미워함이 나타난다.
이러한 미워함이 깊어질 때 원수보다 더 강하게 증오하는 미워함이 드러난다.
이러한 정(情)의 특징 때문에 부부관계는 불 위를 걷고 있는 상황과 같다.
어느 순간 어떤 감정변화에 의해 명상하고 있는 상대방의 고요한 마음을 깨뜨릴지 모른다.

부모님 봉양은 인간의 도리이다.
그러나 수행에 있어서 큰 방해요소인 것은 사실이다.
부모님을 봉양하면서 수행도 잘할 수 있는 길은 쉽지 않은 것 같다.
혜능선사가 눈먼 노모님을 옆집에 맡기고 출가했던 것!
석가모니부처님이 아버님의 간절한 부탁을 저버리고 야밤에 도주해서 출가했던 것!

성취욕!
일반적으로 정(情)의 성취욕에 있어서 남녀사랑의 성취욕이 제일이다.
부모의 애정(愛情)에 의해 자신이 태어났다.
생명의 탄생은 남녀의 애정으로부터 비롯된다.
사회적인 성취욕을 일반적으로 욕망이라 부른다.

사업성취! 승진!

끝없이 이어지는 반연들로부터 초연하면서 정진할 수 있는 큰마음이 되어 있지 않으면 재가수행은 정말 쉽지 않다.

【답】 3 악연(惡緣)과 함께 하기 때문이다!

악연은 곧 갈등관계를 뜻한다.

세속에서 대표적인 갈등을 나열하라면 다음과 같은 몇 가지를 들 수 있다.

고부(姑夫)지간의 갈등
부자(父子)지간의 갈등
형제(兄弟)지간의 갈등
친척(親戚)지간의 갈등
동료(同僚)지간의 갈등
동업(同業)지간의 갈등

그 밖의 원인에 의해 원수가 되는 경우도 적지 않다.
예를 들면 삼각(三角)관계의 악연이다.
삼각관계는 다각(多角)관계를 포함한 뜻이다.
이와 같은 원인에 의해 세속에서 수행하기가 참으로 쉽지 않다.

10. 도의 성취가 쉬운 출가수행

【문】 출가수행자는 도(道)를 성취하기가 왜 쉬운가?
【답】 출세간에서 수행하기가 쉽기 때문이다.
【문】 왜 출세간에서 수행하기 쉬운가?

【답】 1 오묘하고 즐겁기 때문이다.
오묘(奧妙)한 맛!
무엇이 오묘한 맛인가?
세속에서 느껴볼 수 없는 즐거움이다.
이것을 수행에서만 얻어지는 즐거움이란 뜻에서 세속의 상대적인 개념인 출세간의 즐거움이라 표현하며 전문용어로 법열(法悅)이라 표현한다. 즉 수행법에서 오는 희열(喜悅)을 의미한다.

선(禪) 수행의 경지에서 오는 법열을 선열(禪悅)이라 말하며 그러한 경계를 선경(禪境)이라 표현한다.
선(仙) 수행의 경지에서 오는 법열을 선열(仙悅)이라 말하며 그러한 경계를 선경(仙境)이라 표현한다.

선(善) 수행의 경지에서 오는 법열을 선열(善悅)이라 말하며 그러한 경계를 선경(善境)이라 표현한다.

【답】 2 걸림 없이 자유롭기 때문이다.

걸림 없이 자유로운 삶!

장자(莊子)는 소요(逍遙)라 표현하고
선자(禪子)는 무애(無礙)라 표현하며
불자(佛子)는 방편(方便)이라 표현한다.

진정한 소요
진정한 무애
진정한 방편
모두 자재인생에서 실현된다.
자재인생은 걸림 없는 삶이란 뜻이다.

출가수행자는 일단 세속수행자에 비해 걸림 없는 삶을 실현할 수 있는 좋은 여건이다.

【답】 3 선연(善緣)과 함께 하기 때문이다.

악연(惡緣)의 상대적인 용어가 선연(善緣)이다.

악(惡)도 생각지 말고 선(善)도 생각지 말라는 '불사선(不思善) 불사악(不思惡)'의 혜능대사 가르침에서 선연과 악연의 상대적인 차별상을 떠났을 때 진정한 생사해탈(生死解脫)의 오도(悟道)가 성취된다는 것을 알 수 있다.

그래서 여기에서 표현하고 있는 선연(善緣)이란 자신이 수행하고 있는 환경 안에 자신의 수행을 방해하는 요소, 즉 악연이 그만큼 적다는 뜻이다.

악연(惡緣)이 많은 세간에 비해 선연이 많은 출세간이 더 수행하기 좋은 여건이란 뜻이며 이러한 선연이 쌓여 도(道)가 성취됨을 뜻하는 것은 아니다.

《대지도론》에서 재가수행과 출가수행의 차이를 다음과 같이 밝히고 있다.

세속에 있으면서 도업(道業)에 전념하고자 하면 가업(家業)을 폐(廢)해야 하기 때문에 수행하기가 쉽지 않다.

출가해서 세속을 떠나면 모든 분란(紛亂)을 끊어 일심(一心)으로 행도(行道)에 전념할 수 있어서 수행하기가 쉽다.

> 若居家欲專道業, 則家業廢, 故爲難 ; 若出家離俗, 絶諸紛亂, 一向專心行道, 故爲易。
>
> (《大智度論》 第13卷에서)

도업(道業)은 도(道)를 깨닫기 위해 하는 수행을 뜻한다.

업(業)은 직업의 뜻으로 일할 때 자신의 능력을 모두 발휘하듯 수행할 때도 그와 같이 해야 한다는 뜻에서 도업이라 표현하고 있다.

그런데 재가수행자는 가업(家業)이 있다. 가업이란 직업을 뜻한다.

도업에 충실하면 가업에 소홀하게 된다.

가업에 충실하면 도업에 소홀해질 수밖에 없다.

둘 모두에 함께 전념하기란 쉽지 않다.

만약 둘을 함께 전념한다면 이것은 이미 전념이라 표현할 수 없다.

재가수행자의 대다수가 용수보살이 《대지도론(大智度論)》에서 밝힌 이와 같은 사회현상에 묶여 갈등을 겪고 있다.

갈등이 있으면 수행이 순조롭게 이루어 질 수 없다.

갈등을 없애야 한다.

【문】 어떻게 이러한 갈등을 없앨 수 있는가?
【답】 지혜롭게 수행한다.
【문】 무엇이 지혜로운 수행인가?
【답】 세속수행자가 가업과 도업이 둘이 아닌 불이법문(不二法門)의 이치에 밝게 깨어 있을 때 재가수행자에게 필요한 지혜가 발현된다.

용수보살이 저술한 《대지도론》 100권은 《반야경(般若經)》의 주석서로 대승사상(大乘思想)의 근거경전이라 표현할 수 있다.

《현우경》에서 다음과 같이 밝히고 있다.

출가수행자의 공덕(功德)이 무궁무진(無窮無盡)하다.
出家功德無窮盡

(《賢愚經》 第4卷에서)

《유가사지론》에서도 다음과 같이 밝히고 있다.

출가수행자의 공덕(功德)은 재가수행자에 비해 광대(廣大)하다.
出家功德較在家廣大

(《瑜伽師地論》 第47卷에서)

단 한마디로 표현하면 출가수행이 제일 좋다는 뜻이다.

사실 어느 경전에도 세속수행이 출가수행보다 더 유리하다고 표현한 곳은 없다.

재가수행자의 귀감인 《유마경》에서도 유마대사가 먼저 아이들에게 출가를 권했고, 그런데 아이들이 부모님이 허락하지 않아 출가할 수 없다고 말하자 그때서야 출가하지 않고도 도(道)을 성취할 수 있다는, 재가수행이 출가수행과 차별이 없다는 가르침을 전개하신다.

유마대사의 그러한 본의(本意)를 승조대사가 그 경문의 주석에서 다음과 같이 밝히고 있다.

유마대사께서 그 아이들이 출가할 수 없다는 것을 알고 그들에게 무상도심(無上道心)을 발(發)하게 하고자 그와 같이 말씀하신 것이다.
　이렇게 함으로써 출가하고 싶은 의욕을 꺾지도 않고 부모님의 뜻에도 위배되지 않는다.

> 淨名知其不得出家, 而勸之者, 欲發其無上道心耳。非不欲出家, 不欲違親耳。
>
> (僧肇 等 撰 《維摩經注》 第3卷에서)

　이와 같이 보았을 때 일반적으로 출가하여 수행하는 스님은 재가 수행자에 비해 더 훌륭한 공덕과 지혜를 갖추고 있는 것이다.
　이러한 연유에서 만약 출가한 수행자에게 문제가 생겨 사회적인 물의가 발생하면 큰마음으로 포용하는 선지식은 다음과 같이 표현한다.

　"출가하여 수행하는 그것 자체로써 이미 훌륭하지요! 거기에다 계율까지 청정하고 도력까지 갖춘다면 이미 부처님이지요! 법당에 부처님으로 모셔야죠!"

11. 자신에게 반문하는 수행정신

재가수행자가 정말로 깊이 있는 수행문에 들어가고 싶다면 단독 직입으로 자신에게 다음과 같이 반문할 필요가 있다.

"너! 정말 수행하고 싶은가?"
"그래, 나 정말 수행하고 싶어!"
"그럼, 출가해서 수행하면 더 효과적이잖아?"
"출가?"

【대답】 1 "음, 출가수행하고 싶지만 못해! 부모님 모셔야지."
【대답】 2 "음, 출가수행하고 싶지만 못해! 아이들이 있잖아."
【대답】 3 "음, 출가수행하고 싶지만 세속생활도 즐겁잖아."
【대답】 4 "세속에서 수행해도 도통(道通)할 수 있어!"
【대답】 5 "쓸데없는 출가 뭣 하러 해! 그딴 분별심이 없어야지."

대답이 1~3에 속하면 수행은 자신의 인생에 있어 보조인 것이다.

세상사가 정말로 무상함을 체득해서 도(道)를 성취하려는 것이 아니다.

도(道)의 세계에 분명 무엇인가 달콤함이 있어 그것도 한 번 맛보고 싶은 마음에서 수행하는 것이다.

이러한 도(道) 닦음에는 자신의 인생에 있어 수행이 본업이 아니니 마치 취미 생활하듯 도(道)의 세계로부터 즐거워하면 된다.

이런 경우의 재가수행자는 "정말 수행해서 도(道)를 성취해야 하는데 지금 아쉽게도 그렇지 못하고 있다."는 생각을 아예 갖지 말아야 된다.

왜냐하면 그러한 생각 때문에 그나마 도(道)로부터 도(道)맛을 조금이나마 맛볼 수 있는 즐거움마저 사라지기 때문이다.

그것은 수행을 취미로 삼아 접하면 마음에 부담이 없어 수행문화와 상응하는 즐거움을 맛볼 수 있다.

그러나 해탈을 위한 수행은 몸과 마음을 다 바쳐 이어지는 일념의 정진이었을 때 도를 성취할 수 있다.

그런데 그와 같이 정진에 몰두하지도 않으면서 생사해탈을 위한 깨달음에 목적을 두고 있으면 성취하지 못하는데서 오는 스트레스로 인해 수행에서 얻어지는 즐거움보다 괴로움만 더 키울 수가 있다.

이러한 마음을 욕심이라 표현한다.

도와 상응하는 노력도 하지 않고 도를 얻으려는 욕심이다.

이것을 수행의 세계에서 어리석다고 표현한다.

이와 같이 욕심은 어리석음으로부터 생겨난다.

자신의 대답이 4인 경우 유마대사처럼 비록 세속에서 생활하지만 수행중심으로 삶을 유지한다.

그리고 투철한 수행정신으로 선명한 수행법을 정해서 정진에 매진한다.

그러면서 하심(下心)을 습관화한다.

증상만(增上慢)의 병폐가 생기지 않도록 정진력이 향상되면 될수록 더욱 세심하게 겸허하면서 수행을 이어간다.

그리고 반드시 스승이 필요하다.

만약에 자신의 대답이 5라면 정말 일도양단할 수 있는 절대수행정신으로 삶을 이끌어 가야 된다.

그리고 자비정신을 발휘해서 보살행을 실천해야 된다.

그렇지 않으면 독성(獨聖)의 길을 택해도 깊은 수행을 성취할 수 있다.

정말 그러한 무분별(無分別)의 마음이 평소생활에서 유지된다면!

이처럼 많은 경전에서 출가해서 수행했을 때 공덕의 증진과 도(道)의 성취가 더 쉽다고 밝히고 있다.

이것은 역으로 표현하면 재가수행자는 출가수행자보다 더욱 큰마음과 큰 신심(信心)으로 임했을 때 출가수행에 비례한 수행효과를 얻을 수 있다는 뜻이다.

그럼, 출가(出家)라는 뜻이 무엇인지 그리고 재가수행자가 어떤 마음으로 수행에 임해야 하는지 주로 승조대사의 유마경 주석 그리고 부대사, 혜능대사의 가르침과 상응하면서 재가수행의 진면목이 무엇인지 확실히 참구해 보자!

12. 인법불이(人法不二)의 출가정신

부대사는 수행하는 사람과 수행하는 법이 둘 아니라는 인법불이(人法不二)의 입장에서 출가에는 형(形)출가와 심(心)출가, 그리고 사(事)출가와 이(理)출가의 두 쌍의 종류가 있음을 밝히고 있다.

전자는 인(人)의 입장에서 표현한 것이고 후자는 법(法)의 입장에서 표현한 것이다.

인(人)은 수행자(修行者)로 사람의 생명을 일반적으로 몸과 마음으로 나누어 표현한다.

이때 몸을 형(形)이라 하고 마음을 심(心)이라 표현한다.

법(法)은 수행법(修行法)으로 수행의 일체법(一切法)을 일반적으로 사(事)와 이(理)로 나누어 표현한다.

이때 일체법 중에 유위법(有爲法)을 사(事)라 하고 무위법(無爲法)을 이(理)라 표현한다.

인생의 고뇌는 무엇인가를 나눔으로써 분별이 시작된다.

나누는 그 자체를 분별이라 표현한다.

나눔의 가장 작은 단위가 둘이다.

같은 유형인 경우 대부분 이 둘로 회귀된다.

예를 들면:
음(陰)과 양(陽)
천(天)과 지(地)
플러스(+)와 마이너스(-)
여성(女性)과 남성(男性)
시(是)와 비(非)
애(愛)와 증(憎)
선(善)과 악(惡)
승(僧)과 속(俗)
나와 남
내 것과 남의 것
내 가족과 남의 가족
우리나라와 다른 나라

　이처럼 세상사의 많은 사물이 상대적인 둘의 개념으로 정립되어 있다.
　정립되어 있다는 것은 사물이 실제로 그와 같이 존재하고 있다는 뜻이 아니라 많은 사람들이 그와 같이 인식하고 있다는 의미이다.
　대부분 누구에게나 고정적으로 인식되어 있는 관념을 사회관념(社會觀念)이라 표현하며 이와 같이 당연히 그런 것처럼 인식하고 있는 것을 고정관념(固定觀念)이라 표현한다.

이러한 고정관념은 인(人)과 법(法)에 관한 것인데 인(人)에 집착된 고정관념을 아집(我執)이라 표현하고 법(法)에 집착되어 있는 고정관념을 법집(法執)이라 표현한다.

이와 같은 법집과 아집을 타파하면 깨달음의 도(道)는 자연스럽게 나타난다고 경전의 가르침에서 밝히고 있다.

【문】 무엇이 아집인가?
【답】 아(我)에 대한 집착이 아집(我執)이다.
【문】 아(我)에 대한 집착현상을 예로 들면?
【답】 생명체에 주인이 있다는 생각이다.
【문】 어떤 생각이 생명체에 주인이 있다는 생각인가?
【답】 마치 땅 주인이 있듯, 집 주인이 있듯, 자동차 주인이 있듯 자신의 생명체도 분명 그와 같은 주인이 있다는 것이며 그 주인이 바로 자신이라는 것이다.
【문】 사실 그렇지 않은가? 내가 생각하고, 내가 일하며, 내가 좋아하고, 내가 싫어하지 않는가?
【답】 그렇다. 그와 같이 내가 무엇을 한다는 생각으로 살아간다. 그런데 그러한 '나'가 허상이라는 것이다.
【문】 그러한 '나'가 분명 존재하는데 왜 허상이라 하는가?
【답】 진실이 아니기 때문이다.
【문】 왜 진실이 아닌가?

【답】 생명체의 진짜 주인은 법신(法身)인데 가짜인 자아(自我)의 대뇌의식(意識)을 주인으로 인식하고 있기 때문이다.

【문】 왜 그런가?

【답】 대뇌의식이 생각하는 주체라는 것을 인식하면서 그러한 대뇌의식을 주인으로 믿게 된 것이다. 사실 대뇌의식은 자신의 생명체의 주인이 아니다. 왜냐하면 대뇌의식은 끊임없이 이어지는 생각들의 집합이기 때문이다. 많은 생각들이 모여 의식을 형성한다.

이와 같이 형성된 의식에 의해 분별이 일어난다. 이렇게 분별하는 것을 자신의 실체로 인식하고 있는 것이다. 그러나 이러한 의식을 분석하면 그 속에 주인이라 할 그 무엇도 남지 않는다. 그래서 가짜이며 허상이라 표현한다.

【문】 그럼, 진짜 주인이 법신이라면 그 법신은 어디에 있는가?

【답】 경전에서 말씀하시기를: 불가설(不可說)불가설(不可說)이다.

【문】 그럼, 법신은 어떻게 생겼는가?

【답】 역시 불가설불가설이다.

【문】 그럼, 자신의 주인인 법신을 어떻게 찾을 수 있는가?

【답】 출가해서 찾는다.

【문】 그럼, 집 떠나 삭발하고 스님이 되어야만 법신을 찾을 수 있는가?

【답】 그렇지 않다. 여기에서 출가란 발보리심을 뜻한다.

【문】 무엇이 발보리심 한 출가인가?

【답】 마음출가이다. 깨달음은 몸이 성취하는 것이 아니다. 마음

이 성취한다. 그래서 마음출가 했을 때 깨달음을 향한 수행으로 이어진다.

【문】 그럼, 삭발하여 스님이 된 것과 깨달음과는 상관없다는 뜻인가?

【문】 세간에서도 깨닫겠다는 마음을 일으켜서 수행하면 도를 성취할 수 있는데 어찌 하물며 이미 굳은 발심으로 삭발 출가한 스님이 깨달음과 상관없겠는가?

부대사의 가르침과 상응하면서 그러한 이치와 계합해 보자!

출가의 법(法)에 두 가지가 있으니 형출가(形出家)와 심출가(心出家)다.
형출가라는 것은 이른 바 머리 깎고 수염 깎으면 법신(法身)과 같아진다.
심출가라는 것은 모든 반연과의 인연에서 벗어난 것을 뜻한다.
만약 세간(世間)의 입장에서 논(論)한다면 형출가가 심출가보다 수승(殊勝)하다. 왜 그런가?
공사(公私)의 일에 개의하지 않고 홀로 벗어나 피로한 바 없기 때문이다. 만약 이치의 입장에서 논(論)한다면 형출가와 심출가는 서로 차별이 없어 불이(不二)다.

> 出家之法有二, 一、形出家, 二、心出家。形出家者, 所謂剃除鬚髮, 同於法身 ; 心出家者, 出一切攀緣諸有結家。若就卽世而論, 形出家勝。何以故？不爲公私所弘獨脫無累, 蕭然自在 ; 若就理而論, 則無有二。
> （傅大士 撰《傅大士傳錄》第2卷에서）

13. 형(形)출가의 의미

형(形)출가란 몸이 출가한다는 뜻이다.
몸의 모양을 보고 출가했는지 출가하지 않았는지 판단해 알 수 있다는 뜻이다.
이러한 형(形)출가는 수염 깎고 머리 깎고 가사입고 위의(威儀)를 갖춰 몸의 모습이 법(法)의 몸처럼 보인다.
법의 몸처럼 보인다는 것은 부처님처럼 보인다는 뜻이다.
외형의 모습으로 보았을 때 차별이 없어 보인다는 의미이다.
그러나 그 내면의 마음은 불성(佛性)으로 깨어 있는지 아니면 오욕칠정(五慾七情)으로 찌들어 있는지 알 수 없다는 의미를 함께 내포하고 있다.
이것은 중생의 입장에서 바라본 것이다.
왜냐하면 중생은 마음과 상응할 수 있는 법력(法力)이 없어 상대방의 외형만 보고 부처와 범부를 판단하기 때문이다.
출가수행자의 외형 장엄(莊嚴)은 수행자 자신에게도 청정한 마음을 가다듬는데 도움이 되지만 세속 중생들에게 수행의 세계가 있다는 것을 일깨워주기 위한 사회적인 의도가 더 강하게 내재되어 있다.

이것을 이타(利他)의 입장에서 바라보면 보살의 장엄에 속한다.

이러한 사회적인 장엄의 역할에 의해 출가수행자가 자신이 장엄한 자신의 외형모습에 집착되어 해탈을 위한 수행이 더욱 속박으로 향하는 경우가 있는데 이것을 장엄의 속박이라 표현한다.

장엄의 속박이란 방편의 속박과 같은 뜻이다.

중생을 위해 다양한 모습으로 방편을 펼쳤는데 그만 그러한 방편 수행에 의해 자신이 지쳐버린 것이다.

이것을 보살의 피로라고 표현한다.

보살의 피로는 보살행을 실천할 때 지혜보다 방편이 수승할 때 생겨나는 현상이다.

【문】 방편이 지혜보다 수승하다는 것이 무슨 뜻인가?

【답】 자신의 수행력이 남을 위해 베푸는 이타행(利他行)에 비해 작다는 뜻이다.

【문】 쉽게 예를 들면?

【답】 예문1. 거리에서 맘에 드는 자동차를 보고 사고 싶어 물으니 가격이 3억이다. 그러나 자신에게 있는 돈은 1억뿐이다.

예문2. 규모가 100억이 필요한 공사인데 준비할 수 있는 돈이 30억이면서 공사를 밀어붙이는 것이다.

예문3. 불쌍한 노인분들을 보고 착한 마음에서 섭수한 결과 열 분이 모이셨는데 자신의 능력으론 세 분만이 모실 수 있는 경우이다.

예문4. 초급, 중급, 고급과정에서 자신의 능력이 초급지도자 수준인데 중급 또는 고급과정의 학생을 가르치는 경우이다.

예문5. 열심히 봉사활동하고 돌아와서 피로에 지쳐 짜증내는 경우이다.

예문6. 하루에 3시간씩 정진하는데 어느 날 이타행으로 정한 시간만큼 정진하지 못함으로 인해 갈등이 생길 때이다.

예문7. 남에게 가르침을 펼 때는 보리심을 발하여 수행하는 것이 인생의 최고의 길이라고 말하면서 정작 자신의 자식 또는 친척에겐 그 길을 막는 행위에서 비롯된 심리적 갈등이다.

14. 심(心)출가의 의미

○ 심출가라는 것은 모든 반연과의 인연에서 벗어난 것을 뜻한다.

모든 반연(攀緣)과의 인연(因緣)에서 벗어난 것을 심(心)출가라 표현한다.

세상사(世上事)와 얽혀 있는 인연(因緣) 중에서 수행에 방해되는 인연을 반연(攀緣)이라 표현한다.

이러한 반연에서 벗어났으면 이것이 심(心)출가이다.

반연에서 벗어난다는 것은 그 반연 자체가 없어진다는 뜻이 아니고 그러한 반연에 얽매이지 않는다는 의미이다.

살아 있으면 반연은 당연히 함께 생겨난다.

그러한 반연에 미혹되거나 속박되는 것은 생각 때문이다.

대뇌의식에서 일어나는 생각이 반연에 집착한다.

생각이 일단 반연에 집착하면 그러한 수행자의 마음이 반연에 미혹되어 있다고 표현한다.

이와 같이 보았을 때 반연 그 자체는 선(善)과 악(惡), 시(是)와 비(非) 등의 차별이 없다.

수행자의 생각이 그에 집착함으로써 그것이 선(善)으로도 작용하고 악(惡)으로도 작용하며 시(是)와 비(非)로도 작용된다.

이처럼 모든 반연으로 일어나는 경계(境界)는 수행자 자신의 마음 속에서 생겨난 모습들이다.

그것이 사실로 존재하는 것이 아니다.

그래서 명상 중에 부처님이 오셔서 수기(授記)를 해도 그것에 집착하지 말라는 것이다.

왜냐하면 선(禪) 수행에 있어서 그러한 현상은 자신의 마음작용일 뿐이기 때문이다.

즉 분별의식(分別意識)에 의해 만들어진 허상(虛相)이다.

○ 만약 세간(世間)의 입장에서 논(論)한다면 형출가가 심출가보다 수승(殊勝)하다. 왜 그런가? 공사(公私)의 일에 개의하지 않고 홀로 벗어나 피로한 바 없기 때문이다.

세간(世間)의 입장이란 세속법의 입장에서 본다는 의미로 모두가 외형의 모습을 보고 판단해서 옳고 그름을 단정한다.

그 행위가 일어나게 된 마음의 작용과는 관계없이 외부에 드러난 현상만 가지고 판단한다.

대부분의 사건의 발단이 마음작용으로 비롯된다.

그런데 세간의 법률은 이것은 옳고 저것은 그르다는 것을 고정화 시켜놓고 있다. 마치 움직이지 못하는 시체를 가지고 해부하듯!

그러나 만사만물은 끊임없이 변화한다.

변화하기에 살아 움직이는 생명체가 존재한다.

변화의 현상에 걸림 없이 수연자재(隨緣自在)하는 삶을 성인의 소요자재라 표현한다. 그것은 변화함에 항상 순응하기 때문이다.

순응이란 세상만물의 변화와 함께 자신도 함께 끊임없이 변화하며 이것을 정중동(靜中動)이라 표현한다.

이러한 변화하는 사물과 상응하면서 동시에 법신은 항상 여여부동(如如不動)하니 이것을 동중정(動中靜)이라 표현한다.

이와 같은 세속의 입장에서 보면 형(形)출가는 심(心)출가보다 수승하다는 뜻이다.

왜 그런가는 홀로 피로하지 않기 때문이라고 밝히고 있다.

○ 만약 이치의 입장에서 논(論)한다면 형출가와 심출가는 서로 차별이 없어 불이(不二)이다.

이치의 입장이란 도(道)의 입장을 뜻하며 도의 입장은 곧 법신의 입장을 의미한다.

법신(法身)의 입장에서 보면 형출가와 심출가는 전혀 차별이 없다는 것을 부대사는 밝히고 있다.

왜냐하면 법신에선 형(形)과 심(心)의 차별이 없기 때문이다.

여기서 표현한 심(心)은 형(形)의 상대적인 용어이다.

본성(本性)인 본심(本心)을 뜻한 것이 아니다. 즉 대뇌의식을 뜻한다.

대뇌의식과 육신의 변화작용과는 상관없이 법신은 항상 청정하여 여여부동하기 때문이다.

15. 자신은 심출가? 형출가?

그럼, 우리 스스로 판단해 보자!
자신은 반연에서 벗어났는지?
반연으로부터 초연(超然)한지?

만약 반연으로부터 초연하면 심(心)출가한 사람이다.
반연으로부터 초연한 수행자가 스님이면 심(心)출가자이면서 동시에 형(形)출가자이다.
반연으로부터 초연한 수행자가 재가이면 심(心)출가자이다.

예를 들면 반연에 얽혀 벗어나기 위해 괴로워하고 있다.
반연에 얽힌 선지식이 스님인 경우 이 분은 형(形)출가자이며 심(心)출가자는 아니다.
반연에 얽힌 선지식이 재가인 경우 출가한 수행자가 아니다.

만약 재가수행자가 심(心)출가자가 아니면 진정한 의미에서 수행자가 아니다. 특히 선(禪) 수행세계인 경우 더욱 그렇다.

"나는 선(禪) 수행자이다!"는 고상한 말은 자신과 연관시켜 쓸 수 없다.

만약 반연에 얽매여 있으면서 스스로를 선(禪) 수행자로 인식하고 있으면 이 수행자를 증상만(增上慢)이라 표현한다.

증상만은 자신이 선(禪)을 모르면서 선(禪)을 알고 있다고 생각하는 것을 뜻한다.

이러한 증상만의 증세가 있는 선(禪) 수행자는 빨리 그 증상을 알아차려 치료해야 된다.

스승을 찾아뵙고 가르침을 받아야 된다.

그대로 두면 그 독소(毒素)가 자신의 마음뿐만 아니라 주변 수행자의 마음에 까지 전염되어 큰 죄악을 짓게 된다.

부처님 말씀에 삿된 법으로 중생을 미혹시키는 죄는 무간지옥보다 더 심한 고통의 과보를 받게 된다고 강하게 밝히고 계신다.

16. 사(事)출가의 의미

　자신이 수행자인지 아닌지 인(人)을 중심으로 판단하는 심(心)출가와 형(形)출가에 대해서 사유했다.
　이젠 법(法)을 중심으로 판단하는 이(理)출가와 사(事)출가의 이치를 접하면서 자신이 과연 어느 출가자에 해당하는지 깊이 있게 사유해 보자!

　【문】 왜 자신이 출가자인지 확인해야 되는가?
　【답】 수행의 입문 자체가 출가로부터 시작되기 때문이다. 만약 자신이 아직 출가하지 않았다면 빨리 출가해야 된다. 만약 자신이 이미 출가했는데 지금 마음이 출가정신이 아니면 빨리 출가정신을 일깨워서 수행해야 된다.

　　사출가(事出家)라는 것은
　　간가(慳家)에서 벗어나고, 탐가(貪家)에서 벗어나고,
　　진가(瞋家)에서 벗어나고, … 살해가(殺害家)에서 벗어나고,

증상만가(增上慢家)에서 벗어나고, 다문광지가(多聞廣知家)에서 벗어나고,

지계만가(持戒慢家)에서 벗어나고, 선정만가(禪定慢家)에서 벗어나고,
사만가(師慢家)에서 벗어나고, 승만가(僧慢家)에서 벗어나고,
귀만가(貴慢家)에서 벗어나고, 부만가(富慢家)에서 벗어나고,
단정만가(端正慢家)에서 벗어나고, 장부만가(丈夫慢家)에서 벗어나고,
세력만가(勢力慢家)에서 벗어나고, 기능만가(技能慢家)에서 벗어나고,
화택만가(火宅慢家)에서 벗어나고, 삼계가(三界家)에서 벗어나고,
모든 유위(有爲)의 결연가(結緣家)에서 벗어나는 것을 뜻한다.

事出家者, 出慳家, 出貪家, 出嗔家, 出殺害家, ……出增上慢家, 出多聞廣知家, 出持戒慢家, 出禪定慢家, 出師慢家, 出僧慢家, 出貴慢家, 出富慢家, 出端正慢家, 出丈夫慢家, 出勢力慢家, 出技能慢家, 出火宅慢家, 出三界家, 出一切有爲諸結家, 是名事出家.

(傅大士 撰 《傅大士傳錄》 第2卷에서)

무엇이 사(事)출가인지에 대해 부대사는 노파심(老婆心)을 발휘해 그 하나하나의 뜻을 밝히고 있다.

○ 간가(慳家)에서 벗어난다.

간(慳)은 인색함을 뜻한다. 가(家)는 어떠한 틀을 뜻한다.
간가(慳家)는 인색한 틀을 의미한다.
인색한 틀이란 자신의 마음속에 틀지어진 인색함을 뜻한다.
이것을 고정의식(固定意識) 또는 고정관념(固定觀念)이라 표현한다.

의식은 바람과 같이 항상 변화하는 것인데 그러한 의식이 마치 불변하는 것처럼 고정되어 있다고 인식하는 의식을 고정의식 또는 고정관념이라 표현한다. 그러나 만사만물은 고정되어 있는 것이 아니다. 영원불변하는 그러한 것은 존재하지 않는다.

여기에서 밝히고 있는 것은 모두 이러한 마음속에 잘못 틀지어진 관념들로부터 벗어나라는 뜻이다. 그 첫 번째로 출가수행자는 인색함으로부터 벗어날 것을 부대사는 강조하고 있다.

왜냐하면 인색함으로 인해 탐심(貪心)이 생겨나기 때문이다.

○ 탐가(貪家)에서 벗어난다.

탐심으로부터 벗어난다는 뜻이다.

탐심으로 인해 세상사가 존재한다.

수행은 그러한 얽혀 있는 세상사로부터 초연하는데 일차 목적이 있다. 그래서 수행의 시작을 탐심을 없애는 작업으로부터 들어간다.

어떻게 탐심을 없애지? 계율로 탐심을 다스린다.

탐심이란 그 자체를 없앨 수 있는 것은 아니다. 왜냐하면 탐심은 그러한 탐심이라는 실체가 사실로 존재하는 것이 아니라 여러 가지 요소가 인연 따라 결합되어 그러한 탐하는 생각의 마음이 생긴 것이기 때문이다.

○ 진가(嗔家)에서 벗어난다.

진심(嗔心)은 탐심에서 비롯된다.

만약 탐하는 바 없으면 화낼 그 무엇도 존재하지 않게 된다. 탐심은 일반적으로 애착(愛着)이라 표현하며 애착에 의해 상대를 자기의 것으로 만들려는 소유(所有)하는 마음이 일어나게 된다. 그래서 진심을 없애려는 애착을 내려놓으면 된다.

○ 살해가(殺害家)에서 벗어난다.

남을 해치는 것으로부터 벗어난다는 뜻이다.

생명을 빼앗는 죽임도 해치는 것이며 상대의 자존심을 짓밟는 것도 살해이다. 권위의식이 강한 사람일수록 다른 사람의 자존심을 손상시킬 때 쾌감을 느낀다. 이것을 명예욕이라 표현한다.

내가 존재하고 있다는 상(相)을 드러내려는 마음에서 일어나는 모든 현상은 명예욕에 포함된다.

○ 증상만가(增上慢家)에서 벗어난다.

수행자의 최고의 명예욕이 증상만이다.

깨달음을 성취하려는 마음을 명예욕이라 표현하진 않는다.

명예란 세속적인 개념이며 출세간에선 그러한 분별 자체가 존재하지 않는다. 깨달으려는 마음이 잘못된 것이 아니라 깨달으려는 것이 욕심으로 작용하여 깨달음의 상(相)에 집착함으로써 생겨나는 것이 증상만 현상이다.

증상만에서 벗어난다는 것은 깨달음이란 상(相)의 집착으로부터 벗어난다는 뜻이다. 상(相)이란 아만(我慢)의 상(相)을 뜻한다.

뒤에 이어지는 내용이 모두 이러한 아만(我慢)의 상(相)을 뜻한다.

○ **다문광지가**(多聞廣知家)**에서 벗어난다.**
다문(多聞)하여 광지(廣知)하려는 상(相)으로부터 벗어난다는 뜻이다.
다문은 많이 듣고 배우는 것을 뜻한다. 광지는 많이 듣고 배움으로 인해 그와 연관된 세상사의 많은 것을 알게 되는 것을 뜻한다. 여기에서 다문광지란 불법(佛法)을 많이 안다는 뜻이다.
다문광지에서 벗어난다는 것은 곧 자신이 불법(佛法)을 많이 알고 있다는 상(相)으로부터 벗어난다는 뜻이다.

○ **지계만가**(持戒慢家)**에서 벗어난다.**
계율(戒律)을 잘 지키고 있다는 상(相)으로부터 벗어난다는 뜻이다.
왜냐하면 만약 수행자 자신이 계율을 잘 지키고 있다는 생각을 일으키면 그 계율을 잘 지킨다는 생각이 또 하나의 상(相)으로 만들어져 계율상(戒律相)에 빠지기 때문이다.

○ **선정만가**(禪定慢家)**에서 벗어난다.**
자신이 선정(禪定)에 들어갔다는 생각에서 벗어난다는 것이다.
선정만(禪定慢)은 선정(禪定)으로 생겨난 아만(我慢)을 뜻한다.
선정으로 생겨난 아만이 이미 틀로 자리 잡은 것을 선정만가라 표현한다. 마치 사람이 사는 집처럼 선정으로 인한 아만의 생각들이 모인 선정상(禪定相)이 마음속에 뚜렷이 틀지어져 있는 것을 뜻한다.

선정상(禪定相)이란 이런 것이 바로 선정이라고 단정한 '선정에 대한 고정관념'을 뜻한다. 일체법이 부정상(不定相)이니 이러한 법상(法相)에 집착하지 말라는 이치를 경전 곳곳에서 수없이 강조하여 밝히고 있다. 선정(禪定) 또한 일체법에 속한다.

일체법이 부정상이라면 선정 역시 당연히 부정상이다.

【문】 부정상(不定相)이 무엇인가?

【답】 고정된 상(相)이 없는 것을 부정상이라 말하며 이것을 무상(無相)이라고도 표현한다. 왜냐하면 법(法)이 부정상인 것은 바로 무상(無相)이기 때문이다.

【문】 상(相)이 무슨 뜻인가?

【답】 상(相)은 대뇌의식(大腦意識)에 형성된 관념(觀念)을 뜻한다. 이러한 관념을 마치 고정화되어 있는 것처럼 인식하는 것을 고정관념(固定觀念)이라 표현하며 이러한 고정관념이 수행에 특히 참구 또는 참선수행에 가장 큰 장애요소로 작용한다.

【문】 무상(無相), 무상(無常), 무상(無上), 무상(無想), 무상(無象)의 차이에 대해 예를 든다면?

【답】 서로 불가분의 관계여서 뚜렷이 어떻게 서로 다르다고 표현하기가 쉽지 않다. 그러나 꼭 예를 든다면 다음과 같이 말할 수 있다

무상(無相)은 수행과 연관된 모든 사유의 의미를 포함한 용어이다.

즉 무상(無常), 무상(無上), 무상(無想), 무상(無象)의 뜻이 무상(無相) 안에 모두 내재되어 있다.

무상(無常)은 수행시간의 개념에서 표현한 수행용어이다.
무상(無上)은 수행공력의 개념에서 표현한 용어이다.
무상(無想)은 수행의식의 개념에서 표현한 용어이다.
무상(無象)은 수행환경의 개념에서 표현한 용어이다.

【문】 선정(禪定)이 무상(無相)임을 강조한 까닭은?

【답】 지혜가 발현하는 무대를 선정이라 표현할 수 있다. 지혜의 발현에 의해 깨달음을 성취한다. 깨달음의 성취에 의해 생사윤회의 속박에서 벗어난다. 생사윤회의 속박에서 벗어남으로 해서 세상사에서 소요자재(逍遙自在)할 수 있다. 선정(禪定)은 정(定), 지혜(智慧)는 혜(慧)로 표현하며 이 둘을 합해 정혜(定慧)라 말한다. 정(定)과 혜(慧)가 서로 평등하게 작용하는 것을 정혜불이(定慧不二)라 표현하며 이러한 수행법을 성취하는 수행방법을 정혜쌍수(定慧雙修)라 말한다.

수행 중에 만약 선정(禪定)이 상(相)으로 존재하는 것처럼 인식하면 원래 무상(無相)한 지혜(智慧)가 유상(有相)한 선정(禪定)과 상응될 수 없다. 지혜와 선정이 상응하지 않으면 정혜쌍수의 불이수행이 이루어지지 않는다.

○ 사만가(師慢家)에서 벗어난다.
스승이라는 생각의 틀에서 벗어난다는 뜻이다.

겸허(謙虛)한 수행자도 남을 가르치는 시간이 길어지다 보면 자신도 모르게 사만가(師慢家)에 빠지는 경우가 있다.

사만가의 특징은 남에게 자신의 무엇을 주입시키려 한다. 비록 상대를 위한 마음에서 자신의 생각을 주입시키려 하지만 그러한 방법은 지혜롭지 못하다.

남을 지도하는 가장 큰 목적이 상대의 마음을 일깨워주는데 있다. 어떻게 해야 상대의 마음을 일깨울 수 있는지를 먼저 생각해야 된다. 상대를 일깨우는 효과적인 방법은 상대가 그것을 잘 받아들일 수 있는 방법을 사용한다. 이러한 방법을 선교방편(善巧方便)이라 표현한다. 즉 지혜로운 방편이란 뜻이다.

자신의 생각을 주입시키려는 사람은 먼저 상대가 그것을 받아드릴 수 있는가의 여부를 고려하는 것이 아니라 마치 다그치듯이 상대에게 자신의 것을 심기에 바쁘다.

그래서 먼저 상대의 근기를 잘 판단한 다음 그 근기에 부합된 방법으로 인도해야 된다는 것을 수행의 세계에서 중요시하고 있다.

왜냐하면 가르침이란 상대를 위해서 있는 것이며 가르침을 전개하는 사람의 스트레스를 풀기 위해 있는 것이 아니기 때문이다.

자신의 수행이 곧 주변 사람의 수행이 되게 하는 자비심을 보살정신이라 표현한다. 보살정신은 지금 사회에서 자신도 안심(安心)할 수 있고 주변 사람도 안심(安心)을 얻게 하는데 아주 좋은 수행정신 중에 하나이다.

자신의 수행이 남에게도 수행으로 작용할 수 있게 할 수만 있다면 이것은 곧 법보시(法布施)로 제일(第一)의 공덕(功德)이요 생사해탈의 원료가 된다. 곧 일거양득(一擧兩得)이다.

자신의 수행도 잘 되면서 세속의 복덕(福德)에 비해 수천만 배가 더 값진 공덕까지 얻게 되니!

경전의 가르침을 단 한 문구라도 상대에게 와 닿게 하면 이것이 양노원에 쌀 100 가마를 기증하는 것보다 공덕이 더 수승하다.

경전의 가르침을 단 한 문구라도 상대에게 와 닿게 하면 이것이 대학교에 100억을 기증하는 것보다 공덕이 더 수승하다.

경전의 가르침을 단 한 문구라도 상대에게 와 닿게 하면 이것이 1000억을 보시해서 큰 사원을 건립하는 것보다 더 수승하다.

법보시가 재물보시에 비해 비교할 수 없을 만큼 수승하다는 이치를 부처님께서 《금강경》, 《유마경》 등 수많은 경전에서 아주 강력하게 밝히고 계신다.

【문】 공덕(功德)과 복덕(福德)은 어떤 차이인가?
【답】 생사해탈(生死解脫)의 인(因)이 되는 덕(德)을 공덕(功德)이라 하고 생사선업(生死善業)의 인(因)이 되는 덕(德)을 복덕(福德)이라 한다.

【문】 경전의 가르침과 수행법은 어떤 차이인가?
【답】 수행법에 경전의 가르침이 포함된다.

○ 승만가(僧慢家)에서 벗어난다.

스님이라는 상(相)의 틀로부터 벗어난다는 뜻이다.

【문】 스님이란 어떤 상(相)인가?
【답】 불법승 삼보 중에 한 분이라는 생각이다.
【문】 사실 삼보 중에 한 분 아닌가?
【답】 그렇다.
【문】 그런데 그와 같은 상(相)을 갖지 말라는 것인가?
【답】 형(形)출가의 승(僧)의 상(相)을 지니면 몸의 모습이 승(僧)인 삼보 중에 한 분이 된다. 심(心)출가의 승(僧)의 상(相)을 지니면 마음의 모습이 승(僧)인 삼보 중에 한 분이 된다.
【문】 심(心)출가의 승(僧)의 상(相)인지 형(形)출가의 승(僧)의 상(相)인지 어떻게 알 수 있는가?
【답】 스스로 안다.
【문】 승(僧)이란 형(形)출가의 입장에서 표현한 것 아닌가? 심(心)출가와는 관계없지 않은가?
【답】 불법(佛法)에 어찌 승(僧)과 불승(不僧)의 차이가 있겠는가? 단지 살아 있으니 승(僧)과 속(俗)의 모양차이가 존재한다.
【문】 무슨 뜻인가?
【답】 죽으면 몸이 없는데 어떤 모습을 보고 승(僧)이라 하겠는가?
【문】 다시 더 설명하면?
【답】 생사윤회설에 근거하면 불도(佛道)의 성취를 위해 계속 수

행자의 길을 걷고 있는 경우 과거에도 수행자였고 금생에도 수행자이다. 예를 들어, 과거 열 번 생명이 지속되는 동안 수행자의 길을 걸어 왔다면 어느 땐 수행하는 스님의 신분이었을 것이고 또 어느 땐 재가수행자의 신분이었을 것이다.

과거생에 스님 모습의 수행자였는데 금생엔 재가수행자라면 이 사람은 원래 출가수행자인가 아니면 재가수행자인가?

과거생의 입장에서 보면 이 사람은 스님이었다. 그러나 금생엔 재가수행자이다. 그래서 이 사람은 원래 스님이고 재가이다. 다시 말하면 원래 재가도 아니고 스님도 아니다. 이처럼 수행자의 세계에서 어느 누구도 원래 스님이다 또는 재가라는 표현을 쓸 수 없다.

이런 도리에 근거해서 석가모니불도 원래 석가모니불이 아니다. 그도 수없는 세월 동안 재가수행자의 모습이었으며 또한 수없이 많은 세월 동안 출가한 스님의 신분으로 수행했다. 그리고 2500년 전에 석가모니라는 부처님이 되셨다.

이렇게 보았을 때 석가모니부처님은 원래 석가모니부처님이었다고 표현할 수 없다. 그렇다고 원래 재가수행자 또는 출가수행자라고 표현할 수도 없다. 다시 말하면 원래란 그 무슨 모습도 아니다. 부처님의 모습도 아니며 출가승의 모습도 아니고 세속수행자의 모습도 아니다. 그래서 원래라는 용어를 사용할 수 없다.

미혹된 중생이 어느 한 생의 모습에 집착하여 그 사람을 마치 영원히 그러한 사람인 것처럼 고정시켜 인식한다. 이것을 전도망상이라 표현한다. 그래서 자신이 출가한 스님의 신분으로 수행할 때

내가 삼보 중에 한 분인 훌륭한 스님이라는 생각으로 자신을 재가수행자와 비교하면 쉽게 승만가(僧慢家)의 상(相)에 집착하게 된다는 이치를 부대사는 밝히고 있다.

○ 귀만가(貴慢家)에서 벗어난다.
자신이 고귀(高貴)하다는 상(相)의 틀로부터 벗어난다는 뜻이다.

○ 부만가(富慢家)에서 벗어난다.
자신이 부유하다는 상(相)의 틀로부터 벗어난다는 뜻이다.

○ 단정만가(端正慢家)에서 벗어난다.
단정(端正)하다는 상(相)의 틀로부터 벗어난다는 뜻이다.
단정하다는 상(相)의 대표적인 집착은 결백증이다. 깨끗함을 추구한다. 더러운 꼴을 못 본다. 이러한 집착은 대중과 함께 수행할 때 마음이 현상으로부터 초연하여 내면의 수행경지에 노니는데 큰 방해요소로 작용한다.

○ 장부만가(丈夫慢家)에서 벗어난다.
장부(丈夫)라는 상(相)의 틀로부터 벗어나는 것을 뜻한다.
과거는 남존여비(男尊女卑)의 사회였다. 그런 사회 환경 속에서 여자를 자신인 남자와 똑같이 평등하게 인식한다는 것은 쉽지 않다.
그것은 요즘 사회에서 직장동료를 상사인 자신과 평등하게 인식하는 것보다 훨씬 어려웠을 것이다. 자식을 자신과 평등하게 대우하는 것보다 더 어려웠을 것이다.

  ○ 세력만가(勢力慢家)에서 벗어난다.
  세력(勢力)이 있다는 상(相)의 틀로부터 벗어나는 것을 뜻한다.

  ○ 기능만가(技能慢家)에서 벗어난다.
  기능(技能)이 있다는 상(相)의 틀로부터 벗어나는 것을 뜻한다.

  ○ 화택만가(火宅慢家)에서 벗어난다.
  화택(火宅)에서 윤회하고 있다는 상(相)의 틀로부터 벗어난다는 뜻이다.

【문】 화택은 불난 집이란 비유로 곧 생사 윤회하는 곳을 뜻하고 수행은 그러한 윤회로부터 벗어나려는 것인데 수행자가 어떻게 윤회하는 것이 자랑거리라고 그것에 거만할 수 있겠는가?
【답】 여기서 만(慢)이란 당연시한다는 뜻이다. 화택에서 생사 윤회하는 것을 마치 당연한 것처럼 인식하는 것을 뜻한다. 이것을 현실의 입장에서 이해하면 밖에서 일보고 집에 돌아가면 편안함을 느낀다. 왜냐하면 집은 자신의 소유물이라 생각하기 때문이다.
  자신의 것이라는 생각에서 중생은 편안함을 얻는다. 그래서 나의 집, 나의 땅, 내 가족 등 무엇인가 나의 '무엇'이라는 소유물을 만들려고 노력하며 일단 자신의 소유물로 인정하면 그것을 나의 둘도 없는 중요한 것으로 인식함과 동시에 그것이 나의 생각과 어긋나면 큰 상처를 받는다. 이러한 생각의 틀이 바로 화택이란 뜻이다.

그래서 선(禪)의 선지식은 제자들에게 "그대의 마음속에 화택이 없으면 어디에 따로 화택이 존재 하겠는가?" 하고 일깨운다.

○ 삼계가(三界家)에서 벗어난다.

삼계(三界)의 틀에서 벗어난다는 뜻이다.

생사 윤회하는 곳이 삼계(三界)이다. 삼계를 적정(寂靜)의 열반(涅槃)과 비교해서 화택이라 표현한다. 삼계의 생사윤회로부터 벗어나고 싶으면 화택만의 틀로부터 먼저 벗어나야 된다는 이치를 부대사가 밝히고 있다.

○ 모든 유위(有爲)의 결연가(結緣家)에서 벗어난다.

모든 유위의 결연가에서 벗어난다는 뜻이다.

여기에서 사출가(事出家)의 이치를 함께 합해 '모든 유위의 결연가에서 벗어난다.'는 것으로 밝히고 있다.

'유위의 결연'이란 결연 그 자체가 유위라는 뜻이다.

유위(有爲)는 무엇인가 함이 있다는 뜻으로 '함'이란 분별을 뜻한다. 분별은 생각이 모여 만들어진 의식이다. 이러한 의식을 분별의식(分別意識)이라 표현한다.

17. 이(理)출가의 의미

이어서 이(理)출가의 이치에 대해 부대사는 다음과 같이 밝히고 있다.

이출가(理出家)라는 것은 팔성도가(八聖道家)에서 벗어나고,
시방(十方)의 사무소외가(四無所畏家)에서 벗어나고,
십팔불공법가(十八不共法家)에서 벗어나고,
오안가(五眼家)에서 벗어나고,
육신통가(六神通家)에서 벗어나고,
삼명가(三明家)에서 벗어나고,
타심가(他心家)에서 벗어나고,
숙명지가(宿命智家)에서 벗어나고,
대자대비가(大慈大悲家)에서 벗어나고,
평등가(平等家)에서 벗어나고,
각지실위지가(覺知悉違智家)에서 벗어나고,
불법승가(佛法僧家)에서 벗어나는 것을 뜻한다.

理出家者, 出八正道家, 出十方四無所畏家, 出十八不共法家, 出五眼家, 出六神通家, 出三明家, 出他心家, 出宿命智家, 出大悲大慈家, 出平等家, 出覺知悉達智家, 出佛法僧家, 是名理出家.

(傅大士 撰 《傅大士傳錄》 第2卷에서)

○ **팔성도가**(八聖道家)**에서 벗어난다.**

팔성도는 불교수행의 대표적인 여덟 가지의 수행실천방법으로 일반적으로 팔정도(八正道)라 칭한다. 여덟 가지는 다음과 같다.

1. 정견(正見)

올바른 견해를 뜻한다.

세간과 출세간 또는 세간법과 출세간법에 대한 올바른 견해를 뜻한다. 세간은 세간사로 일반적으로 세상사(世上事)라 표현한다.

세상사는 수없이 많다. 예를 들면 부모님이 계시다는 생각, 가족이 있다는 생각, 직장이 있다는 생각, 나의 재물이 있다는 생각, 나의 상사가 있다는 생각, 나의 부하직원이 있다는 생각, 나의 친구가 있다는 생각, 나의 물건이 있다는 생각, 이것은 내 것이라는 생각, 저것은 당신 것이라는 생각, 당신은 나만을 사랑해야 된다는 생각, 이 일은 나에게 권한이 있다는 생각 등 수없이 많은 세상사에 대한 고정된 생각을 견해라 표현한다.

이 중에서 올바른 견해를 정견이라 칭한다.

【문】 무엇이 올바른 견해인가?

【답】 수행에 방해되지 않는 생각이 올바른 견해이다. 세상을 이롭게 하는 생각이 올바른 견해이다. 세상을 이롭게 하면서 동시에 수행의 향상을 돕는 생각이 올바른 견해이다.

출세간은 출세간법으로 수행세계를 뜻한다.

수행세계에는 수행하는 방법인 수행법, 수행하는 마음인 수행심, 수행하는 공간인 수행도량, 수행의 실천 등 불도(佛道)의 성취를 위한 모든 것이 포함된다.

불도(佛道)의 도(道)의 입장에서 수행세계를 표현하면 수행(修行)하는 방법을 도법(道法), 수행하는 마음을 도심(道心), 수행의 실천을 도행(道行), 수행의 도량을 도량(道場) 등으로 표현한다.

수행의 방법인 도법 중에서 대표적인 것이 바로 팔정도(八正道)다.

출세간의 수행세계를 대표적으로 사성제(四聖諦)라 표현하며 약칭으로 사제라 칭한다.

출세간의 가장 대표적인 정견은 사제에 대한 올바른 견해이다.

사제(四諦)란 네 가지 진리(眞理)로 고(苦), 집(集), 멸(滅), 도(道)를 뜻한다.

사제에 대한 올바른 견해란 고(苦)가 진실로 고(苦)인 줄 알고, 집(集)이 진실로 집(集)인 줄 알고, 멸(滅)이 진실로 멸(滅)인 줄 알고, 도(道)가 진실로 도(道)인 줄 아는 것을 뜻한다.

【문】 무엇이 고집멸도(苦集滅道)에 대한 진정한 견해란 뜻인가?
【답】 집(集)으로 인해 고(苦)가 생긴다는 이치를 확실히 체득한 것을 뜻한다. 도(道)로 인해 멸(滅)이 생긴다는 이치를 확실히 체득한 것을 뜻한다.

【문】 집(集)이 무슨 뜻인가?
【답】 집합(集合)을 뜻한다. 각기 다른 성분의 요소가 함께 모이는 것을 뜻한다.
【문】 예를 들면?
【답】 우리의 생명을 예로 들어보자!
몸은 살아 있는 생명체이다. 생명체는 크게 두 가지 요소를 갖추고 있다.
1. 구성요소
2. 생명활동

구성요소는 크게 가시적인 모습과 물질성분의 두 가지 측면에서 이해할 수 있다.
가시적인 모습으로 보았을 때 밖으로 보이는 살, 털 등 그리고 몸 안에 내재된 오장육부, 힘줄, 관절, 뼈, 살, 혈관, 혈액 등으로 구성되어 있다.
물질성분으로 보았을 때 불교학설에 의하면 육체는 지(地), 수(水), 화(火), 풍(風)의 네 가지 요소로 구성되어 있다.

지(地)는 몸의 살, 뼈 등 고체 성분을 뜻한다. 죽으면 그것들은 흙의 성분으로 돌아가기 때문이다.

수(水)는 몸의 혈액 등 물 성분을 뜻한다. 죽으면 그것들은 물의 성분으로 돌아가기 때문이다.

화(火)는 몸의 열기를 뜻한다. 죽으면 그것들은 불의 성분으로 돌아가기 때문이다.

풍(風)은 몸의 공기를 뜻한다. 죽으면 그것들은 바람의 기운으로 돌아가기 때문이다. 바람은 빈 공간에서 작용하는 공기를 뜻한다. 죽으면 몸 안의 공기는 바람 성분으로 돌아간다.

이와 같이 몸을 구성하고 있는 요소를 세밀하게 분리하고 다시 그 개체의 세포를 분해하면 따로 남는 그 무엇이 없다.

이러한 결과로 보았을 때 몸이란 여러 가지의 요소들이 결합되어 만들어진 공동체이다. 만약 각기 독립된 더 이상 분해할 수 없는 성분이 독립적으로 존재한다면 여기엔 고(苦)가 생기지 않는다. 왜냐하면 변화하지 않기 때문이다.

최소한 두 개 이상의 독립된 성분이 서로 결합되었을 때 변화가 일어난다. 변화하기에 각양각색의 현상이 일어나게 된다. 결합된 것은 언젠가는 다시 분해된다. 이것을 이합집산(離合集散)이라 하며 불교의 전문용어로 인연화합(因緣和合)이라 표현한다. 이와 같이 변화하면서 희로애락(喜怒哀樂)의 고락(苦樂)이 생겨나게 된다.

여러 성분이 결합해서 생명체가 잉태하고 성장하여 태어나게 된다. 죽으면 다시 흩어진다. 살아가고 있는 동안에도 몸의 성분은 끊임없이 변화한다. 일반적으로 상상할 수 없을 만큼 변화무쌍하다. 몸이 변화무쌍한 만큼 고락도 그만큼 많게 된다.

그래서 다음과 같은 가르침이 있다.

태어나지 말라. 죽음이 고통스럽다!
죽지 말라 다시 태어남이 고통스럽다!

【문】 그럼, 결합이 없으면 고통도 없지 않는가?
【답】 그렇다.
【문】 그런데 왜 결합하게 되는가?
【답】 인연화합에 의해서다.
【문】 어떤 인연이 화합한다는 것인가?
【답】 자신과 연관된 인연이 화합한다.
【문】 어떤 것이 자신과 연관된 인연인가?
【답】 업연(業緣)이다.
【문】 무엇이 업연인가?

【답】 자신과 맺어진 인(因)의 연(緣)이다. 그래서 그에 상응한 과(果)의 연(緣)이 있게 된 것이다.
【문】 왜 인(因)의 연(緣)이 생겨나게 되는가?
【답】 마음의 미혹(迷惑) 때문이다.
【문】 왜 마음이 미혹하게 되는가?

【답】 의식(意識)이 전도(顚倒)되어 있기 때문이다.
【문】 의식이 왜 전도되는가?
【답】 견해(見解)가 잘못되어 있기 때문이다.
【문】 어떻게 하면 잘못된 견해로부터 벗어날 수 있는가?
【답】 정견(正見)을 지닌다. 정견은 곧 지혜이다.

생명활동을 다시 크게 두 가지로 나누어 설명할 수 있다.
1. 정신생명활동
2. 육체생명활동

구성요소를 기초로 몸이 움직이게 되는데 이것을 살아 있는 생명체라는 뜻에서 생명활동이라 표현한다.
  심장의 박동, 혈액의 순환, 폐의 호흡, 기의 움직임 등 몸에서 일어나는 변화현상을 육체생명활동이라 표현한다. 몸의 직접적인 변화와는 상관없이 움직이는 의식작용을 정신생명활동이라 표현한다.

위에서 알 수 있는 것처럼 우리의 생명은 몸과 마음으로 구성되어 있다. 그러한 몸과 마음은 수없이 많은 개체의 성분들이 집합되어 형성하고 있다는 사실 또한 알고 있다.

【문】 그럼, 왜 그와 같이 여러 가지 성분이 집합되어 이루어진 생명은 결국 고(苦)일 수밖에 없는가?

【답】 그러한 집합된 생명이 무상(無常)하기 때문이다.

무상(無常)!

【문】 무상(無常)이 무슨 뜻인가?
【답】 변화를 뜻한다. 여러 가지 성분이 집합되어 이루어진 몸은 반드시 다시 분해하게 되어 있다. 왜냐하면 영원히 변하지 않는 그 무엇은 없기 때문이다. 수행의 세계에서 몸을 자신의 중심으로 인식하면서 살아가는 사람을 어리석은 중생이라 표현한다.

어리석다는 것은 생명에 대한 이치를 알지 못하고 있다는 뜻이다. 여러 성분이 결합되어 만들어진 몸엔 그것들의 중심이라 할 그 무엇이 존재하지 않는다.

그런데 중생은 자신이라 인식하는 마음의 중심이 마치 몸인 것처럼 인식하면서 살아간다. 그러나 몸 안엔 자신의 주인공이라 할 그 무엇이 바로 이곳에 존재하고 있다고 할 그 어떤 곳도 찾을 수 없다. 왜냐하면 자신이 자신의 실체라 생각하는 그것은 진실로 존재하는 그 무엇이 아니기 때문이다. 그래서 무아(無我)라 표현한다.

무아이기에 '나'의 그 무엇은 몸 안에 없고 몸 밖에도 없고 그 중간에도 없다. 그래서 '나'는 몸 안, 몸 밖, 그 중간에 초연하면서 존재한다. 존재한다는 그 '나'는 무상(無常)한 허상(虛想)의 '나'를 뜻한다. 그래서 영원(永遠)히 불변(不變)하면서 존재(存在)한다는 허상인 참 내가 존재하게 된다.

인간 세상에 내재되어 있는 고(苦)는 수없이 많다. 그것을 귀결하여 팔고(八苦)라 표현한다.

팔고(八苦)는 중생이 육도(六道)에서 나고 죽는 생사(生死)의 윤회(輪廻)를 반복하면서 생겨나는 가장 대표적인 여덟 가지 고통으로 생(生), 노(老), 병(病), 사(死), 애별이고(愛別離苦), 원증회고(怨憎會苦), 구불득고(求不得苦), 오음성고(五陰盛苦)를 뜻한다.

① 생(生)

태어남으로 인해 생겨나는 고통이다.

크게 다섯 가지의 종류가 있다.

첫째, 수태(受胎)이다. 모태(母胎)에 의탁할 때 즉 임신이 되는 순간 그 속이 비좁고 청결하지 못하다는 것을 알면서 오는 고통이다.

둘째, 종자(種子)이다. 부모의 유전에 의탁하여 종자 즉 태아가 엄마의 기식출입(氣息出入)에 의지하여 자유롭지 못하다는 것을 알면서 오는 고통이다.

셋째, 증장(增長)이다. 엄마 뱃속에서 십 개월 동안 안이 더워서 마치 끓는 물속에 있는 것 같고 몸이 점점 자라면서 공간이 비좁아 감옥 같다는 것을 알면서 오는 고통이다.

넷째, 출태(出胎)이다. 막 태어났을 때 찬바람, 더운 바람이 몸에 와 닿고 옷 등이 몸을 자극하는 것이 마치 가시로 찌르는 것 같다는 것을 알면서 오는 고통이다.

다섯째, 종류(種類)이다. 태어난 집안에 부귀(富貴)와 빈천(貧賤)의 신분차이가 있고 몸의 생김새에 못생기고 잘생기며 정상이고 불구 자라는 차별이 있는데서 오는 고통이다.

② 노(老)
늙어가면서 오는 고통이다.
크게 두 가지 종류가 있다.
첫째, 증장(增長)이다. 소년에서 장년에 이르고 장년에서 노년에 이르는 과정에서 기력(氣力)이 약해지고 움직이고 멈춤에 점점 안정을 잃어가면서 오는 고통이다.
둘째, 괴멸(壞滅)이다. 왕성함은 사라져가고 쇠약함은 도래하여 정신이 약해져 목숨이 나날이 무너져 없어져 가는데서 오는 고통이다.

③ 병(病)
병들면서 오는 고통이다.
크게 두 가지 종류가 있다.
첫째, 신병(身病)이다. 사대(四大)가 균형을 상실하면서 질병이 침범해서 고통 받게 된다.
지대(地大)가 균형을 상실하면서 몸이 무거워진다.
수대(水大)가 균형을 상실하면서 몸이 비만으로 변한다.
화대(火大)가 균형을 상실하면서 몸이 뜨거워진다.
풍대(風大)가 균형을 상실하면서 몸이 굳어진다.
둘째, 심병(心病)이다. 끊임없이 이어지는 걱정, 근심, 슬픔, 고뇌,

압박 등에서 오는 고통이다.

④ 사(死)

죽음에서 오는 고통이다.

크게 두 가지 종류가 있다.

첫째, 질병에 시달리다가 목숨을 마치면서 오는 고통이다.

둘째, 뜻밖의 사고로 목숨을 잃는 고통이다.

⑤ 애별리고(愛別離苦)

사랑하는 사람과 함께하지 못하고 헤어져 있는 고통이다.

⑥ 원증회고(怨憎會苦)

원수 등 싫어하는 사람과 부득이 함께 있게 되는 고통이다.

⑦ 구불득고(求不得苦)

갖고 싶은 것을 얻지 못하는 고통이다.

⑧ 오음성고(五陰盛苦)

오음이 왕성한데서 오는 고통이다.

오음은 색(色), 수(受), 상(想), 행(行), 식(識)으로 생명체를 뜻한다.

생명체는 크게 몸과 마음의 두 성분으로 구성되어 있는데 색(色)은 몸에 해당되고, 나머지는 마음에 해당된다.

수행은 오음의 정화(淨化)로부터 시작한다. 수행자가 오음을 잘 다스리지 못하고 수행의 이치 또는 수행의 경지에만 집착하면 절대 올바른 수행으로 이어질 수 없다. 왜냐하면 수행하면 할수록 수행자의 의식이 생명체에 더욱 더 집착하기 때문이다. 생명체에 집착하면 자연적으로 몸에 집착하게 되어 있다.

올바른 수행에서 몸의 집착으로부터 벗어나 몸에 한정된 세간의 틀을 초월하여 출세간의 무한한 정신세계에 노닐게 된다. 그러나 의식이 몸에 집착되어 있으면 출세간의 도(道)의 세계는 절대로 전개(展開)되지 않는다. 이와 같은 고(苦)가 있게 된 근원이 집(集) 때문이다.

【문】 어떻게 하면 이러한 고(苦)로부터 벗어날 수 있는가?
【답】 멸(滅)에 들어간다.
【문】 멸(滅)이 무슨 뜻인가?
【답】 더 이상 고(苦)가 없는 경지 또는 세상을 뜻한다. 멸(滅)을 일반적으로 열반(涅槃)이라 표현한다. 즉 열반세계이다.
【문】 어떻게 하면 멸(滅)에 들어갈 수 있는가?
【답】 도(道)를 닦아 도(道)를 깨우친다.
【문】 무슨 뜻인가?
【답】 도(道)를 닦는다는 것은 수도(修道)를 뜻하고 도(道)를 깨우친다는 것은 오도(悟道)를 뜻한다.

이와 같이 사성제에 대한 올바른 견해를 갖추고 있는 수행자를 정견(正見)을 지닌 선지식이라 표현한다.

2. 정사유(正思惟)

올바른 사유(思惟)를 뜻한다.

올바른 사유란 올바른 분별(分別)로 정분별(正分別)이라 표현한다.

【문】 어떻게 해야 올바르게 사유할 수 있는가?

【답】 욕심과 성냄과 해침이 없는 상태에서 올바르게 사유할 수 있다.

【문】 올바른 사유는 이미 생각을 떠난 상태인가?

【답】 그렇지 않다. 사유는 생각이 이어지는 분별이며 올바른 사유 또한 분별이다. 그런데 올바른 분별을 뜻한다. 그래서 수행 중에 올바른 사유가 이어지려면 평소에 욕심내지 않고 성내지 않으며 해치지 않는다.

【문】 살아가는 그 자체에서 자연스럽게 수없이 많은 생명을 해치게 되는데 그렇다면 올바른 사유는 영원히 이루어지지 않는다는 뜻 아닌가?

【답】 여기에서 밝힌 해치지 않는다는 의미는 해치는 마음을 일으키지 않는다는 뜻이다.

수행은 곧 마음의 수행을 뜻한다. 마음의 수행이란 몸의 움직임과 상관없이 마음으로만 이루어진다는 뜻이 아니라 마음에 그러한 수행법이 상응하면서 그와 상응한 몸에서 나타나는 행위는 당연히 그대로 받아들인다.

다시 말하면 걸으면서 발이 개미를 밟은 그 현상 자체를 다시 마음으로 인식하여 분별하지 말라는 것이다. 그래서 보리심(菩提心)을 일으키는 데서 수행이 시작되고, 지혜의 마음이 향상하는데서 수행이 이어지며, 마음을 깨달은 데서 수행이 성취되며, 자비심을 일으키는 데서 수행이 회향된다.

3. 정어(正語)
올바른 언행(言行)을 뜻한다.

【문】 무엇이 올바른 언행인가?
【답】 망언(妄言), 양설(兩舌), 악구(惡口), 기어(綺語)가 없이 표현되어 나오는 말과 글이 올바른 언행이다.
【문】 무엇이 망언인가?
【답】 거짓말이다.
【문】 무엇이 양설인가?
【답】 이간질시키는 말이다.
【문】 무엇이 악구인가?
【답】 기분 상하게 만드는 말이다.
【문】 무엇이 기어인가?
【답】 미혹으로 빠뜨리는 말이다.
【문】 어떻게 하면 올바른 언행이 나올 수 있는가?
【답】 겸허한 마음으로 무상을 체득하여 법신과 계합된 상태에서 나오는 언행은 상대방을 즐겁게 하고 이롭게 하고 깨달음으로 향하

게 한다.

4. 정업(正業)

올바른 업(業)을 뜻한다.
업(業)은 직업(職業) 즉 일하는 것을 의미한다.

【문】 무엇이 올바르게 일하는 것인가?
【답】 살생(殺生)하지 않고 취(取)하지 않으면서 일하는 것이 올바르게 일하는 것이다.
【문】 일하는 그 자체가 이미 취하기 위해서 하는 것인데 어찌 취(取)함이 없이 일할 수 있겠는가?
【답】 여기서 말한 취(取)는 취사(取捨)의 분별(分別)하는 마음을 뜻한다. 취사의 분별하는 마음이란 남이 피해보는 것과는 상관없이 나에게 이익이 되면 그 일을 취(取)함을 의미한다.
【문】 지금은 경쟁사회이다. 경쟁사회란 같은 직종을 놓고 같은 분야에 종사하는 사람 또는 단체끼리 치열하게 경쟁하면서 성장하는 사회라는 뜻이다. 다시 말하면 같은 양의 시장을 놓고 그것을 많이 차지하는 단체가 성공한 기업이다. 이때 상대방은 자연적으로 그에 해당하는 만큼 손해를 보게 된다. 이러한 과정에서 순수한 좋은 상품이 시장성을 확보하는 반면 눈에 보이지 않는 권모술수로 인한 인간관계가 좋은 상품 못지않게 시장의 확보에 영향을 미친다. 이러한 경쟁사회에서 과연 올바른 업(業)의 정신으로 사업하면 발전하겠는가?

【답】 묵언(默言)

5. 정명(正命)

올바른 명(命)을 뜻한다.
여기에서 명(命)은 크게 다음 두 가지 의미를 내포하고 있다.
① 생명(生命) 유지의 올바른 생명관(生命觀)
② 수명(壽命) 기간의 올바른 운명관(運命觀)

○ 올바른 생명관(生命觀)

생명유지에 필요한 집, 옷, 음식 등 생활용품을 정당한 방법으로 얻는다는 뜻이다.

○ 올바른 운명관(運命觀)

자신의 운명에 대해 올바른 견해를 지니고 있는 것을 뜻한다.

6. 정정진(正精進)

올바른 정진(精進)을 뜻한다.

발보리심하여 성불(成佛)하는 그날까지 지속되는 과정이 정진기간이다. 개인의 성불에만 집착하는 병폐를 방지하기 위해 방편정진(方便精進)을 강조한다. 방편정진이란 선악(善惡)에 대해 다음과 같이 실천하는 것을 의미한다.

이미 생긴 악(惡)은 영원히 끊어 없애겠다고 발원하면서 정진한다.

아직 생기지 않은 악(惡)은 영원히 생기지 않게 하겠다고 발원하면서 정진한다. 아직 생기지 않은 선(善)은 반드시 생기게 하겠다고 발원하면서 정진한다. 이미 생긴 선(善)은 더욱 더 키워가겠다고 발원하면서 정진한다.

7. 정념(正念)

올바른 염(念)을 뜻한다.

염(念)은 일반적으로 '생각'으로 표현한다. 그래서 올바른 염(念)이란 올바른 생각을 의미한다.

【문】 무엇이 올바른 생각인가?
【답】 우주법계에 대한 올바른 생각이다. 일체법에 대한 올바른 생각이다.
【문】 수행자에게 직접적으로 작용되는 올바른 생각이란 무엇인가?
【답】 관신(觀身), 관수(觀受), 관심(觀心), 관법(觀法)의 네 가지가 동시에 이루어진 상태에서 발현되는 생각이 수행자에게 직접적으로 작용하는 올바른 생각이다.

【문】 무엇이 관신(觀身)인가?
【답】 몸에 대한 올바른 생각이 관신(觀身)이다.
【문】 무엇이 몸에 대한 올바른 생각인가?
【답】 몸이 무상(無常)하다는 것을 체득한 생각이 몸에 대한 올바

른 생각이다.

【문】 무엇이 관수(觀受)인가?
【답】 수(受)에 대한 올바른 생각이 관수(觀受)이다.
【문】 무엇이 수(受)에 대한 올바른 생각인가?
【답】 수(受)가 무상(無常)하다는 것을 체득한 생각이 수(受)에 대한 올바른 생각이다.

【문】 무엇이 관심(觀心)인가?
【답】 심(心)에 대한 올바른 생각이 관심(觀心)이다.
【문】 무엇이 심(心)에 대한 올바른 생각인가?
【답】 마음이 무상(無常)하다는 것을 체득한 생각이 마음에 올바른 생각이다.

【문】 무엇이 관법(觀法)인가?
【답】 법(法)에 대한 올바른 생각이 관법(觀法)이다.
【문】 무엇이 법에 대한 올바른 생각인가?
【답】 법이 무상(無常)하다는 것을 체득한 생각이 법에 대한 올바른 생각이다.

8. 정정(正定)

올바른 정(定)을 뜻한다.

【문】 무엇이 올바른 정(定)인가?

【답】 탐욕(貪慾)의 불선(不善)으로부터 떠나 색계(色界)의 네 선정(禪定)인 초선(初禪), 이선(二禪), 삼선(三禪), 사선(四禪)을 성취하는 정(定)이 올바른 정(定)이다.

【문】 무엇이 초선(初禪)인가?

【답】 모든 탐욕과 악을 여의고 개괄적으로 사유하는 마음작용인 각(覺)과 세밀하게 고찰하는 마음작용인 관(觀)이 있고 욕계(欲界)를 떠난 즐거움이 있는 선정이다.

【문】 무엇이 이선(二禪)인가?

【답】 각(覺)과 관(觀)이 소멸되고 마음이 청정하여 기쁨과 즐거움을 느끼는 선정이다.

【문】 무엇이 삼선(三禪)인가?

【답】 기쁨이 소멸되어 마음이 평온하고 몸으로 즐거움을 느끼는 선정이다.

【문】 무엇이 사선(四禪)인가?

【답】 고(苦)와 낙(樂)이 소멸되어 괴롭지도 즐겁지도 않으며 마음이 평온하여 생각이 청정한 선정이다.

이와 같은 색계의 사선에 다시 무색계의 사무색정(四無色定)을 합해 사선팔정(四禪八定)이라 표현한다.

사무색정은 다음과 같다.

첫째 공무변처정(空無邊處定)으로 허공은 무한하다고 주시하는 선정이다.
둘째 식무변처정(識無邊處定)으로 마음의 작용은 무한하다고 주시하는 선정이다.
셋째 무소유처정(無所有處定)으로 존재하는 것은 없다고 주시하는 선정이다.
넷째 비상비비상처정(非想非非想處定)으로 생각이 있는 것도 아니고 생각이 없는 것도 아닌 선정이다.
무색계의 네 선정은 욕계와 색계처럼 거친 생각은 없지만 미세한 생각이 없지 않은 경지의 선정이다.

이와 같은 여덟 가지 정도(正道)의 수행을 통해 중생(衆生)이 깨달음을 성취해 미혹(迷惑)을 없애고 차안(此岸)인 삼계(三界)의 생사윤회(生死輪廻)로부터 벗어서 피안(彼岸)인 열반(涅槃)에 들어간다는 뜻에서 팔정도를 팔도선(八道船) 또는 팔벌(八筏)이라고도 표현한다.

차안(此岸)은 이쪽 언덕이란 뜻이고 피안(彼岸)은 저쪽 언덕이란 뜻이다. 이것은 우리가 생존하고 있는 세상은 이쪽으로 생사윤회에 시달리는 고통스러운 삼계이고 저쪽인 열반세계는 나고 죽음의 생사가 없는 영원히 편안한 곳인 적정(寂靜)의 세상이다.
그런데 이쪽과 저쪽을 걸어서 바로 갈 수 없다.
차안과 피안 중간은 큰 바다 또는 큰 강이다.

그래서 차안에서 피안으로 건너갈 때 배[舩] 또는 뗏목[筏]을 타고 간다는 비유에서 팔도선 또는 팔벌이라 표현한다.

또는 팔정도를 수레바퀴에 비유해서 수레바퀴가 모두 여덟 개의 축으로 형성되어 있다는 뜻에서 팔륜(八輪)으로도 표현한다.

또한 팔정도는 성인이 노니는 곳이란 뜻에서 팔유행(八遊行), 팔유행(八由行)이라고도 표현한다.

팔정도와 반대되는 행을 여덟 가지의 삿된 행이라 해서 사견(邪見), 사사(邪思), 사어(私語), 사업(邪業), 사명(邪命), 사정진(邪精進), 사염(邪念), 사정(邪定)으로 팔사(八邪) 또는 팔사행(八邪行)이라 칭한다.

일반적인 인식에선 이 여덟 가지 수행법을 통해 깨달음으로 들어간다고 생각한다.

그러나 이러한 여덟 가지 수행법을 통해 깨달음으로 들어간다는 생각이 있으면 팔정도가 깨달음으로 통하는 수행문이 되는 게 아니라 팔정도라는 수행법의 상(相)에 집착하게 되기 때문에 팔정도에 대한 집착의 틀로부터 벗어나라는 이치를 부대사는 밝히고 있다.

○ **시방(十方)의 사무소외가(四無所畏家)에서 벗어난다.**

시방(十方)은 우주 공간을 입체적으로 표현한 열 가지의 방향을 뜻한다. 동·서·남·북, 동남·동북·서남·서북의 여덟 방향과 상·하의 열 방향이다.

시방은 시방세계 또는 시방법계로 표현할 때가 많다.

사무소외(四無所畏)는 약칭으로 사무외(四無畏)라 표현하며 설법할 때 네 가지의 두려움이 없는 법력을 뜻이다. 사무소외는 부처님만이 갖추고 계시는 것과 보살이 갖추고 있는 두 가지 종류이다.

○ 부처님께서 갖추고 계시는 사무소외
① 제법에 대해 모두 깨달아 알아 정견에 상주하면서 굴복함이 없으며 무엇에도 두려움이 없는 법력이다.
② 모든 번뇌를 끊어 없애 밖으로 어떤 곤경에서도 두려움이 없는 법력이다.
③ 수행에 장애되는 이치를 밝히면서 그 어떤 역경에도 두려움이 없는 법력이다.
④ 해탈의 이치를 밝히면서 그 어떤 두려움도 없는 법력이다.

○ 보살이 갖춘 사무소외
① 배워 익힌 가르치는 법을 잊지 않고 잘 갖추고 있기에 전혀 두려움 없이 자신있게 설법할 수 있는 법력이다.
② 중생의 근기를 잘 알아 그에 상응한 가르침을 펼 수 있기에 전혀 두려움 없이 자신있게 설법할 수 있는 법력이다.
③ 어떤 질문을 받아도 그에 상응한 가르침을 전개할 수 있기에 전혀 두려움 없이 자신있게 설법할 수 있는 법력이다.
④ 어떠한 유정(有情)의 난해한 일에 봉착해도 그 이치를 잘 분별해서 문제를 풀게 하고 의심을 끊게 하여 수행으로 인도할 수

있기에 전혀 두려움 없이 자신있게 설법할 수 있는 법력이다.

사무소외가에서 벗어난다는 것은 수행자가 이러한 무소외의 공력이 있다는 생각의 틀에서 벗어난다는 뜻이다.

○ **십팔불공법가**(十八不共法家)에서 벗어난다.
십팔불공법은 일반적으로 부처님만이 갖추고 계시는 열여덟 가지 능력으로 부파불교와 대승불교의 두 가지 학설이 있다.

부파불교에서 밝힌 십팔불공법은 십력(十力), 사무외(四無畏), 삼염주(三念住)와 대비(大悲)를 합한 능력으로 다음과 같다.

① 처비처지력(處非處智力)으로 이치에 맞는 것과 맞지 않는 것을 분명히 구분하는 능력이다.
② 업이숙지력(業異熟智力)으로 선악의 행위와 그 과보를 아는 능력이다.
③ 정려해탈등지등지지력(靜慮解脫等持等至智力)으로 모든 선정(禪定)에 능숙하다.
④ 근상하지력(根上下智力)으로 중생의 능력이나 소질의 우열을 아는 능력이다.
⑤ 종종승해지력(種種勝解智力)으로 중생의 여러 가지 뛰어난 판단을 아는 능력이다.
⑥ 종종계지력(種種界智力)으로 중생의 여러 가지 근성을 아는 능력이다.

⑦ 변취행지력(遍趣行智力)으로 어떠한 수행으로 어떠한 상태에 이르게 되는지 아는 능력이다.

⑧ 숙주수념지력(宿住隨念智力)으로 중생의 전생을 기억하는 능력이다.

⑨ 사생지력(死生智力)으로 중생이 죽어 어디에 태어나는지를 아는 능력이다.

⑩ 누진지력(漏盡智力)으로 번뇌를 모두 소멸시키는 능력이다.

⑪ 정등각무외(正等覺無畏)로 바르고 원만한 깨달음을 이루었으므로 두려움이 없는 능력이다.

⑫ 누영진무외(漏永盡無畏)로 모든 번뇌를 끊었으므로 두려움이 없는 능력이다.

⑬ 설장법무외(說障法無畏)로 끊어야할 번뇌에 대해 설하므로 두려움이 없는 능력이다.

⑭ 설출도무외(說出道無畏)로 미혹을 떠나는 수행방법을 설함으로 두려움이 없는 능력이다.

⑮ 제일염주(第一念住)로 중생의 공경을 받아도 기뻐하지 않고 바른 기억과 바른 지혜에 안주하는 능력이다.

⑯ 제이염주(第二念住)로 중생의 공경을 받지 않아도 근심하지 않고 바른 기억과 바른 지혜에 안주하는 능력이다.

⑰ 제삼염주(第三念住)로 어떤 중생에게는 공경 받고 어떤 중생에게는 공경 받지 않아도 기뻐하거나 근심하지 않고 바른 기억과 바른 지혜에 안주하는 능력이다.

⑱ 대비(大悲)로 항상 중생의 고통을 덜어주려고 하는 능력이다.

대승불교에서 밝힌 십팔불공법은 다음과 같다.
① 신무실(身無失)로 몸으로 짓는 행위에 허물이 없는 능력이다.
② 구무실(口無失)로 입에서 비롯되는 말에 허물이 없는 능력이다.
③ 염무실(念無失)로 기억이나 생각에 허물이 없는 능력이다.
④ 무이상(無異想)으로 모든 중생에 대해 평등한 마음을 갖는 능력이다.
⑤ 무부정심(無不定心)으로 중생의 산란한 마음을 없애주는 능력이다.
⑥ 무부지이사심(無不知己捨心)으로 중생을 모른 체 내버려 두지 않고 구제하는 능력이다.
⑦ 욕무감(欲無減)으로 중생을 구제하려는 의지가 줄여들지 않는 능력이다.
⑧ 정진무감(精進無減)으로 수행에 퇴보가 없는 능력이다.
⑨ 염무감(念無減)으로 기억력이 감퇴하지 않는 능력이다.
⑩ 혜무감(慧無減)으로 지혜가 쇠퇴하지 않는 능력이다.
⑪ 해탈무감(解脫無減)으로 모든 집착을 떠난 해탈의 경지에서 퇴보하지 않는 능력이다.
⑫ 해탈지견무감(解脫知見無減)으로 모든 해탈을 명료하게 알아 부족함이 없는 능력이다.
⑬ 일체신업수지혜행(一切身業隨智慧行)으로 모든 행위가 지혜를 수반하는 능력이다.

⑭ 일체구업수지혜행(一切口業隨智慧行)으로 모든 말이 지혜를 수반하는 능력이다.
⑮ 일체의업수지혜행(一切意業隨智慧行)으로 모든 생각이 지혜를 수반하는 능력이다.
⑯ 지혜지견과거세무애무장(智慧知見過去世無礙無障)으로 과거세의 모든 것을 알아 막힘이 없는 능력이다.
⑰ 지혜지견미래세무애무장(智慧知見未來世無礙無障)으로 미래세의 모든 것을 알아 막힘이 없는 능력이다.
⑱ 지혜지견현재세무애무장(智慧知見現在世無礙無障)으로 현재세의 모든 것을 알아 막힘이 없는 능력이다.

십팔불공법가에서 벗어난다는 것은 이러한 수승한 공력이 있다는 생각의 틀에서 벗어난다는 뜻이다.

○ 오안가(五眼家)에서 벗어난다.
오안(五眼)은 육안(肉眼), 천안(天眼), 혜안(慧眼), 법안(法眼), 불안(佛眼)을 뜻한다. 오안에 대한 여러 가지 학설이 있으며 일반적으로 다음과 같이 이해한다.
① **육안**(肉眼): 육신에 딸린 눈으로 앞의 한정된 사물을 볼 수 있는 눈이다.
② **천안**(天眼): 색계(色界)의 천인(天人)이 선정(禪定)을 닦아 얻은 눈으로 멀고 가까운 사물을 볼 수 있고, 앞의 사물뿐만 아니라

뒤에 사물도 볼 수 있으며, 사물의 표면뿐만 아니라 사물의 내면까지도 볼 수 있다. 그리고 밝고 어둠과 상관없이 볼 수 있는 눈이다.

③ 혜안(慧眼): 이승인(二乘人)이 갖춘 눈으로 능히 진공무상(眞空無相)의 도리를 알 수 있고 또한 쉽게 일체 현상(現象)이 모두 공상(空相), 정상(定相)임을 알 수 있는 눈이다.

④ 법안(法眼): 보살이 일체 중생을 제도하기 위해 능히 일체의 법문(法門)을 조견(照見)하는 눈이다.

⑤ 불안(佛眼): 앞의 네 가지 눈을 모두 갖춘 눈으로 보고 알지 못하는 것이 없으며 알지 못하는 일이 없고 듣지 못하는 일이 없다. 듣고 봄이 서로 함께 작용하여 사유(思惟)하는 바 없으면서도 모든 것을 다 본다.

오안에 대한 다양한 학설이 있는데 밀교(密敎)에서는 오안(五眼)에 우열(優劣)의 차이가 없다고 주장한다. 앞의 네 가지 눈의 덕상(德相)이 모두 불안(佛眼)의 덕상(德相)과 같다고 밝히고 있다.

오안가에서 벗어난다는 것은 수행자가 이러한 오안의 공력이 있다는 생각의 틀에서 벗어난다는 뜻이다.

○ 육신통가(六神通家)에서 벗어난다.

육신통은 인간의 능력을 초월해서 갖추어 지는 여섯 가지 신통으로 신족통(神足通), 천안통(天眼通), 천이통(天耳通), 타심통(他心通), 숙명통(宿命通), 누진통(漏盡通)이다.
① **신족통**(神足通): 어디에든 걸림 없이 자유롭게 가서 나타날 수 있는 공력이다.
② **천안통**(天眼通): 능히 일체중생의 생사고락의 상(相)을 볼 수 있으며 세간의 모든 형색(形色)을 보는데 걸림이 없는 공력이다.
③ **천이통**(天耳通): 능히 육도중생이 고락(苦樂) 중에 근심하고 기뻐하는 등의 모든 말과 세간의 모든 소리를 들을 수 있는 공력이다.
④ **타심통**(他心通): 육도중생의 마음에 생각하는 바를 알 수 있는 공력이다.
⑤ **숙명통**(宿命通): 자신과 육도중생의 백천만(百千萬) 번 윤회했던 생의 모습과 했던 일을 알 수 있는 공력이다.
⑥ **누진통**(漏盡通): 삼계의 모든 견사혹을 완전히 끊어 없애 더 이상 삼계에서 생사윤회하지 않는 누진신통을 갖춘 공력이다.
육신통가에서 벗어난다는 것은 수행자가 이러한 육신통의 공력이 있다는 생각의 틀에서 벗어난다는 뜻이다.

○ **삼명가**(三明家)에서 **벗어난다**.
삼명은 세 가지 일에 걸림 없이 통달한 것으로 다음과 같다.
① **숙명지증명**(宿命智證明): 자신과 중생의 일생 또는 백천만억 생에 있었던 모습과 일에 대해 명확하게 아는 지혜이다.
② **생사지증명**(生死智證明): 중생이 죽고 태어나게 된 원인인 업연

과 그러한 업연이 있게 된 선행과 악행에 대해 명료하게 아는 지혜이다.
③ **누진지증명**(漏盡智證明): 사제(四諦)의 도리(道理)를 여실(如實)하게 증득(證得)하여 유루심(有漏心)으로부터 해탈하여 일체번뇌를 모두 없애는 지혜이다.

또한 삼명을 보살명, 제불명, 무명명이라 표현한다.
보살명(菩薩明)은 반야바라밀(般若波羅密)을 뜻한다.
제불명(諸佛明)은 불안(佛眼)을 뜻한다.
무명명(無明明)은 필경공(畢竟空)을 뜻한다.
삼명가에서 벗어난다는 것은 수행자가 이러한 삼명의 능력이 있다는 생각의 틀에서 벗어난다는 뜻이다.

○ **타심가**(他心家)**에서 벗어난다.**
타심(他心)은 육신통 중에 하나로 다른 사람이 무엇을 생각하고 있는지 아는 공력을 뜻한다.
이러한 타심의 공력이 있다는 생각의 틀에서 벗어난다는 뜻이다.

○ **숙명지가**(宿命智家)**에서 벗어난다.**
육신통 중에 하나로 과거생에 무엇이었으며 그때 무슨 일을 했는지에 대해 아는 공력을 뜻한다.
수행자가 이러한 숙명지가 있다는 생각의 틀에서 벗어난다는 뜻이다.

○ 대자대비가(大慈大悲家)에서 벗어난다.

광대무변한 자비로 불보살이 중생을 제도하는 대자비심을 뜻한다.

중생의 고통의 근원을 없애 그들로 하여금 즐겁게 하는 것을 뜻한다. 대자(大慈)는 일체중생과 함께 즐거워하는 것을 뜻하고 대비(大悲)는 일체중생의 고통을 없애는 것을 뜻한다.

수행자 자신이 보살로서 이러한 대자대비한 마음을 갖추고 있다는 생각의 틀에서 벗어난다는 뜻이다.

○ 평등가(平等家)에서 벗어난다.

모든 것이 평등하다는 마음이다.

수행자가 이러한 평등성지(平等性智)를 갖추고 있다는 생각에서 벗어난다는 뜻이다.

○ 각지실위지가(覺知悉違智家)에서 벗어난다.

각지실위지는 모든 지혜를 깨달아 알고 있는 것을 뜻한다.

수행자가 이러한 각지실위지를 갖추고 있다는 생각에서 벗어난다는 뜻이다.

○ 불법승가(佛法僧家)에서 벗어난다.

불법승은 수행자의 귀의처(歸依處)이다.

불법승에 의지해서 수행에 입문하고 정진하고 깨닫는다.

불법승에 의지해서 중생을 이롭게 하고 깨닫게 하고 해탈케 한다.

불법승은 불교의 뿌리요 몸통이며 가지이고 잎이다.
불법승 안에 우주의 삼라만상과 일체 중생의 마음이 들어 있다.
불법승을 떠나서 불교의 그 무엇도 존재할 수 없다.
그래서 불교수행자는 불법승 안에서 존재해야 된다.

만약 불법승을 떠나 수행한다면 그 사람은 이미 불교수행자가 아니다.
불교의 경전으로 참구수행해도 그는 불교수행자가 아닌 외도수행자이다.
불교의 선법으로 참선수행해도 그는 불교수행자가 아닌 외도수행자이다.
불교의 불호와 진언으로 염불수행해도 그는 불교수행자가 아닌 외도수행자이다.
법당에서 향불 사르고 기도한다고 해서 모두가 염불수행자인 것은 아니다. 왜냐하면 그 사람의 마음이 염불과 상응하고 있느냐 그렇지 않느냐에 따라 염불수행자이고 염불수행자가 아니고 하기 때문이다.
선방에서 바르게 앉아 결가부좌하고 정진한다고 해서 모두가 참선수행자인 것은 아니다. 왜냐하면 그 사람의 마음이 선법과 상응하고 있느냐 그렇지 않느냐에 따라 참선수행자이고 참선수행자가 아니고 하기 때문이다.
경전을 펴고 골똘히 몰입한다고 해서 모두가 참구수행자인 것은 아니다. 왜냐하면 그 사람의 마음이 경전의 이치와 상응하고 있느냐 그렇지 않느냐에 따라 참구수행자이고 참구수행자가 아니고 하기 때문이다.

【문】 재가수행자는 불법승에 포함되지 않는다. 그럼, 세속에서 정진하는 사람은 불교수행자가 아니란 뜻인가?
【답】 그렇지 않다. 불교수행자이다.

불법승가에서 벗어난다는 것은 수행자가 이러한 불법승을 갖추고 있다는 생각에서 벗어난다는 뜻이다.

이와 같이 세상사(世上事)와 아만(我慢)의 틀에서 벗어난 것을 사(事)출가라 하고 수행방법(修行方法)과 수행경지(修行境地)에서 초연(超然)한 것을 이(理)출가라 표현한다.

자신의 수행력이 어떤 상태인지 스스로 점검해 볼 수 있다.
이미 사(事)출가의 경지에 노닐고 있는지, 아니면 사출가의 틀을 벗어나 이(理)출가에서도 자재하고 있는지!

18. 위(僞)출가와 진(眞)출가의 의미

거짓출가를 위(僞)출가라 표현하고 진정한 출가를 진(眞)출가라 표현한다. 무엇이 거짓출가이고 진짜출가인지 승조대사의 가르침에서 체득해보자!

위출가(僞出家)라는 것은 이곳의 생사(生死)를 싫어하고 저곳의 열반(涅槃)을 존귀하게 여기는 것을 뜻한다. 이러한 생사와 열반을 차별하는 생각으로 인해 그 중간인 세 곳의 다름이 있게 된다.

진출가(眞出家)라는 것은 만루(萬累)를 견(遣)하고 피차(彼此)를 망(亡)한 것을 뜻한다. 이러한 진출가(眞出家)에서 어찌 생사(生死), 열반(涅槃), 생사와 열반 사이의 세 곳이 서로 다르다는 시비(是非)가 있을 수 있겠는가?

僞出家者, 惡此生死, 尊彼涅槃, 故有中間三處之異 ; 眞出家者, 遣萬累, 亡彼此, 豈有是非三處之殊哉 ?

(僧肇 等 撰 《維摩經注》 第3卷에서)

○ 생사(生死)를 싫어하고 열반(涅槃)을 존귀하게 여기는 것을 위출

가(僞出家)라 표현한다.

위출가는 거짓출가라는 뜻이다.

거짓은 진정한 출가가 아니라는 뜻으로 일반적으로 선악(善惡)의 개념(槪念)으로 거짓과 진실을 따지는데 여기선 생사와 열반으로 진실과 거짓을 밝히고 있다.

고통스러운 생사윤회를 벗어나 영원히 고통이 없는 열반에 들어가고 싶은 간절함에서 수행한다.

이러한 생각으로 수행하니 당연히 벗어나고 싶은 생사는 싫어하게 되고 가고 싶은 열반은 좋게 생각할 수밖에 없다.

그런데 그와 같은 생각이 있으면 거짓출가라고 승조대사는 강조하고 있다. 거짓출가로 수행하면 당연히 깨달을 수 없다. 왜냐하면 거짓수행이기 때문이다.

거짓수행으로 도(道)를 성취할 수 없다.

못 깨달으면 열반세계에 간다는 것은 환상이다. 꿈일 뿐이다.

위와 같은 생각이 있으면 왜 진정한 수행자가 아닌지 그의 이치에 대해 다음과 같이 밝히고 있다.

○ 이러한 생사와 열반을 차별하는 생각으로 인해 그 중간인 세 곳의 다름이 있게 된다.

세 곳은 생사, 열반, 생사와 열반의 사이를 뜻한다.

수행자가 열반을 좋아하고 생사를 싫어하는 생각에 의해 생사와 열반 사이에 또 하나의 위치가 생겨났다. 왜냐하면 생사를 싫어한다는 것은 자신과 생사가 둘이다.

생각 속에서 자신이 이곳의 생사를 떠나서 존재하고 있다.

열반을 좋아한다는 것은 생각 속에서 저곳의 열반을 가고 싶어 한다. 자신이 지금 열반에 가 있는 것이 아니다. 이것은 지금까지 있었던 생사세계를 벗어나 열반세계에 가고 싶어 한다.

마치 고향의 시골집을 떠나 도시의 번화가를 향해 가고 있는 것과 같은 입장이다. 지금 자신의 위치가 고향집을 이미 벗어나 번화가를 향해 가는 중간 어딘가의 지점에 있다고 생각하는 것과 같다.

그러나 이것은 수행자의 마음속 생각이 그런 것이고 진짜 사실로 그러한 생사와 열반 사이의 중간이 존재하느냐는 것이다.

경전에서 생사(生死)가 곧 열반(涅槃)이요, 번뇌(煩惱)가 곧 보리(菩提)라는 가르침으로 보아 생사와 열반의 중간은 존재하지 않다는 것을 알 수 있다. 둘의 중간 사이가 없다면 둘은 이미 둘이 아니다. 이름이 둘일 뿐이다.

○ 만루(萬累)를 견(遣)하고 피차(彼此)를 망(亡)한 것을 진출가(眞出家)라 표현한다.

만 가지 일에 지쳐있는 것을 만루라 표현한다.

만 가지 일이란 수행자 자신과 연관된 즉 결연(結緣)되어 있는 모든 세상사를 뜻한다.

견(遣)은 보낸다는 뜻으로 '끊다', '없애다', '놓아버리다', '잊는다', '초연하다'는 의미를 모두 내포하고 있다. 망(亡)도 견(遣)과 같은 뜻이다.

피(彼)는 열반을 뜻하고 차(此)는 생사를 뜻한다.

진정으로 출가한 수행자에겐 세상사로부터 시달림도 없고 생사열반의 사상개념으로부터 갈등도 없다는 것을 밝히고 있다.

생사(生死)와 열반(涅槃)을 분별하지 않는 수행자가 진정으로 출가한 선지식이란 것을 승조대사의 가르침을 통해 알게 되었다.

이와 같이 보았을 때 출가(出家)란 외형의 모습변화로 판단하는 것이 아니라 마음으로 발보리심(發菩提心)하여 자리이타(自利利他)의 보살심(菩薩心)으로 충만(充滿)한 큰마음의 수행정신(修行精神)을 뜻한다.

그런데 거룩하신 불보살(佛菩薩)님들께서 왜 삭발하여 스님이 되는 출가수행(出家修行)을 권장하는지에 대해 부대사는 다음과 같이 밝히고 있다.

19. 스님의 세 가지 수행력

승(僧)이란 세 가지 뜻을 내재하고 있다.
1. 의업(意業)이 무소작(無所作)이다.
2. 구업(口業)이 무소작(無所作)이다.
3. 신업(身業)이 무소작(無所作)이다.

이와 같이 삼업(三業)에 무소작(無所作)인 사람을 승(僧)이라 부르며 또한 법사(法師)라고 칭한다.

> 僧者, 復有三義：一者, 意業無所作；二者, 口業無所作；三者, 身業無所作, 名之爲僧, 亦名法師。
>
> (傅大士 撰 《傅大士傳錄》 第2卷에서)

승(僧)은 형(形)출가한 스님을 뜻한다.

삼업(三業)의 세 가지 가르침에 상응한 실천수행(實踐修行)으로 생활하는 선지식을 승(僧)이라 한다고 부대사는 밝히고 있다.

1. 의업(意業)이 무소작(無所作)이다.

수행자의 마음작용을 의업(意業)이라 표현한다.

그런데 수행자에게 자신이 수행한다는 그러한 마음작용이 전혀 없다. 이와 같은 것을 의업의 무소작이라 말한다.

2. 구업(口業)이 무소작(無所作)이다.
수행자의 언어작용을 구업(口業)이라 표현한다.
그런데 수행자에게 자신이 수행한다는 그러한 언어작용이 전혀 없다. 이와 같은 것을 구업의 무소작이라 말한다.

3. 신업(身業)이 무소작(無所作)이다.
수행자의 신체작용을 신업(身業)이라 표현한다.
그런데 수행자에게 자신이 수행한다는 그러한 신체작용이 전혀 없다. 이와 같은 것을 신업의 무소작이라 말한다.

일반적으로 삼업(三業)을 신업(身業), 구업(口業), 의업(意業) 순서로 표현한다. 그러나 여기에선 의업, 구업, 신업 순으로 표현하고 있다. 이것은 생명수행에 있어 마음작용이 제일 중요함을 강조하고 있는 가르침이다.

이와 같이 삼업(三業)에 무소작(無所作)인 사람을 승(僧)이라 부르며 또한 법사(法師)로 존경한다고 밝히고 있다.

승(僧)의 존칭어가 법사(法師)이다.

법사는 스님을 존칭하여 사용하는 용어이다.

우리가 귀에 익숙한 삼장법사(三藏法師)의 용어에서도 알 수 있다.

삼장(三藏)은 부처님께서 말씀한 경장(經藏)과 율장(律藏) 그리고 후대 선지식의 가르침인 논장(論藏)을 합해 부르는 명칭으로 불교의 전체 가르침을 지칭한다.

이와 같은 방대한 삼장의 이치를 통달하고 있는 스님을 거룩하시다는 뜻의 표현으로 삼장법사라 부른다.

진정한 법사(法師)는 무상행(無相行)을 닦고 불이법문(不二法門)을 깨달으며 중생을 교화해서 궁극에 불승(佛乘)으로 귀의하는 선지식을 뜻한다고 부대사는 다음과 같이 밝히고 있다.

20. 큰스님의 세 가지 수행력

법사(法師)라 함은 다시 세 가지의 뜻을 내재하고 있다.

1. 몸소 여여(如如)하여 체일(體一)한 무상(無相)의 행(行)을 실천한다.
2. 능히 정전(正典)을 홍양(弘揚)하여 불이법문(不二法門)을 일깨운다.
3. 능히 선교방편(善巧方便)으로 중생을 교화하여 함께 일원(一源)으로 들어간다.

이와 같이 세 가지의 수행을 갖춘 사람을 법사(法師)라 칭한다.

> 法師者, 復有三義：一者, 履踐如如體一無相；二, 能弘宣正典, 曉眞不二；三, 能善巧方便, 化彼群生, 同歸一源, 名爲法師.
>
> (傅大士 撰 《傅大士傳錄》 第2卷에서)

1. 몸소 여여(如如)하여 체일(體一)한 무상(無相)의 행(行)을 실천한다.

법신(法身)의 부동(不動)함을 여여(如如)라 표현한다.

법신(法身)의 부동(不動)함을 체일(體一)이라 표현한다.

법신(法身)의 부동(不動)함을 무상(無相)이라 표현한다.

이와 같이 보았을 때 여여(如如), 체일(體一), 무상(無相)은 법신(法身)을 형용(形容)하고 있다는 점에서 서로 같은 뜻이다.

여기에서 이(理)출가한 수행자는 법신(法身)과 계합(契合)된 행(行)을 실천(實踐)한다는 뜻을 밝히고 있다. 이와 상반된 뜻이 색신(色身)과 계합된 행(行)의 실천이다.

【문】 여여(如如), 체일(體一), 무상(無相)이 똑같이 법신(法身)을 형용하고 있다면 무엇인가 표현하는 바의 차이가 있어서 용어도 서로 다르지 않겠는가?

【답】 그렇다.

【문】 어떤 차이인가?

【답】 법신은 불가사의해서 언어나 행동 그 어떤 모습으로도 표현할 수 없다. 사실 법신이라는 이 용어 또한 가짜 명칭에 불과하다. 왜냐하면 우주의 근원이며 생명의 근원인 그 무엇을 어떤 언어로도 표현할 방법이 없기 때문이다. 그러한 것을 알게 하기 위해 부득이 언어의 용어를 사용한 것이다. 이와 같이 보았을 때 법신은 진실이 아닌 가명인데 그 가명을 형용하는 여여, 체일, 무상은 더 말할 것 없지 않겠는가? 이처럼 서로 다른 가짜 명칭이라는데 차이가 있다.

【문】 그럼, 깨달아 계합되는 그 무엇인 법신이 있다는 것도 거짓인가?

【답】 그렇지 않다. 그러나 언어로 표현하는 계합(契合), 상응(相應), 깨달음, 성취(成就) 등에서 인식하는 그러한 인식에서 형성되는 개념의 모습이 아니라는 것이다.

예를 들면 계합(契合)! 무엇이 계합인가?

이때 그 계합된다는 그 무엇의 모습현상에 대해 어떻게 인식해도 그것은 본래 법신이 계합하는 그러한 모습을 인식할 수 없다는 것이다. 왜냐하면 대뇌의식으로 인식하는 그러한 작용의 계합, 상응, 깨달음, 성취 등은 존재하지 않기 때문이다. 그래서 부득이 가짜 명칭인 계합, 상응, 깨달음, 성취 등을 사용하는 것이다.

【문】 가짜이지만 그래도 여여, 체일, 무상의 차이를 설명한다면?

【답】 무상(無常)의 입장에서 법신(法身)이 항상 여여(如如)하다는 뜻이다. 이것은 색신(色身)은 항상 변화하지만 법신은 변화하지 않는다는 의미를 내포하고 있다. 그래서 많은 경전에서 법신이 여여부동(如如不動)함의 이치를 밝히고 있다.

불이(不二)의 입장에서 법신이 모두 체일(體一)하다는 뜻이다. 이것은 색신은 모두 다르지만 법신은 서로 다르지 않다는 의미를 내포하고 있다.

그래서 혜능대사가 《육조단경》에서 법신의 체일무이(體一無二)의 이치를 밝히고 있다. 무이(無二)란 불이(不二)와 같은 뜻이다. 곧 법신의 본체(本體)는 서로 같아서 모든 생명에 있어 차별이 없다는 뜻이다. 다시 말하면 이것은 나의 법신, 저것은 당신의 법신이라는 차별이 없다는 뜻이다.

그래서 영가선사는 《증도가》에서 법신을 달에 비유해서 "허공에 둥근 달은 모든 물에 드리우고 모든 물에 나타난 달은 다시 허공의 달로 섭수된다."는 이치를 밝히고 있다.

2. 능히 정전(正典)을 홍양(弘揚)하여 불이법문(不二法門)을 일깨운다.

바른 경전을 정전(正典)이라 표현한다.

홍양은 널리 크게 선양한다는 뜻으로 여기에선 자신과 남에게 함께 홍양하는 자타홍양(自他弘揚)을 뜻한다. 올바른 경전을 홍양해서 불이법문을 일깨우게 한다는 뜻이다. 수행은 자타에 초연하면서 일깨우는 정진이다.

【문】 경전 중에도 올바른 경전이 있고 그렇지 못한 경전의 차별이 있는가?

【답】 일체법은 평등하다. 그래서 수연(隨緣)에 차이가 있다.

어떤 사람은 선 수행으로 대도(大道)를 성취한다.

어떤 사람은 염불수행으로 대도를 성취한다.

또 어떤 사람은 경전 참구로 대도를 성취한다.

또 어떤 사람은 기 수련으로 대도를 성취한다.

또 어떤 사람은 요가 수행으로 대도를 성취한다.

이와 같이 성취하는 대도는 둘이 아니지만 성취하는 방법은 각기 다르다. 불교 집안에서 누가 대도를 성취하기 위해 수행문에 들어오면 다른 수행법보다 불교의 수행법이 최고임을 강조한다.

또한 같은 불교 안에서도 염불도량에 가면 염불수행이 다른 좌선이나 참구수행에 비해 더욱 효과적이라고 강조한다. 같은 염불수행이지만 지장기도하는 곳에 가면 관음기도나 문수기도 등 다른 염불기도에 비해 지장기도의 성취가 가장 뛰어나다고 강조한다.

화두선 수행도량에 가면 관상선, 묵조선, 천태지관, 위파사나 선 수행에 비해 간화선이 가장 훌륭한 선법이라고 강조한다.

경전 참구만 해도 그렇다. 금강경 강의하는 곳에 가면 부처님의 어떤 경전보다 금강경이 가장 수승한 경전이라고 강조한다.

법화경 강의하는 곳에 가면 역시 마찬 가지이다. 이러한 자신의 것이 최고라는 어법의 사용은 후대 선지식만 그런 것은 아니다.

부처님의 경전만 봐도 그렇다. 《유마경》을 보면 《유마경》으로 수행하는 것이 어떤 경전으로 수행하는 것보다 수승하다고 부처님께서 강조하고 계신다.

《금강경》을 보면 역시 그와 같이 표현되어 있다. 《금강경》으로 수행하는 것이 가장 수승하다고!

《화엄경》, 《법화경》, 《원각경》 등 부처님의 대부분 경전이 역시 이와 같은 이치를 강하게 밝히고 있다.

이러한 논리성을 상실한 가르침에서 우리는 통일적인 이치 한 가지를 체득할 수 있다.

"일체법이 평등하기에 그와 같이 말씀하실 수 있다는 것을!"

3. 능히 선교방편(善巧方便)으로 중생을 교화하여 함께 일원(一源)으로 들어간다.

위와 같은 이치에서 다양한 가르침이 있는 것이며 그러한 가르침의 평등성을 일깨우기 위해서 경전마다 그 경전이 최고라고 말씀하신 것이다. 이것을 선교방편이라 표현한다.

일원(一源)은 모든 중생의 공통된 근원으로 불교에서는 이것을 불성(佛性)이라 표현하며 이곳으로 돌아가는 방법 또는 길을 불승(佛乘)이라 표현한다. 일체법의 평등한 이치에 근거해서 중생의 공통된 근원을 법신(法身) 또는 법성(法性)이라 표현한다.

이와 같이 세 가지의 수행을 갖춘 사람을 법사(法師)라 존칭한다. 세상에 이처럼 훌륭한 법사가 많이 있어 중생들이 모두 자재인생(自在人生)을 실현하길 바라는 뜻에서 불보살이 이러한 출가수행의 방편문(方便門)을 열어 사람들에게 출가해서 수행할 것을 권하는 것이다.

이러한 이치를 부대사는 다음과 같이 밝히고 있다.

위와 같았을 때 비로소 오도(悟道)하여 이(理)가 무상(無上)함을 회통(會通)하게 되나니 이것이 곧 진정한 불이(不二)이니라. 그러므로 모든 부처님과 보살(菩薩)이 대자대비로 연민하게 여겨 방편법문(方便法門)을 열어 항상 출가수행(出家修行)를 권하시느니라.

乃方悟道, 理會無上, 即眞不二。是以, 諸佛菩薩, 大悲憐憫, 開方便法門, 常勸出家。

(傅大士 撰 《傅大士傳錄》 第2卷에서)

법사의 세 가지 조건이 구비되었을 때 비로소 깨달음을 성취하여 불도(佛道)의 모든 이치를 체득한다고 밝히고 있다.

이러한 수행의 성취가 곧 진정한 불이(不二)라고 부대사는 강조하고 있다.

그러나 이러한 수행경지(修行境地)에 도달하기가 쉬운가?

도달하기 쉽지 않기 때문에 이러한 경지의 수행자가 더욱 필요하다.

사람 중에 이와 같은 수행력을 갖춘 선지식이 나오기 어렵기 때문에 그래서 모든 부처님과 보살(菩薩)님들이 대자대비로 중생을 연민하게 여겨 방편법문(方便法門)을 열어 항상 출가수행(出家修行)를 권하신다고 부대사는 밝히고 있다.

21. 무위출가의 의미

재가수행자가 무위출가(無爲出家)의 수행정신으로 세상사에 임했을 때 세상사로부터 구애받지 않으면서 보리도(菩提道)를 성취할 수 있다는 것을 알게 되었다.

그럼, 무위출가(無爲出家)의 의미에 대해서 먼저 승조대사의 《유마경》 주석을 보면서 음미해 보자!

대저 출가의 뜻은 그 오묘함이 무위(無爲)에 있다.
그러한 무위(無爲)의 도(道)에서 어찌 공덕(功德)의 이익(利益)됨이 있다는 소리를 용납(容納)할 수 있겠는가? 모든 장자(長者)의 아들들이 응당 출가(出家)의 무위지도(無爲之道)를 들어야 하는데 나후라존자가 유위(有爲)의 공덕지리(功德之利)를 보이니 그래서 진정한 출가의 뜻을 밝히기 위해서 유마대사가 그를 훈계한 것이다.

夫出家之意, 妙存無爲, 無爲之道, 豈容有功德利乎?
諸長者子, 應聞出家無爲之道, 而示以有爲功德之利, 是由不隨禪以觀其根, 不審法以將其意, 衆過之生, 其在此乎！故因明出家以誡之也.

(僧肇 等 撰 《維摩經注》 第3卷에서)

○ **출가의 오묘함은 무위(無爲)에 있다.**

왜 출가하는가?

자재인생의 실현을 위해서다.

생사윤회에서 해탈하기 위해서다.

모든 중생의 자재인생의 실현을 위해서다.

모든 중생의 생사윤회의 해탈을 위해서다.

출가의 목적인 자재인생과 생사해탈의 경지(境地) 또는 경계(境界)를 오묘하다고 표현한다.

오묘(奧妙)함에 신비하고 불가사의한 그 무엇인가의 기운이 내재되어 있어 이것을 무위(無爲)라고 표현한다.

오묘함이 무위이고, 출가는 오묘함이기에 무위의 삶이 출가자의 인생이라는 것을 알 수 있다.

무위란 인위성이 없는 것으로 승조대사의 가르침에 출가의 수행은 인위적으로 실천해서 이루어지는 것이 아니라는 의미를 강하게 내포하고 있다.

이미 인위적인 행위가 없다면 여기에선 행위로부터 이루어지는 그 어떤 공덕도 논할 수 없다.

왜냐하면 공덕이라는 것 또한 사물에 반영되어 나오는 현상이기 때문이다.

그래서 공덕(功德)을 공덕력(功德力)이라 표현하며 중간 글자를 생략해서 공력(功力)이라 말한다.

○ 무위(無爲)의 도(道)에서 출가는 무공덕(無功德) 무이익(無利益)이다.

출가자가 공덕을 논할 수 없다는 것을 위해서 설명했다.

여기에선 그 까닭을 출가의 본의가 무위(無爲)의 대도(大道)를 성취하는데 있기 때문이라고 밝히고 있다.

출가에 공덕이 없다면 당연히 이익도 없다.

○ 유마대사가 나후라존자를 훈계한 까닭

무위출가의 이치를 밝혀야 되는데 유위출가의 이치를 밝혔기 때문이다.

22. 성현의 출가정신

 무위출가의 이치와 실천은 성현(聖賢)이 받아들이는 가르침이란 것을 승조대사는 다음과 같이 밝히고 있다.

 현인(賢人)은 그러한 무위출가의 도리를 듣고 그 가르침에 따라 수행한다.
 성인(聖人)은 그러한 무위출가의 가르침대로 실천해서 도통(道通)한다.
 이와 같이 무위출가의 이치체득과 실천수행을 진정한 출가지도(出家之道)라 표현한다.
 출가(出家)의 도(道)는 본래가 무위(無爲)이니라.

> 賢智聞之而從, 衆聖履之而通, 可謂眞出家之道。
> 出家之道, 本乎無爲。

(僧肇 等 撰 《維摩經注》 第3卷에서)

○ 현인(賢人)은 그러한 무위출가의 도리를 듣고 그 가르침에 따라 수행한다.

세상 사람을 크게 범인(凡人), 현인(賢人), 성인(聖人)으로 구분한다.

세상사를 즐거움으로 삼아 살아가는 사람을 범인이라 표현하며 일반적으로 범부라 칭한다.

세상사의 이치를 알아 즐거움으로 삼아 살아가는 사람을 현인이라 표현하며 일반적으로 현명한 사람이라 말한다.

세상사의 이치를 알고 그와 계합되는 것을 즐거움으로 삼아 살아가는 사람을 성인이라 표현하며 일반적으로 깨달은 사람이라 말한다.

o 성인(聖人)은 그러한 무위출가의 가르침대로 실천해서 도통(道通)한다.

범부가 이치를 알고 살아가면 곧 현인이다. 그러면서 이치에 계합된 실천으로 이어지면 곧 성인이다.

o 이와 같이 무위출가의 이치체득과 실천수행을 진정한 출가지도(出家之道)라 표현한다.

승조대사가 만약 스스로를 출가수행자라 말한다면 최소한 현인의 삶은 되어야한다는 이치를 밝히고 있는 대목이다.

여기에서 말한 출가수행자란 심(心)출가한 수행자를 뜻한다.

o 출가(出家)의 도(道)는 본래가 무위(無爲)이니라.

다시 한번 출가한 본래 목적이 무위(無爲)의 도(道)를 성취하기 위함에 있다는 것을 강하게 밝히고 있다.

23. 삼계에 초연한 출가

진정한 출가에 대해서 승조대사는 다시 한번 다음과 같이 밝히고 있는데 여기에서 승조대사는 우리 자신의 출가수행이 과연 어떠해야 되는지를 확실히 밝히고 있다.

만약 계(繫)하는 바가 있으면 이것은 아직 출가한 것이 아니다.
일체의 모든 것으로부터 집착하는 바 없으면 이것이 진정한 출가이다.
만약 무상도심(無上道心)을 발(發)해서 마음이 삼계(三界)에 초연(超然)하면 형(形)이 비록 계(繫)하는 바 있어도 이것은 진정한 출가이다.
비록 재가수행자이지만 능히 무상심(無上心)을 발(發)하면 이것이 곧 출가이고 구족계(具足戒)를 받은 것이니라.

若有所繫, 亦未爲出家 ; 一切不著, 是眞出家也.
若發無上道心, 心超三界, 形雖有繫, 乃眞出家.
雖爲白衣, 能發無上心者, 便爲出家, 具足戒行矣.

(僧肇 等 撰 《維摩經注》 第3卷에서)

○ 계(繫)하는 바가 있으면 이것은 아직 출가한 것이 아니다.

계(繫)는 얽매임을 뜻한다.

아직도 무엇인가에 얽매임이 있다면 그 사람은 출가수행자가 아니라는 뜻이다.

수행자 자신은 생사 해탈하려는 마음으로 정진하지만 얽매임이 있는 한 그러한 수행성취는 이루어질 수 없다는 뜻이다.

얽매임은 크게 안으로 얽매임과 밖으로 얽매임이 있다.

밖으로부터 얽매임은 사물과의 반연에서 생긴 얽매임으로 주로 사람관계의 얽매임을 뜻한다.

안으로부터 얽매임은 자신 내면에서 생긴 얽매임으로 주로 오음(五陰)에 얽매임을 뜻한다.

사람관계의 얽매임은 주로 정(情)에 기인한다.

정(情)은 불교에선 수면욕(睡眠欲)·음식욕(飮食欲)·성욕(性欲)·재물욕(財物欲)·명예욕(名譽欲)의 오욕(五欲)과 희(喜)·노(怒)·애(哀)·낙(樂)의 감정(感情)으로 표현하고, 정통의학에선 희(喜)·노(怒)·우(憂)·사(思)·비(悲)·공(恐)·양(惊)의 칠정(七情)으로 표현하며, 유학에선 희(喜)·노(怒)·애(哀)·구(懼)·애(愛)·오(惡)·욕(欲)의 칠정(七情)으로 표현한다.

이러한 정(情)을 잘 정화(淨化)했을 때 사람관계의 얽매임으로부터 벗어날 수 있다.

불교에서 생명의 구성요소를 오음(五陰)으로 표현한다.

오음은 생명체를 구성하고 있는 다섯 가지의 요소로 이것을 색(色), 수(受), 상(想), 행(行), 식(識)이라 표현한다.

이러한 오음이 무상(無常)하다는 이치를 확실히 체득했을 때 몸의 집착으로부터 벗어날 수 있다.

○ 일체의 모든 것으로부터 집착하는 바 없으면 이것이 진정한 출가다.

몸의 집착, 사물의 집착, 경계의 집착으로부터 벗어났을 때가 진정한 출가라는 이치를 밝히고 있다.

○ 무상도심(無上道心)을 발(發)해서 마음이 삼계(三界)에 초연(超然)하면 형(形)이 비록 계(繫)하는 바 있어도 이것은 진정한 출가다.

이 내용은 재가수행자의 대표적인 수행정신이다.

승조대사의 이 가르침을 크게 세 가지 내용으로 나눠 이해할 수 있다.

첫째 무상도심(無上道心)을 발(發)한다.
둘째 마음이 삼계(三界)에서 초연(超然)하다.
셋째 형(形)의 계(繫)함이 있어도 진정한 출가다.

무상도심은 보리심(菩提心)으로 보리심을 발한다는 뜻이다.
수행의 시작이 발보리심이다.

발보리심이 수행의 입문이다.
발보리심은 깨닫겠다는 마음을 일으킨 것을 뜻한다.
발보리심에 의해 수행이 시작된다.
발보리심에 의해 생사해탈의 성인의 길에 들어선다.
성인의 길은 부처가 되는 길이다.

발보리심에 의해 마음이 삼계에서 초연하길 원한다.
발보리심에 의해 마음이 삼계에서 초연할 수 있는 길에 들어선다.
발보리심은 어느 때나 가능하다.
일 년 전에 보리심을 발하여 수행을 시작했는데 바쁜 일로 정진이 이어지지 않았다. 그런 까닭에 그만 수행하는 습관이 없어졌다. 몇 개월이 지난 다음 다시 신심을 일으켜 재차 발심했다.
발심은 발보리심의 약칭이다.
다시 천하를 불살라버릴 것만 같이 크게 분심을 일으켜 정진을 시작했는데 그런데 용두사미처럼 무슨 까닭인지 지금은 그 흔적도 찾기 어렵다.
수행심(修行心)이 식어버렸다.

왜 그럴까?
발심해서 정진하면 그것이 왜 지속되지 못할까?
지속되지 못하는 가장 큰 원인이 어디에 있을까?

【문】 왜 그렇죠?

【답】 삼계에서 초연하려는 마음이 없기 때문입니다.

【문】 그게 무슨 뜻이죠?

【답】 지금 이 세상의 삶이 즐거운 것이죠!

【문】 그럼, 전엔 왜 발심했을까요?

【답】 그땐 이 세상이 지옥 같았기 때문이죠!

【문】 세상이 지옥 같을 때 발심해서 수행하고 세상이 다시 좋아지면 세상의 쾌락을 즐거워하는 삶이 반복되면 그래도 수행력이 향상될까요?

【답】 되기도 하고 되지 않기도 합니다.

【문】 왜 그렇죠?

【답】 세상사의 쾌락에 빠져 있을 때도 그 쾌락이 무상(無常)함을 알고 있으면 비록 세상사를 즐기지만 수행력은 향상됩니다. 그러나 세상사의 쾌락에 빠져 있을 때 그것이 무상(無常)하다는 이치를 알지 못하고 그러한 쾌락이 마치 변함없이 지속되는 것처럼 인식하고 있으면 수행력이 향상되지 않습니다.

그래서 승조대사께서 비록 형(形)에 계(繫)함이 있어도 무상도심을 발하여 삼계에 초연한 마음이면 이것은 곧 진정한 출가라는 이치를 강하게 밝히고 있다.

○ 재가수행자이지만 능히 무상심(無上心)을 발(發)하면 이것이 곧

출가이고 구족계(具足戒)를 받은 것이니라.

무상도심을 발하여 삼계에 초연한 마음이면 이 수행자는 진정한 출가자로 구족계를 받은 것이라고 재차 강조하고 있다.

구족계를 받았기 때문에 스님을 삼보 중에 한 분으로 존경하는 것이다.

이와 같은 이치로 본다면 비록 세속에서 수행하지만 승조대사가 말씀하신 것처럼 진정한 출가자라면 역시 삼보 중에 한 분이다.

이러한 까닭에 경전의 어떤 경문에선 삼보의 불법승(佛法僧)을 불법중(佛法衆)으로 표시하고 있다.

즉 승(僧)을 중(衆)으로 표시함으로써 가사장삼 입은 스님들뿐만 아니라 관세음보살처럼, 문수보살처럼 삭발하지 않은 재가수행자도 삼보에 포함하게 된다.

24. 집이 곧 수행도량

　이와 같이 진정한 출가는 세간(世間)과 출세간(出世間)의 어디에서도 스님이나 신도님 누구든지 성취할 수 있다는 이치를 승조대사와 부대사의 가르침을 통해서 알았다.
　이러한 승속불이(僧俗不二)의 무위출가 수행정신을 계승한 선종(禪宗)의 창시자이신 혜능대사는 《금강경》에서 강조한 무상심(無相心)을 일깨우는 무상계(無相戒)에 기초한 무상출가(無相出家)의 수행정신(修行精神)을 다음과 같이 밝히고 있다.

　만약 수행(修行)하고자 하면 집에 있으면서도 또한 득도(得道)할 수 있다. 절에 있어야지만 도(道)를 성취하는 것은 아니다.
　만약 절에 있으면서 수행하지 않으면 서방의 극락세계에 마음이 악(惡)한 사람과 같다.
　만약 집에 있으면서 수행하면 동방의 사람으로 선(善)을 닦는 것이다. 다만 스스로 집에서 청정도(淸淨道)를 수행하길 원(願)하면 바로 집이 곧 서방극락세계이니라.

若欲修行, 在家亦得, 不由在寺。在寺不修, 如西方心惡之人 ; 在家若修
行, 如東方人修善。但願自家修清淨, 即是西方。

(慧能 撰 敦煌本 《壇經》에서)

○ 수행(修行)하고자 하면 집에 있으면서도 득도(得道)할 수 있다.

혜능대사의 가르침은 승조대사의 출가정신을 한걸음 더 현실세계에 접근해서 표현하고 있다.

집에서도 득도할 수 있다!

재가수행자에게 가장 와 닿는 가르침이다.

득도(得道)는 오도(悟道)를 뜻하며 큰 의미에서 성불(成佛)을 가리킨다.

성불과 오도의 의미에 대해 크게 두 가지 학설이 있다.

1. 오도 이외 성불이 따로 있다.
2. 오도 그 자체가 바로 곧 성불이다.

1번은 주로 불경(佛經)에서 주장하는 가르침이다.
2번은 주로 선종(禪宗)에서 주장하는 가르침이다.

○ 절에 있어야지만 도(道)를 성취하는 것은 아니다.

절은 좋은 수행도량이다. 그래서 삭발출가해서 절에서 정진한다.

그러나 꼭 그러한 적정(寂靜)한 도량에서만 수행이 성취되는 것이 아니라는 이치를 혜능대사가 밝히고 있다.

○ 절에 있으면서 수행하지 않으면 서방의 극락세계에 마음이 악(惡)한 사람과 같다.

사악한 사람이 극락세계에 있다!

그것이 가능한 표현인가?

극락세계는 더 이상 고통이 없는 세상을 뜻한다.

고통이 없다는 것은 선악의 차별된 관념이 없다는 것이다.

왜냐하면 선(善)과 악(惡)을 차별하는 분별에서 악행(惡行)이 나오고 선행(善行)이 나오기 때문이다.

극락세계엔 그러한 악행이 없다.

악행이 없다면 그에 상반되는 선행 또한 없다.

만약 선행만 있고 악행이 없는 곳이라면 그의 선행은 이미 악행의 상대적인 선행이 아니라 이미 상대성을 초월한 절대선행(絶對善行)을 뜻한다. 극락세계는 절대선행의 선지식만 있는 곳이다.

그러한 곳에 악인(惡人)이 있을 수 없다.

이와 같이 보았을 때 절에 있으면서 수행하지 않는 사람은 극락세계의 악인과 같다고 표현한 것은 삭발 수계하여 스님의 신분으로 절에 있지만 만약 보리심을 발하여 삼계에 초연한 출가정신이 없다면 그 사람은 겉모습만 스님이지 그 마음은 세속 사람과 다름없다는 뜻이다.

○ 만약 집에 있으면서 수행하면 동방의 사람으로 선(善)을 닦는 것이다.

극락세계가 서방에 있다는 점에서 여기서 사용한 동방은 극락세계의 의미와 상대되는 고통의 세상을 뜻한다.

비록 이러한 악(惡)이 득실거리는 열악한 환경에서 살지만 만약 그곳에서도 진정으로 발심하여 수행하는 사람이 있다면 그 사람은 분명 진정한 출가수행자로 불도(佛道)의 길을 가고 있다는 뜻이다.

○ 청정도(淸淨道)의 수행을 원(願)하면 바로 집이 곧 서방극락세계이니라.

불도(佛道)를 청정도(淸淨道)라 표현한다.

불도(佛道)의 수행을 원한다는 것은 불도성취(佛道成就) 즉 생사윤회에 초연할 수 있는 깨달음의 성취를 원한다는 뜻으로 이러한 깨달음의 성취를 위한 수행은 집에서도 얼마든지 가능하다는 것이다.

이러한 수행이 가능한 집이 바로 서방극락세계임을 밝히고 있다.

왜 수행이 가능한 집인가?

수행하는 사람이 있기 때문에 수행이 가능한 집이다.

이와 같이 보았을 때 진정한 수행은 어디에서든 가능하며 진정한 출가수행자가 있는 곳이 바로 곧 진정한 수행도량임을 혜능대사는 승속불이(僧俗不二)의 무상출가(無相出家)의 입장에서 그 이치를 밝히고 있다. 그래서 혜능대사의 가르침을 모아 정리한 《육조단경》을 무상법문(無相法門)이라 표현하며 그 가르침의 뿌리를 《유마경》의 불이법문(不二法門)과 《금강경》의 무상보시(無相布施)의 수행정신(修行精神)에 두고 있다.

25. 재가수행성취의 기본조건

세속(世俗)에서 가족과 함께 직장생활하면서도 능히 불도(佛道)를 성취할 수 있다는 이치를 경전(經典)의 가르침을 통해 알게 되었다.

세속을 벗어나 수행하는 스님과 같이 재가수행자도 굳은 신심(信心)과 올바른 견해(見解) 그리고 겸허(謙虛)한 마음으로 꾸준히 정진(精進)하면 분명 생사(生死)의 윤회(輪廻)에서 해탈할 수 있다는 것을 《유마경》의 가르침을 비롯해 승조대사, 부대사, 혜능대사 등의 가르침에서 뚜렷이 밝히고 있다.

불도(佛道)의 성취(成就)가 본성(本性)을 일깨움에 있다는 입장에서 수행자 자신이 어떤 외형의 모습이든 깨달음과 직접적으로 관계가 없다는 것 또한 알게 되었다.

그러나 재가수행이 출가수행에 비해 실제 생활면에서 어려움이 많다는 것 또한 경전에서 밝히고 있다.

몸의 무상함을 체득하여 몸의 한정된 틀로부터 초월하려는 마음에서부터 수행이 시작하는데 세간에 있으면서 과연 몸의 한정된 틀로부터 벗어날 수 있느냐는 것이다.

그리고 가족과 동료와 친구들 그리고 세상사에 얽히고 부딪치면서도 그로부터 싫어한 마음을 일으키거나 고뇌하지 않으면서 정진할 수 있느냐는 것이다.

이치적으로 보았을 때 수행에 있어 승속의 차별이 없지만 현실 속에서 과연 그와 같이 차별이 없을 수 있느냐는 것이다.

혜능대사의 말씀처럼 집이 곧 수행도량이라는 마음으로 집을 떠나 고요한 곳에 가서 정진해야 된다는 생각이 일어나지 않을 수 있느냐는 것이다.

만약 위에 제시한 문제들을 타파하고 수행이 이어진다면 이 선지식은 분명 경전에서 밝히고 있는 진정으로 자리(自利)와 이타(利他)를 함께 실천하는 보살(菩薩)이다.

현대 사회에서도 과거 사회에서도 그리고 미래 사회에서도 재가 수행자로서 불도(佛道)를 성취하여 수연자재(隨緣自在)하면서 중생을 이롭게 하신 선지식은 분명 계시다.

사실 적지 않은 선지식이 그와 같이 수행하고 계신다고 보아야 된다.

일단 재가자로서 수행하겠다는 원력을 세웠으면 재가수행에서 갖춰야할 수행에 대한 가르침을 먼저 체득하는 것이 현명하다.

만약 그러한 수행세계에 대한 기초가 정립되어 있지 않으면 쉽게 주변 분위기에 휩싸여 산만해지면서 꾸준한 정진을 지속하기가 어렵게 된다.

일편단심(一片丹心) 변함없는 수행에서 깨달음의 성취가 이루어진다.

재가수행자로서 반드시 갖추어야 할 기초는 재가수행으로도 불도(佛道)를 성취할 수 있다는 개념정립과 수행하면서 신심의 건강을 함께 유지할 수 있는 방법, 도(道)에 대한 개념정립, 기본 수행정신, 수행법, 그리고 자신에게 맞는 수행법의 체계가 선명하게 정립되는 것이다.

제2편

道에 대한 개념정립

수행의 궁극적 목적이 도(道)의 성취에 있다.
왜냐하면 도(道)의 성취를 통해 삶 속 모든 속박으로부터 자재할 수 있고 사후의 생사윤회로부터 초연할 수 있기 때문이다. 도(道)는 언어로 쉽게 표현해서 밝힐 수 없다는 것을 성인의 가르침에서 무수히 강조하고 있다. 그러나 도(道)의 개념정립이 전혀 되어 있지 않은 상태에서 정진하기란 더욱 어렵다. 이러한 도(道)와 연관된 지도(至道), 대도(大道), 보리도(菩提道), 무상도(無上道) 등 다양한 용어의 상관성과 수행자 자신의 본래면목인 법신과의 관계성을 정립하는데 도움 될 수 있게 주로 승조대사, 지자대사, 길장대사, 전등대사의 유마경 주석의 가르침을 중심으로 삼아 정리했다.

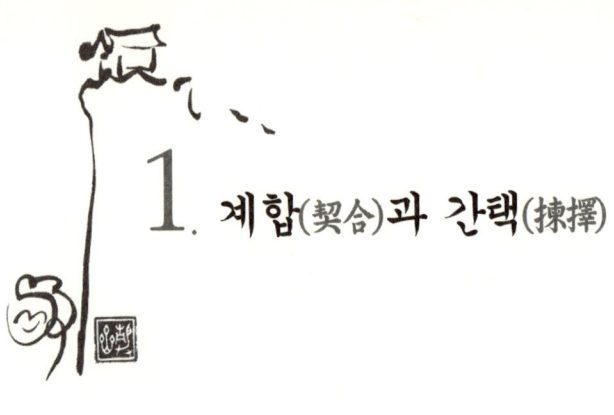

1. 계합(契合)과 간택(揀擇)

지극한 도는 어렵지 않다.
간택함이 없으면 저절로 발현된다.

至道無難 唯嫌揀擇

(僧璨大士 撰 《信心銘》에서)

승찬대사의 《신심명》 가르침에서 지도(至道)란 수행해서 얻어지는 그 무엇이 아니라는 것을 알 수 있다. 왜냐하면 지도(至道)는 자신(自身)이 태어나서 도(道)를 찾고 죽어 흔적 없이 사라지는 변화(變化)와 관계없이 항상 여여부동(如如不動)하기 때문이다.

모든 생명(生命)은 지도(至道)가 있어 태어날 수 있고 살아갈 수 있으며 죽어 없어지게 된다.

지도(至道)에 잘 계합(契合)된 삶을 자재인생(自在人生) 또는 해탈인생(解脫人生)이라 표현하고 그렇지 못한 삶을 괴로운 인생 또는 윤회(輪廻)에 속박된 인생이라 표현한다.

계합은 상응(相應)과 통용(通用)된다.

통용은 서로 다른 용어를 같은 의미로 혼용해서 사용할 수 있다는 뜻이다.

상응은 주로 자신의 주관의식(主觀意識)이 사물(事物) 또는 경계(境界)와 상응하는 것을 뜻한 반면 계합은 주로 자신의 객관의식(客觀意識)이 우주만물(宇宙萬物)의 근원(根源)인 지도(至道)와 계합되는 것을 뜻한다.

그러나 일반적으로 이 둘은 주관과 객관의 의식을 구분하지 않고 혼용(混用)된다. 왜냐하면 주관의식과 객관의식이 동시에 존재하기 때문이다.

주관의식을 떠나 객관의식이 존재할 수 없다. 생명(生命) 그 자체(自體)가 주관의식으로 작용되기 때문이다.

객관의식을 떠나 주관의식이 존재할 수 없다. 우주(宇宙)를 떠나 생명이 존재할 수 없기 때문이다.

주관과 객관은 어떤 각도에서 사물을 인식(認識)하고 상응하느냐의 차이이며, 이것은 주관이고 저것은 객관이라는 그 무엇이 고정적(固定的)으로 뚜렷이 존재하는 것은 아니다.

왜냐하면 세상만사(世上萬事)는 끊임없이 변화(變化)하기 때문이다.

이러한 이치를 불교(佛敎)에선 무상(無常)이라 표현하고 도교(道敎) 또는 유교(儒敎)에선 역(易)이라 표현한다.

수행(修行)의 세계(世界)에서 이것은 객관적인 것이고 저것은 주관적인 것이라 구분 짓지 않는다.
구분 짓는 그러한 의식 자체가 이미 분별(分別)이기 때문이다.
분별이란 이치에 어긋남을 뜻한다.
세상 모든 것은 항상 변화하는데 자신의 의식 속에 마치 변화하지 않는 고정된 그 무엇으로 어떤 사물현상을 인식하고 있기 때문이다. 이것을 집착(執着) 또는 애착(愛着)이라 표현한다.

희노애락(喜怒哀樂)과 행주좌와(行住坐臥) 그리고 어묵동정(語默動靜)의 생명활동(生命活動)과는 관계없이 자신의 본성(本性)인 지도(至道)가 항상 변함없이 여여부동(如如不動)하다면 왜 도(道) 닦는 수행(修行)이 필요한가?

간택(揀擇) 때문이다!

2. 삼독심(三毒心)과 간택(揀擇)

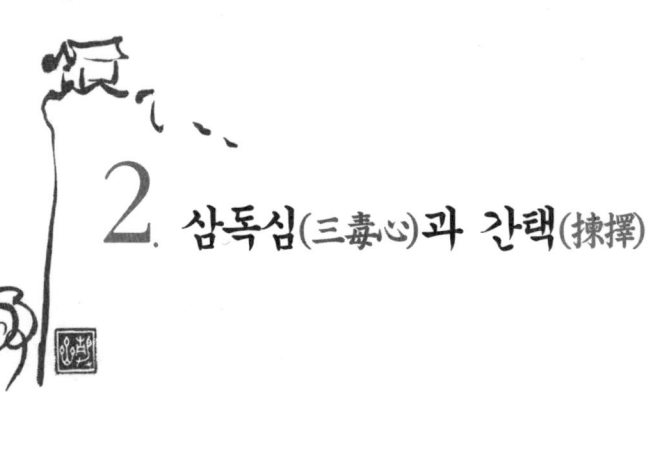

　간택은 분별(分別)을 뜻하며 대표적인 분별이 취사선택(取捨選擇)이다.
　간택하기 때문에 생명이 본성(本性)과 계합된 삶을 유지(維持)하기가 쉽지 않다. 그래서 어느 땐 무척 행복(幸福)해하다가도 어느 땐 괴로움의 구렁에 빠져든다. 그리고 갑작스러운 변화로 자신의 생명을 잃어버릴지도 모른다는 불안(不安)에 시달린다.

　왜 그런가?
　간택함에 의해 마음이 미혹(迷惑)되어 있기 때문이다.

　이때 마음이란 대뇌의식(大腦意識)을 뜻하며 분별로 생겨난 의식(意識)이어서 일반적으로 분별의식(分別意識)이라 표현한다.

　【문】 간택하면 왜 마음이 미혹되는가?
　【답】 의식(意識)이 사물(事物) 또는 경계(境界)에 빨려가기 때문이다.

【문】 의식이 왜 사물 또는 경계에 빨려 가는가?
【답】 탐심(貪心) 때문이다.

탐심에 의해 미혹되며, 미혹된 상태를 어리석다고 표현한다.
어리석음을 치심(癡心)이라 표현하며, 치심에 의해 진심(嗔心)이 일어난다. 진심은 화내는 마음이며, 화내는 마음에 의해 세상사(世上事)와 부딪친다.
세상사와 부딪치기에 괴로움이 생겨난다. 이로부터 재미없는 인생, 불안한 인생, 고통스러운 인생이 비롯된다.
탐심, 진심, 치심의 세 가지 마음을 삼독심(三毒心)이라 표현하며 일반적으로 탐진치(貪嗔癡)로 표현한다.

직장이 있든 아니면 무직자이든, 독신자이든 아니면 가족과 함께 하든, 출가한 스님이든 아니면 세속에 신도이든, 불교신자이든 아니면 다른 종교 신봉자든, 무종교인 이든 아니면 종교 신앙인이든, 죄악에 시달리고 있는 사람이든, 아니면 착함에 즐거워하고 있는 사람이든, 고요히 혼자 수행하는 명상가 이든 아니면 번잡한 환경에서 살아가는 사람이든 누구나 자재인생을 실현하겠다는 신념(信念)만 지니고 있으면 어떠한 삶 속에서도 지도(至道)를 성취할 수 있다.

이러한 이치를 가장 잘 담고 있는 경전(經典) 중에 한 부가 《유마경(維摩經)》이다.

《유마경》의 주인공인 유마대사가 병이 들자 문수보살이 부처님을 대신해서 문병 왔다.

불과 한 평 남짓한 방 안에 침상 하나만 달랑 있고 그 위에 병든 유마노인이 누워 있다.

이 아담한 방 이름이 뒷날 큰스님들이 자신의 방 이름으로 사용한 그 유명한 방장실이다.

방장실이라는 명칭의 방 안에서 기거하는 스님이라는 뜻에서 방장스님이라 부른다. 이러한 습관이 큰 사찰에서 가장 큰 스님을 최고로 존경하는 호칭으로 사용하게 되었다.

방장실(方丈室) 앞에 도착한 문수보살(文殊菩薩)이 병든 원인에 대해 묻자 유마대사(維摩大士)는 자신의 병이 "어리석음으로 인해 애착(愛着)이 생겨 병들게 되었다"고 대답한다.

"유마거사님, 당신의 병(病)은 무엇으로 인(因)해 생겨났습니까? 그리고 얼마나 지속(持續)되며 어떻게 해야 치유(治癒)될 수 있습니까?"

유마대사가 대답하기를:

"어리석음으로 인(因)해 애착(愛着)이 생겼으며 그것으로 인(因)해 나의 병(病)이 생겨난 것입니다."

居士是疾, 何所因起, 其生久如, 當云何滅?
維摩詰言: 從癡有愛, 則我病生.

(鳩摩羅什 譯 《維摩經·文殊師利問疾品》에서)

애착은 탐심이며, 탐심 중에서도 대표적인 탐심에 해당된다.

사물 또는 경계에 집착하는 것을 애착이라 표현한다.

여기에서 유마대사가 '어리석음으로 인해 애착했다'는 것은 지금 현재 어리석어서 애착하게 되었다는 뜻이다.

이 어리석음의 원인은 애착이다.

집착하기 때문에 어리석어 진다.

다시 말하면 애착하기에 어리석어지고 어리석기에 애착하게 된다.

이것은 어리석음과 애착으로 인한 반복되는 고통이며 이로 인해 생사에서 윤회하게 된다.

이처럼 어리석음과 애착은 서로 불가분의 관계인 의식작용(意識作用)임을 알 수 있다.

탐심(貪心), 진심(嗔心), 치심(癡心)을 삼독(三毒)이라 표현한다.

병의 원인인 삼독을 없애면 병은 저절로 치유된다.

생사윤회(生死輪廻)의 장본인이며 현실인생(現實人生)의 파괴자인 독살스러운 세 가지 번뇌(煩惱)인 삼독(三毒)을 어떻게 없앨 것인가?

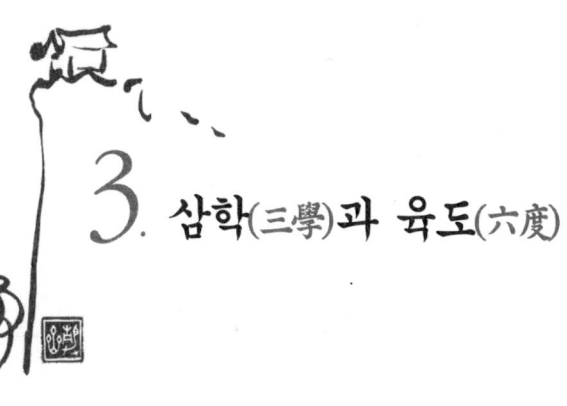
3. 삼학(三學)과 육도(六度)

　일반적으로 탐진치의 삼독은 계정혜(戒定慧)의 삼학(三學)으로 없앤다고 표현한다.
　계(戒)는 지계(持戒)를 뜻하고, 정(定)은 선정(禪定)을 뜻하며, 혜(慧)는 지혜(智慧)를 뜻한다.

　삼학은 불교 수행의 골간으로 불교의 모든 수행법을 삼학으로 귀결할 수 있다.

　계(戒)의 수행으로 탐심(貪心)을 다스린다.
　정(定)의 수행으로 진심(嗔心)을 다스린다.
　혜(慧)의 수행으로 치심(癡心)를 다스린다.

　탐은 탐심으로 탐욕(貪慾)으로도 표현한다.
　대표적인 탐욕을 오욕(五慾)이라 표현하며 모든 탐욕의 뿌리는 애착에 있다. 그래서 깨달음을 성취하는데 방해요소(妨害要素)인 애착을 없애기 위해 그 애착이 표면(表面)으로 나타난 오욕을 다스린다.

왜냐하면 나무의 뿌리처럼 오욕의 뿌리인 애착은 관념적(觀念的)으로 그것이 애착이라는 것을 인식할 수 있을 뿐, 그것이 사물의 현상처럼 표면으로 나타난 바 없기에 곧바로 그러한 애착을 다스리기가 쉽지 않다.

그래서 먼저 오욕을 다스리면 그 뿌리인 애착은 저절로 없어지게 된다. 이것은 나무의 가지와 잎을 모두 잘라버리면 그 나무의 뿌리 또한 살아남을 수 없는 것과 같은 이치이다.

그럼, 나무의 가지와 잎이 무성(茂盛)하게 살아 있는 상태(狀態)처럼 애착이 그대로 삶 속에 있는 상태에서 해탈자재(解脫自在)할 수 있는 방법(方法)은 없는가?

이러한 의문(疑問)을 해결(解決)한 방법이 육바라밀(六波羅密) 수행법(修行法)이며, 이것은 '생사(生死)가 곧 열반(涅槃)이요, 번뇌(煩惱)가 곧 보리(菩提)다'고 주장한 대승불교(大乘佛敎)의 불이정신(不二精神)이다.

대승불교의 대표적인 수행법을 육바라밀이라 표현한다.

육바라밀은 보시(布施), 지계(持戒), 인욕(忍辱), 정진(精進), 선정(禪定), 지혜(智慧)이다. 이 중에서 두 번째의 지계와 다섯 번째의 선정 그리고 여섯 번째의 지혜를 삼학이라 표현한다.

【문】 이와 같이 보면 삼학의 계·정·혜와 육바라밀의 지계·선정·지혜는 같은 뜻이다. 그런데 왜 육바라밀의 지계·선정·지혜는 대승(大乘)이라 표현하고 삼학의 계·정·혜는 소승(小乘)이라 표현하는가?

【답】 계정혜(戒定慧)라는 이름은 같지만 서로 차이가 있다.

【문】 어떤 차이가 있는가?

【답】 실천(實踐)하는 마음에 차이가 있다.

【문】 실천하는 어떤 마음의 차이인가?

【답】 탐욕에 미혹된 다른 이의 마음을 일깨워주면서 자신의 지계를 성취하는 방법을 대승의 실천법이라 표현한다. 반면 다른 이와는 관계없이 자신의 탐심(貪心)만을 다스리기 위해 지계를 실천하는 방법을 소승의 실천법이라 표현한다.

성냄에 미혹된 다른 이의 마음을 일깨워주면서 자신의 선정을 성취하는 방법을 대승의 실천법이라 표현한다. 반면 다른 이와는 관계없이 자신의 진심(嗔心)만을 다스리기 위해 선정을 실천하는 방법을 소승의 실천법이라 표현한다.

어리석음에 미혹된 다른 이의 마음을 일깨워주면서 자신의 지혜를 성취하는 방법을 대승의 실천법이라 표현한다. 반면 다른 이와는 관계없이 자신의 치심(癡心)만을 다스리기 위해 지혜를 실천하는 방법을 소승의 실천법이라 표현한다.

이러한 대승의 실천정신이 《유마경》에 잘 표현되어 있다.

4. 나와 중생의 관계

중생이 병들어 자신도 병들었고, 중생의 병이 없어지면 자신의 병도 함께 없어진다고 유마대사는 강조하고 있다.

모든 중생(衆生)이 병(病)든 까닭에 나도 병(病) 들었소!
만약 모든 중생의 병이 치유(治癒)되면 나의 병 또한 함께 치유될 것이요.

以一切衆生病, 是故我病 ; 若一切衆生病滅, 則我病滅.
(鳩摩羅什 譯 《維摩經·文殊師利問疾品》에서)

자신의 해탈을 자신만을 위한 것으로 인식하고 있는 사람인 경우 이와 같은 유마대사의 말씀을 이해하기가 쉽지 않을 것이다.

그러나 깨달음을 위한 수행은 절대적인 정신력(精神力)을 필요로 하며 이러한 정신력은 자신보다 남을 위할 때 더욱 크게 향상될 수 있다.

이와 같은 이치는 영아(嬰兒)를 생각하는 엄마의 마음에서도 알 수 있다. 엄마 자신을 위해 어떠한 정신력을 향상한다면 그것이 쉽지 않으나 영아를 위해선 무엇이든 희생할 수 있는 정신력이 생겨 난다. 그러한 마음작용에 의해 영아를 위한 엄마에게서 불가사의(不可思議)한 힘이 발휘되어 나온 예를 볼 수 있다.

 부모(父母)가 자식(子息)을 위하는 마음과 같이 수행자가 세상 사람을 위하면서 수행했을 때 자재인생(自在人生)의 방해요소인 질병(疾病)을 치유(治癒)할 수 있다고 유마대사는 강조한다.

 왜냐하면 보살(菩薩)이 중생을 위한 까닭에 생사(生死)에 들어가며, 나고 죽는 생사가 있으면 당연히 병(病)이 있게 됩니다. 만약 중생이 병을 치유(治癒)하게 되면 보살 또한 병이 없게 됩니다.

 예를 들어보죠!

 장자(長者)에게 오직 한 명의 아이가 있는데 그 아이가 병이 났어요. 그러자 부모(父母) 또한 마음병이 났죠. 만약 아이의 병이 치유되면 부모의 병 또한 함께 치유되죠.

 보살도 그와 같아서 모든 중생을 자신의 자식과 같이 사랑하기에 중생이 병들게 되면 보살 또한 함께 병들고 중생의 병이 치유되면 보살의 병 또한 함께 치유됩니다.

> 所以者何?菩薩爲衆生故入生死, 有生死則有病, 若衆生得離病者, 則菩薩無復病. 譬如長者唯有一子, 其子得病, 父母亦病, 若子病愈, 父母亦愈. 菩薩如是, 於諸衆生, 愛之若子, 衆生病則菩薩病, 衆生病愈菩薩亦愈.
> (鳩摩羅什 譯 《維摩經·文殊師利問疾品》에서)

 유마대사의 이러한 보살대비정신을 대표적인 대승보살정신으로 칭송한다.

그럼, 가족을 버리고 출가하여 수행하는 것은 보살정신에 어긋나는가?

가족 또한 중생 아닌가?

보살의 입장에서 모든 중생이 평등하다.

만약 주변 중생을 버리고 홀로 수행하기 위해 떠난다면 이것은 대승불교의 보살도 수행이 아닌 대승불교에서 강력하게 비난하는 홀로 해탈하자는 소승에 속하는가?

만약 이와 같이 이해한다면 가족과 이웃을 버리고 출가한 과거의 모든 선지식이 소승주의자가 아닌가?

석가모니부처님을 비롯해서 가섭존자, 사리불존자, 달마대사, 혜능대사가 모두 소승수행자에 포함된다. 소승을 비판하고 대승운동을 전개한 용수보살 또한 여기에 포함된다.

소승법에서 깨달음의 제일 높은 경지를 아라한이라 칭한다.

이 분들이 주변 중생을 버리고 출가한 그 자체만 놓고 보면 보살정신과 어긋난 소승행위에 속한다.

이러한 문제에 대해 대부분의 경전 또는 선지식은 다음과 같이 답변한다.

"대(大)를 위해 현실의 작음에 구애받지 않는다."

이것을 깊이 분석하면 꼭 옳은 답은 아니다.
왜냐하면 모든 중생이 평등하기 때문이다.
만약에 만 명을 구제하기 위해 천 명을 버리고 떠난다면 이것이 과연 대승보살이 실천하는 만행(萬行)이라 할 수 있겠는가?
이러한 문제를 궁극적으로 답하는 방법이 다음과 같다.

"인연(因緣) 따라 움직인다."

현상의 많고 적음, 또는 크고 작음으로 판단해서 보살행을 어떻게 할 것인지 결정하는 것이 아니라 오랜 세월 쌓여온 업연(業緣)에 따라 상응한다는 것이다.

만약 위와 같이 인식한다면 다음 두 가지의 의문을 남기기 쉽다.
1. 숙명(宿命) 아닌가?
2. 속박(束縛) 아닌가?

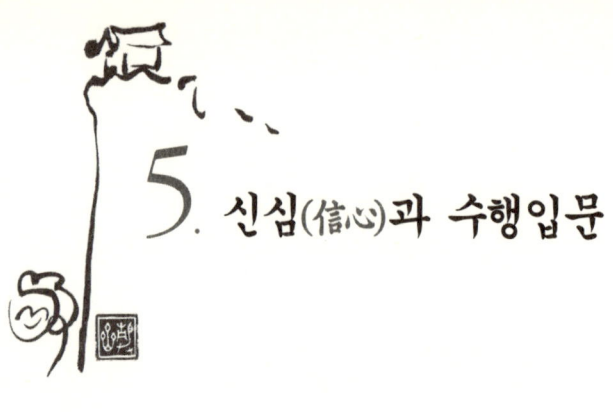

5. 신심(信心)과 수행입문

　몇 천 년 동안 많은 선각자들이 이러한 깨달음의 성취를 위한 수행자와 그 밖 생명과의 문제에 대해 무수히 많은 가르침을 남겼으나 누구나 보편적으로 그렇다고 인식할 수 있는 답안은 없다.
　그래서 마음의 해탈을 추구하는 사람들에게 인도자(引導者)는 다음과 같이 말씀한다.

"믿어라!"
"진정으로 믿는 자만이 해탈을 성취할 수 있다!"

　그래서 승찬대사는 그의 저서 명칭을 곧바로 《신심명(信心銘)》이라 정했다.
　신심(信心)은 믿는 마음이란 뜻이다.
　모든 것이 믿는 마음으로부터 믿게 되는 대상과 상응하게 된다.
　도(道)를 깨닫고 싶으면 먼저 믿으라는 뜻이다.
　무엇을 믿으란 뜻인가?

생사윤회(生死輪廻)에 초연(超然)한 지도(至道)가 있다는 사실을 그리고 그와 계합을 통해 수행자 자신이 해탈자재(解脫自在)할 수 있다는 사실을 믿으라는 뜻이다.

믿는다!
확실히 믿고 따르겠다!
그럼, 어떻게 해야 하는가?

"대승정신(大乘精神)으로 수행해라!"

대승정신은 대승법을 따라 수행했을 때 형성되는 마음상태이다.
"같은 물이지만 독사가 마시면 독이 되고 소가 마시면 우유가 된다."는 원효대사의 말씀처럼 사람의 마음은 다 같은 사람마음이지만 대승법으로 실천수행하면 세상을 이롭게 하면서 대도(大道)를 성취한다는 대승정신이 일깨워지고, 소승법으로 실천수행하면 홀로만이 수행한다는 소승정신이 일깨워진다.

그래서 불도를 성취하는 수행과정을 신해오증(信解悟證)의 네 단계로 나누어 설명하고 있다.
신(信)은 믿는 마음이다. 깨달음을 성취해서 해탈자재 할 수 있다고 믿는 마음이다. 보편적인 사회개념으로 인정받고 있지 않는 분야는 믿지 않으면 그와 상응할 수 없다.

정신세계를 추구하는 길에선 더욱 그렇다.

왜냐하면 우주와 정신세계에 대해 사람이 알고 있는 부분은 천만분의 일도 안 되기 때문이다.

자동차, 핸드폰, 비행기도 과학자의 믿는 마음으로부터 만들어졌다. 그러한 사물을 만들어낼 수 있다는 확신이 바탕이 되어 있는 믿는 마음에서 연구하고 실험하였기에 그와 같은 물건들을 발명해 낸 것이다.

만약 믿음 반 의심 반의 마음상태에서 연구하고 임상한다면 그것이 가능하겠는가?

이와 같이 눈으로 보아 알 수 있는 것도 확실한 신념(信念)을 바탕으로 했을 때 가능한데 우주보다 더 무수한 정신세계를 추구함에 어찌 먼저 믿는 마음 없이 성취되길 기대하겠는가!

믿는 마음이 확고했을 때 수행하는 방법을 이해할 수 있다.

사람마다 빠르고 늦은 차이가 있을 뿐 누구나 깨달음의 지도(至道)와 상응하는 이치를 체득할 수 있다.

지도(至道)에 대한 이치에 밝으면 기연(機緣)에 따라 오도(悟道)하게 된다. 오도는 불도(佛道)의 성취를 뜻한다.

오도(悟道)하면 스승에게 인증(印證) 받는다.

인증을 인정(印定)으로도 표현한다.

【문】 무엇에 대한 신해오증(信解悟證)인가?

【답】 불이법문(不二法門)에 대한 신해오증이다. 불이법문은 불도(佛道)를 성취하는 가르침의 총칭이다. 불이정신에 의해 불이법문을 성취한다.

【문】 무엇이 불이정신인가?

【답】 간택하지 않는 마음이 불이정신이다.

【문】 무엇이 간택하지 않는 마음인가?

【답】 보살도(菩薩道)로 수행하는 보살심(菩薩心)이 간택의 분별을 초월한 불이정신이다.

대승법(大乘法)으로 수행하는 이를 보살이라 칭한다.
보살은 겉모습으로 보아 알 수 없다.
마음이 대승심(大乘心)인 수행자가 보살이다.
보살은 승(僧)과 속(俗)의 구분이 없다.
사람과 사람 아닌 생명의 구분이 없다.
상구보리(上求菩提)와 하화중생(下化衆生)의 자리이타(自利利他) 수행정신(修行精神)으로 굳건한 선지식이 보살도(菩薩道)를 실천하는 수행자이다.

그래서 보살은 승(僧)일수도 있고 속(俗)일수도 있으며 사람이 아닌 다른 생명(生命)일수도 있다.

《유마경》의 가르침에서 알 수 있는 것처럼 지도(至道)와 계합(契合)

에 방해되는 간택의 분별심(分別心)을 없게 하려면 중생(衆生)을 위해 자신의 모든 것을 회향(回向)한다는 희생정신(犧牲精神)을 향상(向上)해야 된다.

【문】 무엇이 희생정신인가?
【답】 대비심(大悲心)이다. 보살이 중생을 위하는 마음이다.

또한 질병(疾病)이 무엇으로 인(因)해 비롯되었는가 물었죠?
보살의 병(病)은 대비심(大悲心)으로 비롯됩니다.

又言是疾何所因起, 菩薩病者, 以大悲起.
(鳩摩羅什 譯 《維摩經·文殊師利問疾品》에서)

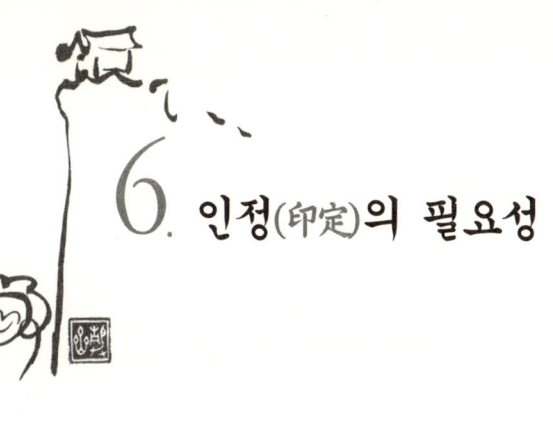
6. 인정(印定)의 필요성

깨달음의 성취는 취사선택하는 간택의 의식분별이 정화(淨化)될 때 이루어진다는 것을 알았다.

생명의 근원(根源)인 지도(至道)와 생명의 활동(活動)인 의식(意識)이 서로 어떤 관계인지 명확히 체득하기 위해 먼저 지도(至道)와 의식(意識)이 무엇인지에 대해 이해(理解)할 필요(必要)가 있다.

의식은 대뇌의식(大腦意識)으로 몸과 불가분의 관계이며 이러한 의식의 변화이치(變化理致)는 비교적 쉽게 알 수 있다.
그러나 지도(至道)는 일상생활(日常生活)에서 인식(認識)할 수 있는 것이 아니어서 그의 이치(理致)를 선명(鮮明)하게 알기란 쉽지 않다.

경전(經典)의 가르침에서 밝히고 있는 지도(至道)의 이치와 상응(相應)하면서 우리 자신이 왔던 곳이 어디이고 갈 곳이 어디인지 참구(參究)해 보자!

지도(至道)는 일반적으로 대도(大道)로 표현한다.
대도는 큰 도(道)라는 뜻으로 마음을 큰마음의 대심(大心)이라 칭하는 것과 같은 이치이다.

수(隋)나라 때 불교역사상 처음으로 종파불교(宗派佛敎)를 설립한 천태종(天台宗)의 창시인 지자대사(智者大士)는 《유마경문소(維摩經文疏)》에서 유마회상(維摩會上)에 이미 지도(至道)가 갖추어져 있지만 유마회상에서 전개(展開)된 가르침이 경전으로 성립되려면 부처님의 인정(印定)이 필요하기에 다시 부처님 숙소로 가게 되었다는 이치를 다음과 같이 밝히고 있다.

《유마경》에서 곧바로 중도(中道)의 이치(理致)를 밝힌 내용을 크게 세 단원으로 나누어 설명할 수 있다.
첫 번째는 〈불국품(佛國品)〉으로 여래(如來)께서 직접 불법(佛法)의 종지(宗旨)를 밝히신 내용이다.
두 번째는 〈방편품(方便品)〉에서 〈향적불품(香積佛品)〉까지 유마대사께서 부처님을 도와 성화(聖化)를 선양(宣揚)한 내용이다.
세 번째는 이 품(品)인 〈보살행품(菩薩行品)〉에서 〈아축불품(阿閦佛품)〉까지 부처님 숙소로 다시 돌아가서 방장실(方丈室)에서 전개(展開)된 불이법문(不二法門)을 부처님께 인정(印定)받아 경전(經典)으로 삼는 내용이다.
〈보살행품〉과 〈아축불품〉의 이 이품(二品)이 있게 된 동기(動機)는 다음 다섯 가지의 원인(原因)이다.

첫째, 유마대사께서 부처님을 도와 인연(因緣)있는 중생을 제도(濟度)하기 위해 가르침을 전개하는데 얽혀 있는 업연(業緣)을 모두 해소(解消)하여 가르침의 목적(目的)을 이미 완성(完成)하였으므로 부처님 숙소로 돌아가게 된 것이다.

둘째, 부처님께서 처음 불국토(佛國土)의 인과(因果)에 대해 밝히셨는데 유마대사께서 부처님을 도와 이 불토인과(佛土因果)의 뜻을 선양(宣揚)하면서 서로 다른 용어(用語)와 방법(方法)을 사용(使用)하면서 다양(多樣)한 불이법문(不二法門)의 가르침을 전개하셨는데 만약 부처님께가서 그 가르침에 대해 인정(印定)받지 않으면 중생들이 이 가르침에 대해 의심(疑心)을 일으켜 회의(懷疑)하는 생각을 제거(除去)하기 힘듦으로 그래서 부처님을 찾아뵙고 다시 한 번 이 가르침의 이치(理致)를 밝혀 인정(印定)받아야 하는 것이다. 그래서 스승과 제자가 서로 마주하여 다시 한 번 불이법문(不二法門)의 종지(宗旨)를 부연(敷衍)하면서 불국토(佛國土)의 이치를 더욱 깊게 밝히게 된 것이다.

셋째, 방장실(方丈室) 안에 이미 불이법문의 가르침을 부정(否定)하거나 의심(疑心)하는 무리가 있어서 이러한 의심을 끊게 하기 위해 부처님을 찾아뵙고 이러한 가르침이 정법(正法)이라는 것을 밝히게 된 것이다.

넷째, 모든 기연(機緣)과 상응(相應)하는 가르침이 부처님 숙소에 있어서 아직 대도(大道)를 성취(成就)하지 못한 수행자(修行者)를 위해 그래서 부처님 숙소로 돌아가게 된 것이다.

다섯째, 비록 방장실 안에 지도(至道)가 완전히 밝혀져 있지만 부처님의 인정(印定)을 받지 않으면 경전(經典)으로 성립(成立)될 수 없기에 인정(印定)받기 위해 부처님 처소(處所)로 가게 된 것이다.

> 正說中爲三段,〈佛國品〉是如來當宗演暢。第二、從〈方便品〉去, 至〈香積品〉, 大士助揚聖化。第三、從此品至〈阿閦品〉, 還歸佛所, 印定成經。此二品來意有五：一、大士助佛闡揚有緣之衆, 緣縛旣盡, 化功已畢, 須還佛所。二、佛初明佛國因果, 大士助宣此義, 殊辭異辨, 若不還歸印定, 物或疑網不除, 是故須歸佛所, 復宗明義。故師弟相對, 復宗敷演, 更明佛國。三、室內旣是別座當機之徒, 或生疑網, 爲斷此疑意, 還佛所對揚。四、機宜應在佛所, 得悟不從餘人, 故還佛所也。五、雖室內詮量至道, 不蒙佛印則不成經, 爲印定故, 須往佛所。品之來意如此也。
> (智者 撰《維摩經文疏》第27卷에서)

인정(印定)은 일반적으로 인정(認定)의 용어로 사용한다. 그러나 이 둘의 뜻에 상당한 차이가 있다.

인정(認定)은 '이것이 사실 또는 진실이다'고 인정해 주는데 주요 목적이 있다. 세속에서 통용되며, 그 근거를 법률에 두고 있다.

인정(印定)은 '이것이 사실 또는 진실이다'고 인정해 주는 면에선 세속의 방법과 같다. 그러나 인정(印定)의 근거를 본성(本性)에 두고 있다.

그래서 세간법에 근거 두고 인정하는 것을 인정(認定)이라 표현하고, 출세간법에 근거 두고 인정하는 것을 인정(印定)이라 표현한다.

지도(至道)와 계합하는 이치를 담은 불이법문은 출세간법이기 때문에 인정(印定)이 필요한 것이다.

7. 불이중도(不二中道)

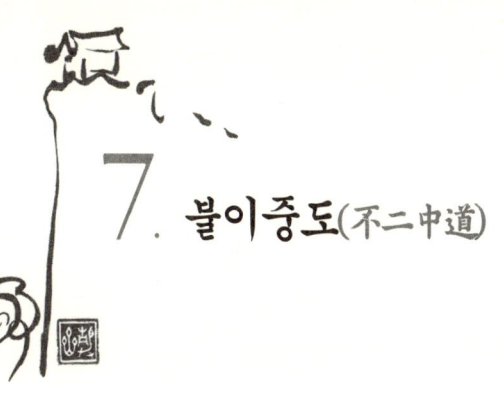

불이중도(不二中道)를 일반적으로 중도(中道)라 표현한다.
불교수행의 가르침에서 강조하는 중도는 주로 중도의 마음상태를 뜻한다.
사물은 그 자체로서 이미 형형색색(形形色色)이다. 그러한 현상을 중도(中道)라고는 표현하지 않는다. 그러한 현상과 상응하는 수행자 자신의 마음을 중도상태로 유지하라고 일깨운다.

【문】 어떻게 해야 중도의 마음상태를 유지할 수 있는가?
【답】 불이법문(不二法門)을 체득한다.

큰 의미에서 모든 법(法)이 불이법문 아닌 게 없다.
왜냐하면 불이법문은 일체법의 총칭이기 때문이다. 그러나 이와 같이 막연하게 불이법문을 인식하면 그 이치를 체득하기 쉽지 않다.
이미 자신의 마음이 우주 삼라만상을 모두 삼키고 있다면 몰라도!
그래서 불이중도의 이치에 가까이 접근하려는 많은 수행자가 먼저 용수대사의 《중론(中論)》 첫 구절을 사유(思惟)한다.

불생불멸(不生不滅)
불상부단(不常不斷)
불일불이(不一不異)
불래불출(不來不出)

(龍樹 撰《中論》第1卷에서)

수없이 많은 불이중도에서 용수대사는 여덟 가지의 불이중도를 선택했다. 여덟 종류의 불이중도로 모든 불이중도를 설명할 수 있다는 뜻이다.

그리고 그 당시 인도지역의 수행자가 주장하는 대표적인 여덟 가지 주요 사상을 타파하는 가르침이기도 하다.

이러한 팔(八)이란 특징에 의해 용수대사의 불이중도를 일반적으로 팔부중도(八不中道)라 표현한다.

이 중에서 첫 번째인 불생불멸이 불이중도의 대표적인 개념에 해당된다.

첫째, 지도(至道)란 불생불멸(不生不滅)이란 뜻이다.
불생불멸은 생(生)도 아니고 멸(滅)도 아니라는 의미로 우리가 일반적으로 인식하는 나고 죽음과 생겨나고 없어지는 모든 현상을 포함한다. 그리고 그 밖에 사물의 변화로 인식되지 않는 불생불멸의 내용도 포함된다.

불생불멸의 이치를 수행에 적용하는 방법으로 크게 두 가지가 있다.

1. 생(生)했기 때문에 멸(滅)하게 된다.

이것은 태어났기 때문에 죽어야 완전한 해탈로 열반에 들어갈 수 있다는 뜻이다.

이때 태어나고 죽음은 육신(肉身)에 근거해서 표현했으며, 생사윤회를 끝낸다는, 생사윤회의 고통이 더 이상 지속되지 않는다는 것에 가장 큰 의미를 두고 표현한 것이다.

이러한 수행의식은 염불신앙 또는 교학참구로 수행하는 선지식에게 주로 형성된다.

2. 본래 생(生)한 바 없는데 무슨 멸(滅)함이 있겠는가!

이것은 항상 여여부동(如如不動)한 본성(本性)의 입장에서 전개한 가르침으로 육신은 껍데기일 뿐 자신의 생명근원은 우주와 평등한, 생사윤회와 상관없는 불성(佛性)을 강조한 표현으로 죽음 후의 미래생(未來生) 또는 지금까지 쌓여온 과거생(過去生)보다 지금 살고 있는 현재생(現在生)의 자재인생(自在人生)이 더욱 중요하다는 것을 강조하고 있다.

이러한 수행의식은 선(禪) 또는 명상(冥想) 수행하는 선지식에게 주로 형성된다.

둘째, 지도(至道)란 불상부단(不常不斷)이란 것이다.

영원불변하다고 인식하는 것을 상(常)이라 하며 그렇지 않다고 인식하는 것을 불상(不常)이라 표현한다.

영원히 지속되는 것이 없다고 인식하는 것을 단(斷)이라 하고 그렇지 않다고 인식하는 것을 부단(不斷)이라 표현한다.

지도(至道)는 상(常)도 아니고 단(斷)도 아니라는 뜻이다.

불상(不常)이기에 단(斷)이고 부단(不斷)이기에 상(常)이라는 의미가 아니다.

불상(不常)이면서 동시에 부단(不斷)이라는 뜻이다.

단(斷)을 무상(無常)으로도 표현한다.

셋째, 지도(至道)란 불일불이(不一不異)란 것이다.

불이(不一)은 유일한 그 무엇이 아니라는 뜻이고 불이(不異)는 다르지 않다는 뜻이다.

다시 말하면, 불일(不一)은 서로 같지 않다는 뜻이고 불이(不異)는 서로 차이가 없다는 뜻이다.

지도(至道)는 서로 같지 않으면서 동시에 서로 다르지도 않다는 뜻이다.

넷째, 지도(至道)란 불래불출(不來不出)이란 뜻이다.

불상부단(不常不斷)이 주로 시간적인 개념에서 표현된 불이법문이라면 불래불출(不來不出)은 주로 공간적인 개념에서 표현된 불이법문이다.

내(來)는 입(入)으로 불래(不來)는 들어옴이 없다는 뜻이다.

불출(不出)은 나감이 없다는 뜻이다.

지도(至道)는 나감도 없고 들어옴도 없다는 뜻이다.

지자대사의 가르침에서 알 수 있는 것처럼 《유마경》은 부처님과 유마대사의 합작품임을 알 수 있다.

즉 중생을 위해 불이법문의 방편을 전개하신 것이다.

안심(安心)의 법문(法門)은 스승과 제자가 법연(法緣)으로 혜명(慧命)의 지혜등불을 밝힘으로써 세상 사람의 마음을 일깨우는 가르침으로 작용한다.

불이법문을 일깨운 스승이신 석가모니불과 혜명정신으로 불이법문의 지혜등불을 밝힌 제자 유마대사에 의해 대승과 소승의 형식의 틀에 초연한 세상 어느 곳에서나 세상사 무엇과 함께 하면서도 지도의 법신과 계합된 자재인생을 실현할 수 있는 불이중도의 가르침이 전개되었다.

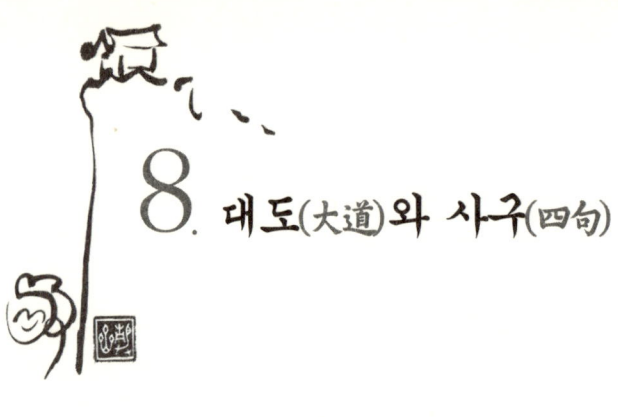

8. 대도(大道)와 사구(四句)

지도(至道)는 언어(言語)로 표현할 수 없는데 왜 언어로 밝혀야만 하는지에 대해 삼론종(三論宗)의 창시인 길장대사(吉藏大士)는《정명현론(淨名玄論)》에서 다음과 같이 밝히고 있다.

【문】 무슨 까닭으로 지도(至道)의 뜻을 밝혀야 되는가?
【답】 가르침을 품수(禀受)하는 수행자(修行者)가 불가사의해탈법문(不可思議解脫法門)에는 모든 사구(四句)가 끊어졌다는 가르침을 듣고 곧바로 이르기를 '아득하고 까마득해 모든 통로가 끊어졌다'고 하여 벙어리와 같이 되어 외도(外道)에 빠져들게 됨으로 그래서 여기에서 지도(至道)의 이치(理致)를 밝히고 있다. 이러한 지도(至道)는 비록 절묘(絕妙)하고 절묘하지만 또한 사구(四句)에서 완연(宛然)하다.

問：何故明此義耶？答：禀教之徒，聞上來絕諸四句，便謂窈窅洞絕，同啞法外道，是故今明，至道雖復妙絕，而四句宛然。

(吉藏 撰《淨名玄論》第1卷에서)

여기에서 길장대사는 지도(至道)가 언어로 표현할 수 없는 그 무엇이지만 언어로 표현되어지는 사구(四句)에서 완연(宛然)하다는 이치를 밝히고 있다.

　마음과 몸을 다해 가르침에 따르는 것을 품수(稟受)한다고 표현한다.

　수행자의 마음이 항상 품수하는 자세를 유지하고 있을 때 스승과 제자의 마음이 상응하게 된다.

　큰 의미의 스승은 가르침이다.

　가르침과 수행자가 잘 상응할 때 지도(至道)와의 계합(契合)이 그만큼 가까워진다.

　겸허(謙虛)한 마음에서 가르침과 잘 상응(相應)된다.

　수행자의 겸허한 마음에서 인(人)과 법(法)이 서로 조화(調和)로운 평등불이(平等不二)의 보살도(菩薩道) 수행정신(修行精神)이 일깨워진다.

　사구(四句)는 상대적인 이치를 표현하는 네 가지 언어적인 방법으로 유(有)와 무(無)를 예로 들면 유(有), 무(無), 역유역무(亦有亦無), 비유비무(非有非無)이다.

　이것을 해석하면:
　제1구: 있다.
　제2구: 없다.
　제3구: 있기도 하고 없기도 하다.
　제4구: 있지도 않고 없지도 않다.

《중론(中論)》 제1권에서 무생사구(無生四句)를 다음과 같이 밝히고 있다.

제1구: 부자생(不自生)
제2구: 불타생(不他生)
제3구: 불공생(不共生)
제4구: 불무인생(不無因生)

《구사론(具舍論)》 제25권에 염리사구(厭離四句)에 대해 다음과 같이 밝히고 있다.

제1구: 염이비리(厭而非離)
제2구: 이이비염(離而非厭)
제3구: 역리역염(亦離亦厭)
제4구: 비리비염(非離非厭)

《성유식론(成唯識論)》 제1권에서 일이사구(一異四句)를 다음과 같이 밝히고 있다.

제1구: 일(一)
제2구: 이(異)
제3구: 역일역이(亦一亦異)
제4구: 비일비이(非一非異)

권(權)과 실(實), 유(有)와 공(空), 상(常)과 무상(無常), 자(自)와 타(他)

등 모두 이러한 방식으로 사구(四句)를 만들어 표현할 수 있다.

지도(至道)와 법신(法身)은 사구백비(四句百非)로 표현해 나타낼 수 없다. 언어로 표현해 낼 수 없다는 것을 사구백비로 표현할 수 없다고 표현한다.

그래서 진리(眞理)는 '이사구(離四句) 절백비(絶百非)' 즉 '사구를 떠났고 백비가 끊어졌다'고 표현한다.

사구백비의 가르침은 삼론종과 선종에서 제자를 인도할 때 자주 사용하는 방법이며, 임제선사(臨濟禪師)의 사료간(四料簡)도 그 중에 하나다.

제1구: 탈인불탈경(奪人不奪境)
제2구: 탈경불탈인(奪境不奪人)
제3구: 인경공탈(人境共奪)
제4구: 인경공불탈(人境共不奪)

인(人)과 경(境)에 대한 사구(四句)이다.

인(人)은 수행하는 사람을 뜻하고 경(境)은 수행에서 나타나는 경계(境界)를 뜻한다.

탈(奪)은 빼앗는다는 뜻으로 박탈해서 없애버린다는 강한 의지를 내포하고 있다.

제1구는 수행하는 사람은 없고 수행에서 나타나는 경계만 있다.

제2구는 수행에서 나타나는 경계는 없고 수행하는 사람만 있다.
제3구는 수행하는 사람과 수행에서 나타나는 경계가 모두 없다.
제4구는 수행하는 사람과 수행에서 나타나는 경계가 모두 있다.

위의 인(人)과 경(境)에 대한 사료간(四料簡)을 이와 같이 단순하게 해석할 수 있으며, 실참실구(實參實究)에 있어서는 그 의미가 변화무쌍하다. 왜냐하면 일체법이 부정상(不定相)이기 때문이다.

백비(百非)란 백 가지의 부정으로 모든 것을 부정하는 의미이며, 역시 사구(四句)를 확장해서 표현한 언어의 범주이다.
 백비란 모든 가명(假名)을 부정하는 것으로 비유(非有), 비무(非無), 비유위(非有爲), 비무위(非無爲), 비유루(非有漏), 비무루(非無漏), 비과거(非過去), 비미래(非未來), 비현재(非現在) 등 일체를 부정함으로써 가명의 틀을 초월해서 언어로 표현할 수 없는 대도법신(大道法身)의 불이선경(不二禪境)의 계합을 돕기 위해서 인도(引導)하는 방편(方便)으로 사용한 가르침이다.
 지금도 참선수행(參禪修行)의 가르침에 사구백비와 연관된 공안(公案)이 적지 않다.

불교 이외 모든 가르침을 외도(外道)라 표현한다.
 처음엔 불교의 가르침을 내전(內典)으로 표현하여 그 밖의 가르침을 외전(外典)이라 표현했으며 시간이 흐르면서 '외도'의 용어를 주로 사용한다.

일반적으로 마음이 도(道)를 떠나 그 무엇인가를 추구할 때 그 사람 또는 그의 가르침을 외도라 표현한다.

대표적인 것을 외도사견(外道邪見) 또는 외도사집(外道邪執)이라 표현하며, 그것은 모든 법(法)을 일(一), 이(異), 상(常), 무상(無常) 중 어느 것에 집착하기 때문인데, 그러한 집착현상을 세 가지 방면에서 이해할 수 있다.

1. 법(法)이 일(一) 또는 이(異)라고 집착하는 망상(妄想)이다.
2. 세간(世間)이 상(常) 또는 무상(無常)하다고 집착하는 망상이다.
3. 인과(因果)가 유(有) 또는 무(無)라고 집착하는 망상이다.

이와 같이 보았을 때 외도란 외형의 모습에서 판단되는 것이 아니라 그 사람의 마음이 망집(妄執)으로 미혹(迷惑)되었는지의 유무(有無)에 따라 외도(外道)수행자이고 정법(正法)수행자임을 알 수 있다.

지도(至道)가 절묘(絶妙)하다는 것은 그 무엇으로도 지도(至道)를 표현할 수 없다는 뜻이다.

절묘(絶妙)는 모든 경계가 끊어져서 묘(妙)할 따름이라는 해석과 묘(妙)한 그것마저 끊어졌다는 뜻으로 이해할 수 있으나 이 둘의 의미는 서로 같다. 그래서 사구(四句)로 완연(宛然)하다고 표현한 것이다.

'사구(四句)로 완연(宛然)하다'는 문구에 사구(四句)로 그나마 지도(至道)가 무엇이라는 것을 짐작할 수 있다는 긍정적인 측면과 사구(四句) 아니라 그 어떤 방법으로도 지도(至道)의 진면목을 표현해 낼 수 없다는 부정적인 측면을 함께 지니고 있다.

지자대사가 개창한 천태종은 《법화경(法華經)》을 소의경전으로 삼고 '천태지관(天台止觀)'을 수행법으로 삼고 있다.

반면 천태종에 이에 두 번째의 불교종파가 된 삼론종(三論宗)은 삼론을 소의경전으로 삼고 있다.

삼론은 세 가지 논서(論書)로 용수대사가 지은 《중론(中論)》 4권, 《십이문론(十二門論)》 1권과 제바(提婆)대사가 지은 《백론(百論)》 2권이다.

이 삼부를 소의경전으로 삼아 수행하기 때문에 종파의 명칭을 삼론종이라 칭한 것이다.

석가모니불의 수행정신이 용수대사에 의해 새롭게 체계화되었고, 그것이 나즙대사에 의해 한문으로 번역되었으며 승조대사에 의해 한문문화에 맞는 불교학문으로 정립되었다.

그것이 길장대사에 의해 종파의 사상으로 전개되었으며, 이러한 반야중관(般若中觀) 사상이 뒷날 혜능대사가 개창한 선종(禪宗)에서 선법(禪法)을 선양(宣揚)하는 선지식(善知識)들에 의해 크게 전개(展開)되었다.

정명(淨名)은 유마(維摩)를 한문의 뜻으로 번역한 이름이며 《정명현론》이란 《유마경》의 현묘한 이치를 정리한 논(論)이란 뜻이다.

현장법사(玄奘法師)는 유마를 무구칭(無垢稱)으로 번역하여 《유마경》의 명칭을 《설무구칭경(說無垢稱經)》으로 정했다.

유마는 유마힐(維摩詰)을 생략한 명칭으로 《유마경》의 전체 명칭은 《유마힐소설경(維摩詰所說經)》이다.

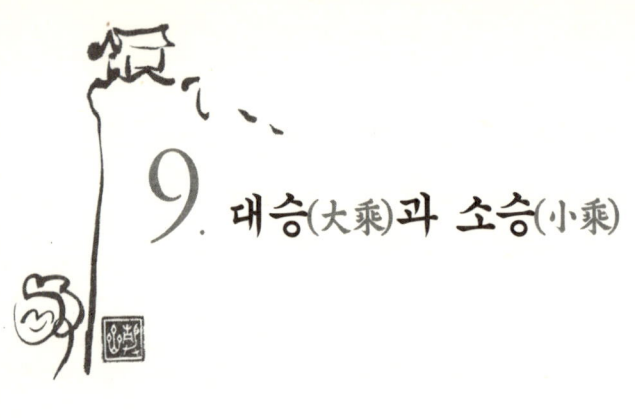

9. 대승(大乘)과 소승(小乘)

　지도(至道)는 일체(一切)의 차별상(差別相)을 여의였는데 부처님 가르침에 왜 대승과 소승의 가르침이 존재하는지에 대해서 길장대사는 《승만경》의 주석서인 《승만경보굴(勝鬘經寶窟)》에서 다음과 밝히고 있다.

　중생들이 성문승(聲聞乘)과 보살승(菩薩乘)의 가르침을 접(接)하면 곧바로 크고 작은 두 가지 마음을 일으키게 된다.
　그러나 반드시 알아야 된다.
　지도(至道)는 본래(本來) 크고 작은 차별(差別)이 없다는 이치(理致)를!
　대연(大緣)과 부합(符合)하는 까닭에 억지로 부르기를 대(大)라 한 것이며 소연(小緣)과 부합(符合)하는 까닭에 거짓으로 부르기를 소(小)라 한 것이다.
　이와 같은 대연(大緣)과 소연(小緣)의 중생(衆生)을 인도(引導)하기 위해 대소(大小)의 차별(差別)을 둔 것이며 지도(至道)의 이치(理致)를 성취(成就)함에는 대(大)도 아니고 소(小)도 아니다.

그러나 만약 대(大) 또는 소(小)의 이치를 방편(方便)으로 사용(使用)하지 않으면 중생이 어찌 대(大)도 아니요 소(小)도 아니라는 비대비소(非大非小)에서 수행(修行)의 마음을 일으킬 수 있겠는가?

이와 같은 이치를 알면 삼장(三藏)에서 미혹(迷惑)에 빠짐이 없게 된다.

衆生聞於二藏, 則起大小二心。然須知至道未曾小大, 赴大緣故而強名爲大, 隨順小緣故假名爲小, 欲令因此大小, 了悟至理非大非小, 然既不住於兩是, 豈可心存於二非！識此大宗, 則三藏無失。

（吉藏 撰 《勝鬘經寶窟》 卷上本에서）

성문승(聲聞乘)과 보살승(菩薩乘)은 전체 불교수행자를 지칭하는 대표적인 명칭이며, 소승법(小乘法)으로 불교를 수행하는 사람을 성문승이라 표현하고 대승법(大乘法)으로 불교를 수행하는 사람을 보살승이라 표현한다.

대연(大緣)은 대승법으로 수행했을 때 깨달음을 성취할 수 있는 사람을 뜻하고, 소연(小緣)은 소승법으로 수행했을 때 깨달음을 성취할 수 있는 사람을 뜻한다.

그래서 대연(大緣)인 수행자에겐 대승법으로 인도해서 깨달음을 성취할 수 있게 돕고, 소연(小緣)인 수행자에겐 소승법으로 인도해서 깨달음을 성취할 수 있게 돕는다.

이러한 인도방법을 방편이라 표현한다.

깨달음으로 인도하는 방편은 수없이 많다.

일반적으로 팔만 사천 종류라 해서 불교 전체 수행법을 팔만 사천 법문으로 표현한다.

이와 같은 팔만 사천 법문을 소승법과 대승법으로 나누어 표현할 수 있으며, 사람에겐 근본적으로 이 사람은 원래 소승법에 맞는 수행자이고 저 사람은 대승법에 맞는 수행자라는 뜻은 아니다.

모든 사람이 소승법과 대승법에 맞는 근기(根器)를 지니고 있다. 단지 어느 땐 대승법에 적합한 큰마음으로 깨어 있을 때가 있고 어느 땐 소승법에 맞는 작은 마음으로 깨어 있을 때가 있다.

만약 스승이 '당신은 대근기(大根器)다'라고 표현했다면 스승이 말할 때 그때의 그 사람의 마음이 대승법에 맞는 큰마음으로 깨어 있다는 뜻이며, 지금도 그러한 큰마음이 반드시 지속되고 있는 것은 아니다.

그래서 수행자는 끊임없이 자신의 마음을 일깨워야 된다.

미혹되지 않도록!

비대비소(非大非小)는 사구(四句)의 마지막에 해당된 가르침으로 여기에선 '대승도 아니고 소승도 아니다'는 뜻이다.

삼장(三藏)은 경율론(經律論)을 뜻하며 불교의 모든 가르침을 지칭한다.

경(經)과 율(律)은 부처님께서 말씀한 가르침이고, 논(論)은 부처님 이외 불교의 선지식들이 남기신 가르침으로 모든 조사어록이 여기에 포함된다.

　비록 부처님 말씀은 아니지만 그의 가르침이 부처님에 상응하다고 인정받는 경우 경(經)이란 명칭을 사용하는데 그 대표적인 가르침이《육조단경(六祖壇經)》이다.

　육조는 혜능대사(慧能大士)로 여섯 번째의 조사(祖師)라는 뜻이며, 달마대사(達摩大士)를 시작으로, 혜가대사 그리고《신심명》의 저자인 승찬대사, 도신대사, 홍인대사, 혜능대사로 이어진다.

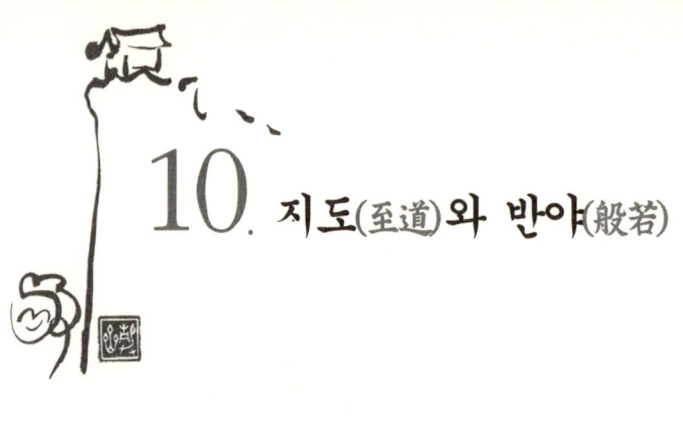

10. 지도(至道)와 반야(般若)

　지도(至道)는 유일(唯一)한 그 무엇이지만 그 이치를 깨닫는 문(門)이 팔만사천(八萬四千)의 다양한 방법이 있게 된 것을 길장대사는 다음과 같은 이치로 밝히고 있다.

　【문】 만약 이와 같다면 일교(一敎)면 족(足)한데 어찌 번잡(煩雜)하게 다양(多樣)한 경전(經典)을 설(說)하셨는가?
　【답】 반야(般若)의 일법(一法)을 설(說)함에 오시(五時)가 있지만 일승(一乘)은 불이(不二)이다. 그런데 어찌 다양한 설(說)이 있다고 하겠는가?
　그러나 비록 지도(至道)는 유일(唯一)하지만 그 가르침을 설함에 변화(變化)가 있어 다양한 문(門)이 생겨난 것이다. 그것은 환자(患者)에게 그의 입맛에 맞는 다양한 음식(飮食)이 있는 것과 같다.

　　問：若爾一敎便足, 何煩兩經？答：般若一法, 遂有五時, 一乘無二, 何妨兩說。又雖復至道唯一, 轉勢說法, 故有多門。如將適病人, 廻變食味。
　　　　　　　　　　　　　　（吉藏 撰 《勝鬘經寶窟》 卷上本에서）

　한 종류의 가르침을 일교(一敎)라 표현한다.

누구나 본성(本性)은 같아서 그 본성에 부합된 가르침이라면 한 종류의 가르침이면 되지 않느냐는 뜻이다.
그러나 가르침이란 본성에 변화를 주기 위해 있는 것이 아니다.
본성은 항상 여여부동해서 그것을 가르친다.
배운다는 생각 그 자체가 부질없는 짓이다.
깨달음의 가르침이란 분별(分別)하고 사량(思量)하는 대뇌의식(大腦意識)을 정화하기 위해 필요한 것이며, 그러한 분별의식은 수없이 많은 종류여서 그에 상응한 가르침이 필요한 것이다.

반야(般若)는 혜(慧) 또는 지혜(智慧)를 뜻한다.
팔정도(八正道), 바라밀(波羅密) 등을 수행하면서 발현되는 진실지혜(眞實智慧)를 뜻한다.
일체의 사물과 법계의 도리를 밝게 볼 수 있어 반야라 칭한다.
보살은 육바라밀 수행을 통해 불도(佛道)를 성취한다.
육바라밀에서 반야바라밀을 제불지모(諸佛之母)라 표현하는데 그 까닭은 반야바라밀은 나머지 다섯 바라밀의 근거로 불도성취의 수행에서 가장 중요한 요소이기 때문이다.
반야바라밀은 크게 두 가지, 세 가지 또는 다섯 가지 종류로 나누어 설명된다.
반야바라밀을 두 가지 종류로 나눌 때 다음과 같은 세 가지 설이 있다.

1. **공반야**(共般若)**와 불공반야**(不共般若).

성문(聲聞), 연각(緣覺), 보살(菩薩)에게 함께 통용되는 반야를 공반야라 표현하고, 보살에게만 갖추어지는 반야를 불공반야라 표현한다.

2. **실상반야**(實相般若)**와 관조반야**(觀照般若).

반야지혜로써 일체대경(一切對境)의 진실절대(眞實絶對)함을 관조하는 것을 실상반야라 표현하고, 능히 일체법의 진실절대(眞實絶對)한 실상(實相)의 지혜를 관조하는 것을 관조반야라 표현한다.

3. **세간반야**(世間般若)**와 출세간반야**(出世間般若).

세속의 상대적인 지혜를 세간반야라 표현하고, 세속을 초월한 절대적인 지혜를 출세간반야라 표현한다.

실상반야와 관조반야에 다시 방편반야(方便般若) 또는 문자반야(文字般若)를 첨가하여 세 가지 반야바라밀이라 표현한다.

방편반야는 추리판단(推理判斷)해서 제법(諸法)의 차별지상(差別之相)을 요해(了解)하는 상대지(相對智)를 뜻하고, 문자반야는 실상반야와 관조반야에 해당한 모든 경전(經典)을 뜻한다.

실상반야, 관조반야, 문자반야에 다시 경계반야(境界般若)와 권속반야(眷屬般若)를 합해 다섯 가지 반야바라밀이라 표현한다.

반야지혜의 대상(對象)인 일체의 객관적인 제법(諸法)을 경계반야라 표현하고, 반야와 더불어 육바라밀의 모든 수행을 돕는 것을 권속바라밀이라 표현한다.

이와 같은 반야바라밀의 특징 때문에 곧바로 지혜의 용어를 사용하면서 잘못 인식되는 편견을 없애기 위해 '지혜(智慧)'보다 '반야(般若)'라는 용어를 그대로 사용하는 경우가 많다.
여기서 일법(一法)이란 반야를 뜻한다.
부처님께서 49년 또는 45년 동안 설법하신 가르침을 시간의 순서로 나누어 그 가르침의 종류를 나누는 방식을 오시(五時) 또는 오시교(五時敎)라 표현한다.

그러나 일승(一乘)에선 무이(無二)여서 법(法) 간(間)에 그 어떤 차이도 없다는 것이다. 모두가 깨달음으로 들어가는 방편문(方便門)이란 뜻이다.
무이(無二)는 불이(不二)와 같은 뜻이다.
불교의 가르침을 크게 대승과 소승으로 나누고, 소승에 성문승과 연각승이 있고, 대승에 보살승과 일승이 있다.
성문, 연각, 보살의 승(乘)은 중생의 근기에 맞는 가르침이고, 일승은 그러한 근기의 차별과는 관계없이 누구나 궁극적으로 들어가는 곳으로, 불승(佛乘)이라고도 표현한다.
혜능대사는 최상근기만이 일승에 들어갈 수 있으며 자신이 선양하는 선법(禪法)은 이러한 최상근기에게 맞는 가르침이라고 강조하셨다.

지도(至道)는 유일(唯一)이다!

중생의 근기에 맞추기 위해 형성된 다양한 가르침에 의해 지도(至道)와 계합하기 위해 수행하는 문(門)이 수없이 많아졌다.

이때 유일(唯一)이란 일반적으로 인식하는 뚜렷이 그 무엇 하나가 존재한다는 뜻이 아니다.

평등(平等)한 대도(大道)를 그와 같이 표현한 것뿐이다.

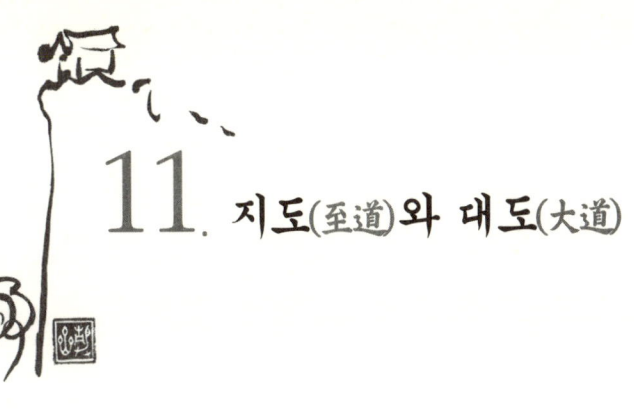

11. 지도(至道)와 대도(大道)

 지도(至道)는 많은 경전(經典)에서 대도(大道)로 표현(表現)되고 있다. 근대의 대선지식 성철대사는 《신심명》 강의 첫 가르침에서 지도(至道)가 곧 대도(大道)임을 밝히고 있다.

 지극한 도(道)란 곧 무상대도(無上大道)를 말합니다.
(퇴옹성철 지음 《신심명·증도가 강설》에서)

 눈으로 인식(認識)할 수 없는 지(至)의 표현보다 가시적(可視的)으로 분별(分別)해 알 수 있는 대(大)의 표현을 사람들이 더욱 쉽게 받아드릴 수 있기 때문에 지도(至道)보다 대도(大道)로 도(道)의 근원(根源)에 해당한 그 무엇인가의 명칭으로 사용하고 있다.
 왜냐하면 도(道)의 이치를 밝히는 목적이 이미 깨달음을 성취해 혜안(慧眼)이 열린 성자(聖者)를 위함이 아니라 그러한 깨달음의 경지(境地)에 계합(契合)하려는 육안(肉眼)으로 사물(事物)을 접(接)하는 수행자(修行者)를 위(爲)함에 있기 때문이다.

나즙(羅什), 승조(僧肇), 지자(智者), 길장(吉藏), 전등(傳燈)대사 등의 《유마경》 주석(註釋)에서 대도(大道)는 지도(至道)와 같은 뜻이라는 가르침이 전개되어 있으며, 지도(至道)의 궁극적 이치(理致)와 그에 계합하는 방법(方法) 등 불이법문(不二法門)의 이치를 체득(體得)하는 내용이 함께 담겨 있다.

승조대사는 불(佛)의 무등등(無等等)의 이치를 밝히면서 제일대도(第一大道)가 바로 불(佛)의 무등등이라는 이치를 강조하고 있다.

불도(佛道)는 초절(超絶)하여 그와 비(比)할 수 있는 그 무엇도 없다. 오직 부처님만이 서로 간(間)에 스스로 평등(平等)할 뿐이니 그래서 무등등(無等等)이라 표현한 것이다.
그래서 부처님의 무등등(無等等)을 논(論)한다면 그것이 곧 제일대도(第一大道)여서 그 도리(道理)가 궁극(窮極) 아님이 없어 평등(平等)하기가 허공(虛空)과 같은데 어찌 깨달아 올라간다, 미혹(迷惑)되어 떨어진다는 차별(差別)이 존재(存在)하겠는가!

> 佛道超絶, 無與等者, 唯佛佛自等, 故言無等等。所以辯其等者, 明第一大道, 理無不極, 平若虛空, 豈升降之有也！
> (僧肇等 撰 《維摩經注》 第1卷에서)

불도(佛道)는 지도(至道)를 뜻한다.
지도(至道)는 대도(大道)로 그것을 강조하기 위해 승조대사는 '제일대도(第一大道)'의 용어를 사용하고 있다.

제일대도를 선가(禪家)에서 제일의(第一義)로 표현할 때가 많다.

초절(超絶)은 불도(佛道)는 우주만사(宇宙萬事)의 모든 것을 초월(超越)해서 그 무엇으로도 형용할 수 없다는 뜻이다.

무등(無等)은 깨달음의 최고의 경지를 뜻하며, 깨달음의 최고의 경지에 이른 자를 불(佛)이라 칭해서 불(佛) 간에 서로 평등(平等)하다는 의미를 강조하기 위해 무등등이란 용어를 사용한다.

무등(無等)은 무상정등정각(無上正等正覺)으로 아뇩다라삼먁삼보리의 뜻이다.

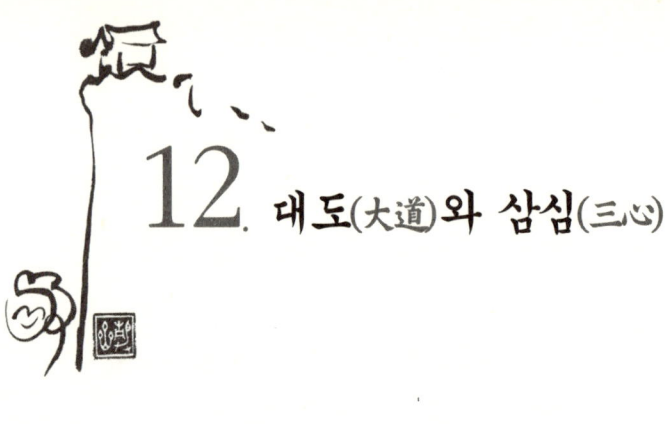

12. 대도(大道)와 삼심(三心)

승조대사는 대도(大道)를 선양(宣揚)하려면 직심(直心), 심심(深心), 대승심(大乘心)의 삼심(三心)을 갖추어야 된다는 이치를 다음과 같이 밝히고 있다.

팔만행(八萬行)의 수레에 모든 천하(天下)를 담아 한 명도 남김없이 모든 이를 깨달음으로 인도(引導)하는 마음이 대승심(大乘心)이다.
위에서[유마경문] 밝힌 삼심[(三心: 직심(直心), 심심(深心), 대승심(大乘心)]은 처음 수행(修行)할 때의 순서(順序)를 밝힌 것이다.
대저 대도(大道)를 선양(宣揚)하고자 하면 먼저 그 마음을 바르게 해야 하며 마음이 이미 진실(眞實)로 바르면 그런 다음 깊은 수행에 들어갈 수 있다.
이미 깊은 수행에 들어가면 모든 수행에 걸림이 없게 된다.
이와 같이 삼심(三心)은 이러한 순서로 갖추어진다.
이미 삼심(三心)이 갖추어지면 그런 다음 육도수행(六度修行)에 들어간다.

乘八萬行, 兼載天下, 不遺一人, 大乘心也。上三心, 是始學之次行也。夫
欲弘大道, 要先直其心 ; 心旣眞直, 然後入行能深 ; 入行旣深, 則能廣運無
涯。此三心之次也。備此三心, 然後次修六度。

(僧肇等 撰 《維摩經注》 第1卷에서)

팔만행(八萬行)은 팔만사천행(八萬四千行)의 준말로 깨달음으로 인도하는 불교의 모든 가르침을 뜻한다.

이것을 일반적으로 만행(萬行)이라 표현한다.

만행을 실천하는 수행자의 마음을 대승심(大乘心)이라 표현한다.

대승법으로 수행하는 큰마음을 일깨우고 있는 선지식만이 가능한 실천이기 때문이다.

만약 작은 마음의 소승법 실천수행자는 그러한 생각의 현상이 일어나는 순간 도망치게 된다.

이러한 대승심은 심심(深心)이 견고할 때 유지될 수 있다.

심심을 공덕심(功德心)이라 표현한다.

공덕이 쌓여 심심(深心)이 견고해지기 때문이다.

공덕(功德)은 선정(禪定)에서 성취된다.

선정력(禪定力)이 바탕이 된 자비행(慈悲行) 이었을 때 그것이 단순한 복덕(福德)이 아닌 깨달음을 일깨우고 지혜의 발현을 돕는 공덕으로 쌓이게 된다.

만약 선정력의 깊이 없이 착한 마음만을 일으켜 자비행을 실천할 경우 일반적으로 그것은 사회에서 말하는 복지활동에 해당되며 그에 상응한 세간의 복덕이 쌓이게 된다.

이러한 선정력을 명상력(冥想力)이라고도 표현한다.

【문】 어떻게 하면 심심(深心)이 굳건해질 수 있는가?
【답】 직심(直心)이다! 직심의 상태에서 선정에 들 수 있으며, 선정에 깊이 들어갈수록 더욱 굳건한 심심이 형성된 자비공덕행(慈悲功德行)이 실천될 수 있다.

이와 같이 삼심(三心)은 모든 불도(佛道) 수행의 기초(基礎)임을 밝히고 있다.
여기서 밝힌 육도수행(六度修行)은 육바라밀수행(六波羅密修行)으로 염불(念佛), 경전(經典), 참선(參禪) 등 모든 대승수행법(大乘修行法)이 여기에 포함된다.

13. 대도설법(大道說法)과 입정관심(入定觀心)

그때 유마대사가 와서 저에게 말씀하기를:
"여보게, 부루나 존자여! 먼저 마땅히 선정(禪定)에 들어가 그대에게 가르침을 받으려는 사람의 마음을 관(觀)한 다음 그에 상응(相應)한 가르침을 펴야하지 않겠나!"

時維摩詰來, 謂我言：唯, 富樓那！先當入定觀此人心, 然後說法。
(鳩摩羅什 譯 《維摩經・弟子品》에서)

마땅히 먼저 정(定)에 들어가 그 사람의 마음을 관(觀)한 다음 설법(說法)해야 된다는 위와 같은 유마대사의 가르침을 설명하는 주석에서 승조대사는 대승근기(大乘根器)의 수행자에게 대도(大道)를 듣게 해야 된다는 이치를 다음과 같이 밝히고 있다.

이 신학비구(新學比丘)들은 근기(根器)가 대승(大乘)이어서 마땅히 대도(大道)를 듣게 해야 하는데 부루나 존자가 그들에게 소법(小法)을 설(說)한 까닭에 유마대사가 그에게 선정(禪定)에 들어 그들의 근기(根器)를 파악(把握)할 것을 일깨운 것이다.

此新學比丘, 根在大乘, 應聞大道, 而爲說小法, 故誨其入定也.

(僧肇等 撰 《維摩經注》 第3卷에서)

출가해서 수행을 시작한 스님을 신학비구(新學比丘)라 표현한다.

신학(新學)은 신참(新參)이란 뜻이다.

불교는 근기설법(根器說法)의 가르침을 근간(根幹)으로 이루어져 있다. 수행할 때 그 사람의 마음상태에 따라 그에 맞는 수행법으로 인도한다. 마치 병에 맞는 약을 주어 치유하는 이치와 같다.

그래서 인도하는 스승은 가르침을 구하는 제자의 근기(根器)를 먼저 잘 살펴야 된다. 만약 그에 부합된 가르침이 아닌 경우 마치 약과 같이 부작용을 일으키거나 효과가 없을 수 있다.

구법자(求法者)의 근기(根器)는 선정력(禪定力)으로 알 수 있다.

선정이 깊으면 깊을수록 선정력은 그만큼 커지고 선정력이 클수록 더욱더 근기에 부합된 가르침으로 후학을 인도할 수 있다.

여기서 소법(小法)은 소승법을 뜻한다.

《유마경》에 '대도(大道)를 수행하려는 사람에게 협소한 길을 보이지 말라'는 가르침이 있다.

대도(大道)를 수행하고자 하는 사람에게 협소(狹小)한 길을 보이지 말라. 깊은 바다에는 소 발자국이 없느니라.

欲行大道, 莫示小徑 ; 無以大海, 內於牛跡.

(鳩摩羅什 譯 《維摩經·弟子品》에서)

이 경문을 승조대사는 다음과 같이 주석하고 있다.

큰 물건은 마당이 큰 곳에 두어야 되듯 어찌 용(龍)이나 코끼리가 토끼의 길로 갈 수 있으며 바다 속에 소 발자국이 있겠는가!
大物當置之大處, 曷爲廻龍象於免徑, 注大海於牛跡乎？
(僧肇等 撰 《維摩經注》 第3卷에서)

승조대사의 반야공관사상(般若空觀思想)을 계승(繼承)한 길장대사는 이 경문(經文)의 이치를 《유마경의소(維摩經義疏)》에서 다음과 같이 주석하고 있다.

보살(菩薩)에게 삼사(三事)가 있다.
1. 불도(佛道)를 구하는 것.
2. 중생(衆生)을 제도(濟度)하는 것.
3. 만행(萬行)을 닦는 것.
대근기(大根器)는 곧바로 대도(大道)를 수행(修行)하고자 하는데 협소(狹小)한 길과 같은 소승법(小乘法)으로 불도(佛道)를 구하게 하기에 유마대사가 비유(比喩)로써 예를 들어 부루나 존자를 일깨운 것이다.
두루 중생을 인도(引導)하기에 마음이 바다와 같이 크다.
소승법은 소의 발자국과 같아 대근기의 수행자를 작은 곳으로 들어가게 하니 내(內)와 같다.
승조대사께서 이르시기를:

"큰 물건은 마당이 큰 곳에 두어야 하듯 용이나 코끼리가 토끼가 노니는 작은 길로 갈 수 없으며 바다 속에 소 발자국의 흔적(痕迹)이 있을 수 없다!" 바로 경문(經文)의 이치(理致)를 잘 밝히신 가르침이다.

두루 만행(萬行)을 닦아 마음이 일월(日月)과 같다. 그런데 소승행(小乘行)을 일으키면 마음이 반딧불처럼 작아져서 밝고 어두움에 이미 얽매어 평등대도(平等大道)와 상응(相應)하지 못하게 된다.

> 菩薩有三事：一、求佛道，二、度衆生；三、修萬行。大機如欲行大道, 小乘法如小徑, 此爲求佛道, 設喩也。遍度衆生, 心如大海。小乘法同牛跡, 廻大入小, 如內也。肇公云：大物當置於大處, 曷爲廻龍象於兔徑, 注大海於牛跡？此合釋二句也。遍修萬行, 心如日月, 起小乘行, 心如螢火, 明昧旣懸, 不應等也。
>
> (吉藏 撰 《維摩經義疏》 第3卷에서)

이 가르침은 선 수행자에게 곧바로 대도(大道)를 성취할 것을 일깨우고 있다.

영가대사(永嘉大士)는 《유마경》과 승조대사의 이러한 수행정신을 계승한 가르침을 《증도가(證道歌)》에서 다음과 같이 밝히고 있다.

> 큰 코끼리는 토끼의 길에서 놀지 않고
> 큰 깨달음은 작은 일에 구애(拘礙)받지 않는다.
> 大象不遊於兎徑 大悟不拘於小節
>
> (永嘉 撰 《證道歌》에서)

14. 대도(大道)와 법신(法身)

유마경문 "대도(大道)를 수행하고자 하는 사람에게 협소(狹小)한 길을 보이지 말라. 깊은 바다에는 소 발자국이 없느니라."의 주석에서 지자대사는 대도(大道)가 바로 법신(法身)이란 이치를 다음과 같이 밝히고 있다.

대도(大道)가 곧 법신(法身)이며 일광(日光)이 곧 반야(般若)이다.
대자만행(大慈萬行)이 곧 해탈(解脫)이다.
大道即法身, 日光即般若, 大慈萬行即是解脫.
(智者 撰 《維摩經文疏》 第14卷에서)

대도(大道)가 바로 법신(法身)임을 지자대사는 명확히 밝히고 있다.
대도(大道)와 지도(至道)는 같은 뜻이다.
그래서 지도(至道) 또한 법신(法身)이라 표현할 수 있다.
이와 같이 보았을 때 《신심명》의 핵심용어인 지도(至道)는 곧바로 수행자 자신의 본성(本性)이란 것을 알 수 있다.
일광(日光)은 우주만물을 밝게 비추는 광명이다.

반야(般若)는 수행자의 마음을 밝게 비추는 지혜이다.

밝게 비춘다는 의미에서 반야와 일광은 상통한다.

또한 이러한 가르침에서 객관적인 우주만물과 주관적인 생명본성(生命本性)이 둘이 아닌 불이(不二)의 이치를 체득할 수 있다.

대자만행(大慈萬行)이 곧 해탈(解脫)이라는 지자대사의 가르침은 파격적인 표현이다.

대자만행은 세상사와 함께 하는 마음에서 실천된다.

그러나 해탈수행은 세상사를 떠난 마음에서 실천된다.

중생과 함께 사는 마음에서 해탈이 성취된다면 구태여 가족 이웃을 떠나 홀로 도 닦을 필요 있겠는가?

출가수행이 수행자의 주요방법으로 과거부터 지금까지 인식되어 왔고 그와 같이 실천하는 것으로 보았을 때 과연 대자만행을 실천하면서 해탈의 마음이 유지되는지 깊이 사유하지 않을 수 없다.

만약 먼저 홀로 수행해서 깨달음을 성취한 다음 중생 이웃과 함께하면서 세상을 이롭게 한다면 이해하기 쉽다.

깨달음이 곧 해탈이란 것을 알고 있기 때문이다.

그런데 그러한 깨달음도 없이 중생과 동거동락(同居同樂)하는 가운데 깨달음이 성취되고 해탈이 성취된다는 가르침은 일반적인 상식에서 쉽게 이해할 수 없다.

그럼, 왜 대자만행이 곧 해탈이라고 밝혔을까?

대도(大道)가 있기 때문이다.
대도(大道)가 각자 생명의 근원이기 때문이다.
대도(大道)가 우주만물의 핵심이기 때문이다.

그러한 까닭을 다음의 가르침에서 이해해보자!

15. 방장실(方丈室)과 대도법문(大道法門)

지자대사는 유마대사(維摩大士)와 문수보살(文殊菩薩)이 유마의 방인 방장실(方丈室)에서 대담(對談)하고 있는 내용이 바로 대도(大道)라는 사실(事實)을 다음과 같이 밝히고 있다.

만약 세상사(世上事)의 입장(立場)에서 말하면 대중(大衆)들이 서서 경청(敬聽)한지 이미 오래 되었고 유마대사와 문수보살의 대도(大道)에 대한 논담(論談)이 계속 이어져서 언제 두 분의 말씀이 끝날지 알 수 없어 대중들이 피로(疲勞)에 지쳐 법리(法利)를 받아드리지 못할까 걱정되어 만약 의자가 있다면 편안히 앉아 법문(法門)을 들을 수 있어 마음이 피로해지지 않아 반드시 크게 이익(利益)을 얻을 수 있을 거라는 뜻에서 사리불존자(舍利弗尊者)가 이러한 생각을 일으키게 된 것이다.

> 若約事爲言, 大衆倚立已久, 而維摩、文殊方論大道, 言論未已, 恐大衆疲怠, 不染法利, 若有牀座, 咸得安隱坐, 心無疲怠, 必獲大益, 故生此念也。

(智者 撰 《維摩經文疎》 第22卷에서)

불교(佛敎)의 경전(經典)은 방편설(方便說)로 구성되어 있다.

그래서 대부분의 경전에 배경과 설정 인물이 있다.

여기에서 표현한 인물(人物)이란 어떤 경전의 경우 설정 인물이 사람이 아니지만 사람처럼 의인화되어 있다.

이러한 것까지 포함해서 인물이라 지칭한다.

《유마경》의 주요배경은 방장실이고, 주요인물은 유마대사, 문수보살 그리고 사리불존자이다.

유마대사는 불이법문을 설하는 주체이고, 문수보살은 불이법문이 설해질 수 있게 말의 분위기를 조성하며, 사리불존자는 불이법문이 설해질 수 있게 배경 분위기를 형성시킨다.

《유마경》의 시작인 〈불국품〉에서 사리불은 대담하게 스승인 석가모니불의 국토가 더럽다고 직설(直說)한다.

그러한 사리불존자의 말씀을 계기로 불국정토(佛國淨土)가 항상 청정하다는 불이법문의 가르침이 전개된다.

고요한 숲에서 선정(禪定)에 몰입하는 사리불존자의 모습을 계기로 좌선이란 행주좌와 어묵동정 어느 때 어디서나 가능하다는 불이법문의 가르침이 전개된다.

방장실에서 모두 서서 경청하고 있는 모습을 보고 사리불존자가 의자에 앉으면 좋겠다는 생각을 일으킨 것을 계기로 불가사의해탈(不可思議解脫)의 불이법문이 전개된다.

여기에서 표현한 것은 이 부분을 가리킨 것이다.

그리고 천녀가 뿌린 꽃을 털어내는 사리불존자의 모습을 계기로 남녀의 수행평등과 본래 남녀의 차별상이 존재하지 않는다는 불이법문이 전개된다.

또 배고프다는 사리불존자의 생각이 계기가 되어 훈향설법(薰香說法)의 불이법문이 전개된다.

법리(法利)는 법(法)의 수승함을 뜻한다.

피로에 지쳐 있으면 아무리 수승한 가르침을 전개하고 있어도 그것을 받아드리기 쉽지 않다는 이치를 밝히고 있다.

그래서 수행자는 마음이 선정지혜(禪定智慧)와 항상 상응할 수 있도록 육신의 생명기능을 잘 유지해야 된다.

생명기능의 어떤 상태가 수행과 잘 상응할 수 있는가?

생명기능이 불이중도로 작용되고 있는 상태이다.

불이중도의 생명활동이었을 때 무력(無力)으로 인한 혼침(昏沈)을 피할 수 있고, 왕성(旺盛)으로 인한 산란(散亂)을 피할 수 있다.

16. 대도(大道)와 아라한(阿羅漢)

소승의 가르침에서 제일 높은 경지(境地)인 아라한(阿羅漢)도 아직 대도(大道)에 들어가지 못한 것이라는 이치에 대해 "성문과 초학보살이 높은 사자좌에 올라가지 못한다."는 유마경문의 주석에서 지자대사는 다음과 같이 밝히고 있다.

유마대사가 초학보살(初學菩薩)과 성문승(聲聞僧)에게 수미등왕여래(須彌燈王如來)께 예(禮) 올리기를 권(勸)한 것은 사리불존자와 모든 대제자(大弟子)가 비록 아라한(阿羅漢)이지만 모두 소승(小乘)이어서 대도(大道)에 들어가지 못한 까닭이며, 새롭게 도의(道意)를 발(發)한 수행자(修行者)는 비록 보살(菩薩)이지만 아직 부사의해탈경지(不思議解脫境地)에 머물지 못하여 모두 마음 안에 얽매임이 있어 자재(自在)하지 못하기 때문이다. 자력(自力)으로 사자좌(獅子座)에 올라가 앉을 수 없으니 이 사자좌의 주인(主人)인 수미등왕여래께 예를 올리면 수미등왕여래의 위신력(威神力)을 받아 사자좌에 올라앉을 수 있게 된다.

淨名勸禮燈王如來. 所以勸禮者, 身子及諸大弟子雖得羅漢, 皆是小乘, 未

入大道 ; 新發意等, 雖是菩薩, 未住不思議解脫, 皆內心有礙, 不得自在.
自力旣不能昇, 若禮燈王如來, 承佛神力, 乃可得昇也.

(智者 撰 《維摩經文疏》 第22卷에서)

발보리심(發菩提心)하여 자리이타의 대승법으로 수행을 시작한 사람을 초학보살(初學菩薩)이라 칭한다.

초학(初學)은 신학(新學), 신참(新參)과 같은 뜻이다.

그러나 초학보살의 초학에 초(初)는 초발심(初發心)이라는 이치를 담고 있다.

【문】 신학비구와 초학보살은 서로 다른가?

【답】 같기도 하고 다르기도 하다. 발보리심한 신학비구는 초학보살이다.

수미등왕여래는 수없이 많은 부처님 중에 한 분이다.

이 부처님 세계의 특징은 우주법계(宇宙法界)에서 가장 장엄한 사자좌를 보유하고 있다.

소승법에서 수행의 성취를 모두 네 단계로 구성하고 있다.

그 중에서 가장 원만한 궁극의 경지가 아라한으로 이것을 아라한과(阿羅漢果)라 표현한다.

도의(道意)는 도(道)를 성취하겠다는 뜻을 일으킨 마음으로 일반적으로 발보리심으로 칭한다.

보살수행자가 이미 어떠한 번뇌 또는 현상에도 후퇴하거나 얽매이지 않는 경지에 이른 것을 부사의해탈경지(不思議解脫境地)에 도달했다고 표현한다.

제자를 인도하는 스승이 설법할 때 앉는 자리를 사자좌(獅子座)라 칭하며, 사(獅)를 사(師)로 쓸 때가 많다.
선 수행에서 보면 행주좌와 어느 때나 스승은 제자를 위해 설법하기에 모든 곳이 사자좌 아닌 것이 없다.

초원의 짐승 중에 사자의 위력이 제일이다.
사자가 울부짖으면 초원의 모든 동물이 두려워한다.
이러한 뜻에 비유해서 부처님의 가르침을 설하는 자리를 사자좌라 표현한다.
설법할 때 마구니와 외도가 그 가르침에 공포심을 일으키기 때문이다.
이때 마구니와 외도란 수행자 자신의 내면에 형성되어 있는 번뇌와 바르지 못한 수행의식이 포함된다.

위신력(威神力)은 신력(神力)으로 법력(法力)이라 표현할 때가 많다.

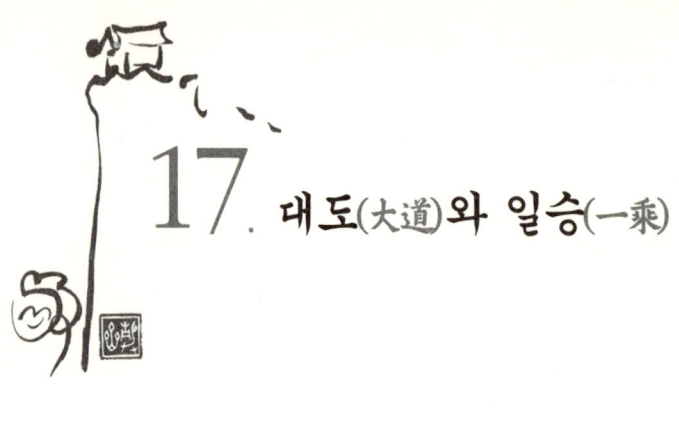

대도(大道)는 범부(凡夫), 성문(聲聞), 보살(菩薩)을 초월(超越)했을 때 계합(契合)될 수 있다는 이치를 길장대사는 《정명현론(淨名玄論)》에서 다음과 같이 밝히고 있다.

【문】 이 문(門)은 모든 문(門)을 구비(具備)하고 있는데 왜 범부(凡夫), 성문(聲聞), 보살(菩薩)에 대해 타파(打破)하는가?

【답】 이 경[유마경]은 곧바로 평등(平等)한 대도(大道)를 밝히고 불이(不二)의 큰 문(門)을 전개(展開)하여 피로가 쌓인 바도 없고 그것을 해소하는 바도 없으며 인도 받는 사람도 없고 인도해 주는 자도 없다.

그래서 방편품(方便品)에서 범부(凡夫)의 집착(執着)을 타파(打破)하고 제자품(弟子品)에서 소도(小道)를 지적(指摘)하며 보살품(菩薩品)에서 대견(大見)을 질책(質責)하고 있다.

그런 다음 이 셋을 모두 섭수(攝受)해서 한가지로 일도(一道)에 들어가게 한다.

먼저 범부도 아니고 성인도 아니며 대승도 아니고 소승도 아닌 이치를 깨닫게 하고 그런 다음 대승과 소승의 인연(因緣)에 따라 그에 부합(符合)되는 성인과 범부의 가르침으로 그들을 인도(引導)하신 것이다.

원래 고정(固定)된 범부이고 성인이라면 어찌 범부와 성인의 소(所)와 능(能)의 작용(作用)이 있겠는가!

진실로 범부도 아니고 성인도 아니기에 능(能)히 범부이고 능(能)히 성인인 것이다.

> 問：此門俱通泯諸二, 何以則別破三人？答：斯經垣平等之大道, 敵不二之洪門, 無累不夷, 無人不化, 故＜方便品＞, 破彼凡夫；＜弟子品＞, 行於小道；＜菩薩章＞, 呵於大見, 然後攝此三人, 同歸一道。今悟不凡不聖, 非大非小, 然後從緣大小適化聖凡。原夫凡聖, 豈凡聖之所能？良以非凡非聖, 故能凡能聖耳。
>
> (吉藏 撰 《淨名玄論》第1卷에서)

범부(凡夫)의 집착(執着)이란 세상사에 얽매임을 뜻한다.

그 중에서 몸에 집착하는 마음상태에 의해 세상 모든 것에 집착을 일으키게 된다. 왜냐하면 세상사에서 자신이 살아 있는 사회의 일원(一員)으로 인정받는 것은 마음이 아닌 바로 몸이기 때문이다.

몸에 집착함으로 인해 몸이 있을 공간에 집착하고, 몸을 유지할 음식과 수면에 집착하고, 몸이 위치하는 사회현상에 집착한다.

사람은 마음이 자신의 중심이라고 인식한다. 그러면서도 행동하고 실천하는 것은 마음이 아닌 몸에 맞춘다. 그래서 죽음을 두려워한다.

이때의 두려움은 몸이 죽어 없어지는 것을 두려워하는 것이 아니라 죽은 후 마음이 고통 받는 것을 두려워한다.

이러한 삶의 의식으로 인해 뒤바뀐 인생을 살아간다.

이것을 전도(顚倒)된 인생이라 표현하며, 전도된 것은 진실이 아니어서 환상(幻相)의 인생(人生)이라 표현한다.

제자(弟子)는 성문승을 뜻하며, 일반적으로 성문승을 소승이라 표현한다.

부처님의 출가제자 모두가 성문이란 뜻은 아니다.

소승법을 성문법이라 표현하며 작은 마음상태로 수행하기에 성취되는 깨달음 또한 작다는 의미에서 소도(小道)라 표현한다.

여기에서 보살(菩薩)의 대견(大見)을 질책하고 있다.

범부는 재가수행자를 뜻하고 제자는 출가수행자를 뜻한다.

보살은 재가수행자 또는 출가수행자이다.

출가수행자와 재가수행자를 떠나서 보살수행자가 따로 존재하지는 않는다. 이것은 보살은 재가의 신도일수도 있고 출가한 스님일수도 있다는 뜻이다.

그럼, 범부와 제자가 보살과 어떻게 다른가?

범부와 제자에서 소승이고 대승임을 어떻게 구분할 수 있는가?

수행자의 겉모습을 보고 제자와 범부를 구분한다.

수행자의 마음 안을 보고 소승과 대승을 구분한다.
이것으로 보아 소승은 외형으로 나타난 모습을 중심으로 승(僧)과 속(俗)을 구분 짓고, 대승은 내면의 마음을 보고 대소(大小)임을 안다.

범부와 제자는 몸의 겉모습으로 나타나기 때문에 쉽게 알 수 있는데, 대승수행자인지 아니면 소승수행자인지 어떻게 알 수 있는가?
상대의 마음속을 볼 수 없지 않는가?

일반적으로 볼 수 없다.
혜안(慧眼)이 열린 선지식만이 볼 수 있다.
이것으로 보아 스스로가 대승 또는 소승임을 알 수 있다. 그러나 자신이 대승임을 나타내 보일 수 없다.
소승이라는 것 또한 나타내 보일 수 없다.
이와 같이 대승법은 겉으로 닦아 체득할 수 있는 것이 아니다.
이러한 세 가지의 가르침은 모두 방편설법이다.
그와 상응하면서 수행하는 것 또한 방편수행이다.

그럼, 모든 것이 방편이라면 진정한 수행은 없단 말인가?

있다!
바로 일승(一乘)이다.
일승을 불승(佛乘)이라고도 표현한다.

어떠한 방편문으로 수행을 시작해도 궁극엔 모두 불승(佛乘)에서 회합(會合)하게 된다는 이치를 강조하고 있다.
불승에 계합하는 가르침을 일도(一道)라 표현한다.

주관의식을 능(能)이라 표현하고 객관작용을 소(所)라 표현한다.
능(能)과 소(所)는 독립해서 존재할 수 없다.
능(能)인 마음작용이 존재하는 것은 소(所)인 사물현상이 존재하기 때문이다.
사물작용을 경계(境界)라 표현한다.
몸과 마음의 관계도 그러하다.
사람과 사람의 관계도 그러하다.
성인과 범부의 관계도 그러하다.
이 사람은 원래 성인이고, 저 사람은 원래 범부라는 고정관념(固定觀念)은 수행에서 가장 큰 병폐(病弊) 중에 하나이다.

일체 만물이 어찌 고정불변(固定不變)한 상(相)이 있겠는가!
그래서 무상(無相)이다.
무상(無相)이어서 실상(實相)이다.
수행에서 성취되는 청정한 정토는 실상(實相)이다.
만약 이러한 실상(實相)을 사물의 현상으로 존재하는 그 무엇처럼 인식하면 그것은 이미 실상이 아니다.
허상(虛想)이다. 왜냐하면 공허(空虛)한 생각뿐이기 때문이다.

18. 대도선양(大道宣揚)과 보살피로(菩薩疲勞)

불이법문과 상응한 중도수행의 중요성을 길장대사는 《유마경의 소》에서 다음과 같이 밝히고 있다.

【문】 왜 이견(二見)을 배척(排斥)하고 불이(不二)라는 이름을 강조(强調)하는가?

【답】 이견(二見)의 병(病)이 분분(紛紛)한데 이것을 종합(綜合)하면 세 가지로 나눌 수 있다.

1. 범부(凡夫)의 애견(愛見).
2. 소승(小乘)의 번뇌(煩惱).
3. 보살(菩薩)의 피로(疲勞).

이 경[유마경]은 평등(平等)한 대도(大道)를 전개(展開)하고 불이(不二)의 큰 문(門)을 열어 피곤한 자도 없고 피곤함을 해소하는 자도 없으며 교화 받을 사람도 없고 교화하는 자도 없으며 그래서 〈방편품(方便

品〉에서 범부(凡夫)를 타파(打破)하고 〈제자품(弟子品)〉에서 소도(小道)를 타파(打破)하며 〈보살품(菩薩品)〉에서 대견(大見)을 질책(質責)한 것이다.

그런 다음 이 셋을 거두어 일도(一道)로 들어가 범부도 아니고 성인도 아니며 크지도 않고 작지도 않은 이치를 깨우치게 하니 석가(釋迦)의 암실(奄室)과 같고 정명(淨名)의 묵언(默言)과 같아 교화(敎化)함에 그 무엇 걸리는 바 없어 인연(因緣) 따라 크고 작을 뿐이다.

원래 크고 작다는 것은 어찌 소(小)와 대(大)의 소(所)와 능(能)이겠는가!

진실로 소(小)도 아니고 대(大)도 아님으로 말미암아 능(能)히 대(大)이고 능(能)히 소(小)인 것이다.

> 問：斥何二見, 强名不二？答：二病紛綸, 略明三種：一, 凡夫愛見；二, 小乘煩惱；三, 菩薩勞累。此經, 坦平等之大道, 開不二之洪門, 無累不夷, 無人不化, 故《方便品》破彼凡夫,《弟子品》斥於小道,《菩薩章》呵於大見。然後收此三, 問歸一道, 令悟不凡不聖, 非大非小, 等釋迦之掩室, 同淨名之默然, 適化無方, 從緣小大。原夫能小大者, 豈小大之所能？良由非小非大, 故能大能小也。
>
> （吉藏 撰《維摩經義疏》第1卷에서）

이견(二見)은 유(有)와 무(無), 색(色)과 공(空), 상(常)과 단(斷), 불(佛)과 법(法)과 승(僧), 신(身)과 구(口)와 의(意) 등 상대적인 개념에 집착하는 견해(見解)를 뜻한다.

범부(凡夫)는 주로 애견(愛見)을 자신의 중심의식으로 삼는다.
애착(愛着)하는 견해(見解)를 애견(愛見)이라 표현한다.

애착의 이견(二見)은 증애심(憎愛心)이다.

증애심은 미워하고 사랑하는 마음이다.

같은 대상을 향해서도 어느 땐 사랑하고 어느 땐 미워한다.

미워하는 마음에서 그것을 싫어하게 된다.

사랑하는 마음에서 그것을 좋아하게 된다.

애착은 미워하는 마음의 상대적인 개념인 사랑하는 마음을 뜻한다.

세상 사람은 애착을 삶의 즐거움으로 삼아 인생을 이어간다.

세상이 싫을 때도 좋아하는 그 무엇이 분명 있다. 그것이 가족이다. 대부분 사람이 가족이 있어서 자신이 존재한다는 견해로 자신의 인생을 합리화시킨다.

그 밖에 다른 무엇을 인생의 가치로 삼는 경우도 있다. 예를 들면 애완견, 취미, 탐구, 축적, 명예 등이다.

소승(小乘)의 대표적인 번뇌(煩惱)가 염리(厭離)이다.

염리란 그것이 싫어서 멀리하는 것이다.

멀리한다는 것은 본인이 그것으로부터 떠나는 것을 의미한다.

출가수행 그 자체가 염리의 생각으로부터 비롯된 것이다.

무엇에 대한 염리인가?

해탈을 방해하는 것에 대한 염리이다.

해탈을 추구하는 대표적인 방법이 좌선(坐禪)이다.

좌선은 홀로 앉아 마음 안으로 의식을 정화하면서 시작되며, 깨달음의 성취 또한 자신 내면에서 이루어진다.
외부로부터 도움 받을 게 없다.
물론 스승의 가르침 이외에는!
대부분 홀로 정진하는 시간이다.
이때 누가 와서 말을 걸거나 또는 시끄럽게 하면 선정에 들어갈 수 없다. 해탈을 위한 수행에 직접적으로 방해된다.
그래서 조용한 장소를 찾게 되며, 그러한 적정(寂靜)한 장소를 추구하는 마음에 의해 가족과 이웃과 동료를 떠날 수밖에 없다.
싫어함과 좋아함은 두 가지 견해이다.
좌선하기 좋은 환경은 좋아하고 그렇지 못한 환경은 싫어한다.
이러한 이견이 출가수행자의 가장 큰 집착이다.

보살(菩薩)수행자는 이미 범부의 애착과 제자의 번뇌로부터 초연(超然)하다.
가족과 이웃이 있어도 그것이 좌선에 방해되지 않는다.
재물과 명예와 애완견이 있어도 그에 집착하지 않는다.
그런데 중생을 위하는 이타행(利他行)에서 피로(疲勞)가 쌓인다.
이것이 병(病)이다.
이것이 보살수행자의 대표적인 집착이며 어리석음이다.
그래서 보살수행자를 위한 많은 경전의 가르침에서 방편과 지혜가 조화로워야 함을 일깨우고 있다.
방편의 힘은 선정력이다. 선정의 힘은 정진력이다.

깊은 선정에 노니는 정진력이 뒷받침 되어 있을수록 중생을 더 많이 이롭게 할 수 있다.

그래서 대승보살의 수행에서 선정과 지혜를 조화롭게 할 것을 강조하고 있으며 이러한 대표적인 용어가 정혜쌍수(定慧雙修)와 여조양익(如鳥兩翼)이다.

석가모니(釋迦牟尼) 부처님이 계시는 암라수원(菴羅樹園)을 여기에서 암실(菴室)이라 표현하고 있다.

정명(淨名)의 묵언(默言)!

불법(佛法)의 정수(精髓)요 핵심(核心)이며 최고 경지(境地)를 뜻한다.

이 어구(語句)의 유래는 《유마경》에 있다.

정명(淨名)은 유마대사를 뜻하며 유마대사가 묵언(默言)한 것을 '정명의 묵언' 또는 '유마의 묵언'이라 표현한다.

이것은 《유마경》의 제9품 〈입불이법문품(入不二法門品)〉의 전체에 관한 종결에 해당되며, 《유마경》의 가장 핵심 내용에 해당된다.

유마대사가 먼저 방장실에 모인 보살대중에게 어떻게 해서 불이법문에 들어갔는지를 물었다.

불이법문에 들어갔다는 것은 깨달음을 성취했다는 뜻이다.

즉 어떻게 해서 도(道)를 깨우쳤는지에 대해 물었다.

그러자 보살들이 저마다 자신이 깨달은 바의 경험을 이야기 했다.

보살들마다 깨달음을 성취하게 된 동기가 달랐다.

동기가 다르다는 것은 선택한 수행법이 다르다는 뜻이다.
예를 들어 어떤 사람은 생사(生死)의 이치를 관(觀)해서 도를 깨우쳤고, 또 어떤 사람은 불법승(佛法僧)을 관(觀)해서 도를 깨우쳤다.
각자 자신들의 도(道) 깨우친 경험담을 이야기한 다음 문수보살에게 물었다.
"당신은 어떻게 해서 도(道)를 성취했소?"

이때 문수보살이 다음과 같이 대답했다.
"그대들은 도 깨우친 바를 언어를 통해서 표현했습니다. 그러나 내가 보기엔 대도성취(大道成就)는 언어나 그 무슨 방법으로도 표현할 수 없다고 생각합니다."
말을 마친 문수보살이 유마대사에게 물었다.
"당신은?"

유마대사는 말이 없다. 묵언(默言)이다.

이때 문수보살이 말씀하시기를:
"유마거사님, 당신의 묵언이야말로 진정으로 대도성취(大道成就)를 표현한 것이오!"

이러한 고사(故事)에서 '유마의 묵언'은 수행자가 성취하려는 이상(理想)이 되었고, 특히 선 수행자의 지향점(指向點)이 되었다.

19. 대도(大道)와 삼세(三世)

　대도(大道)는 과거(過去), 현재(現在), 미래(未來)를 초월(超越)했다.
　이것은 과거, 현재, 미래 어느 시점(時點)에서 대도를 얻었다는 표현이 불가능(不可能)하다는 뜻이다.
　대도에는 과거, 현재, 미래라는 시간개념(時間概念)이 없기 때문이다.
　시간개념은 사람이 물질현상(物質現象)의 변화(變化)를 보면서 인식(認識)하게 된 것이다.
　사람은 물질변화를 보면서 마치 세상(世上) 모든 것이 당연이 그와 같이 변화한다고 인식한다.
　변화하는 그 속에 마음도 포함되어 있다.
　모든 것이 변화한다고 인식하는 그 사람 마음에 그 사람의 마음도 그 사람의 몸처럼 그와 같이 변화한다고 인식한다.

　과연 마음도 몸과 같이 변화하는가?

마음이 몸처럼 변화한다면 몸이 죽을 때 마음 또한 죽지 않겠는가?

그럼 어찌 생사윤회(生死輪廻)가 존재(存在)하겠는가?

만약 마음의 근원(根源)인 본성(本性)이 존재(存在)하기에 생사윤회가 이어진다면 그것 또한 올바른 표현은 아니다.

본성은 불생불사(不生不死)여서 그 어떤 시공(時空)의 변화(變化)와도 관계없이 항상 여여부동(如如不動)하기 때문이다.

삶과 죽음의 생명근원(生命根源)에 대한 문제(問題)를 깨닫는데 먼저 생명이 존재하게 된 그리고 변화하게 된 시간(時間)과 공간(空間)의 실체(實體)에 대해 명확히 체득(體得)할 필요가 있다.

생명(生命)의 생사문제(生死問題)를 명확히 알지 못하고 그 생명의 근원인 불성(佛性)을 일깨운다는 것은 어불성설(語不成說)이다.

왜냐하면 생명의 생사를 떠나서 불도(佛道)의 성취를 논할 수 없기 때문이다.

대도(大道)를 성취함에 목숨이 한호흡 사이에서 수없이 생사(生死)를 왕래(往來)한다는 이치를 실참실구(實參實究)해야 한다는 가르침을 선(禪) 수행세계(修行世界)에서 강조하고 있다.

《유마경·보살품》에서 유마대사는 미륵보살(彌勒菩薩)이 '부처님께 다음 생(生)에 자신(自身)이 부처가 된다는 수기(授記)를 받았다'는 사건(事件)을 방편(方便)으로 삼아 대도(大道)는 과거, 현재, 미래의 삼세(三世)를 초월했기에 어느 한 시점(時點)에서 수기를 받았다고 표현해서는 안 된다는 불이법문(不二法門)의 이치를 강하게 밝히고 있다.

승조대사는 유마대사가 이와 같이 밝힌 까닭은 평등대도(平等大道)를 일깨우기 위해서라는 것을 그의 유마경주석에서 다음과 같이 밝히고 있다.

무상심(無上心)을 발(發)하여 불퇴행(不退行)을 닦아 성도(成道)한다고 수기(受記)했다고 밝힌 것이 미륵보살(彌勒菩薩)의 가르침의 본의(本意)이다. 지금 평등대도(平等大道)는 무행(無行)이 인(因)이고 무상정각(無上正覺)은 무득(無得)이 과(果)라는 이치(理致)를 밝히기 위해 먼저 미륵보살을 질책하면서 무기(無記)와 무득(無得)의 이치를 밝히고 그런 다음 모든 중생이 평등하며 모든 만물(萬物)이 한결같다는 이치를 밝혀 보리(菩提)는 바로 불이(不二)의 도(道)라는 것을 크게 일깨우고 있다.

發無上心, 修不退行, 受記成道, 彌勒致教之本意也。今將明平等大道, 以無行爲因；無上正覺, 以無得爲果。故先質彌勒, 明無記無得, 然後大濟羣生, 一萬物之致, 以弘菩提, 莫二之道也。

(僧肇等 撰 《維摩經注》 第4卷에서)

무상심(無上心)은 성불하겠다는 마음으로 아뇩다라삼먁삼보리심을 뜻하며 줄여서 보리심이라 표현한다.

수행이 일정 수준에 오르면 더 이상 퇴보하지 않는다.
이러한 경지를 불퇴행지(不退行地)라 표현한다.
이미 후퇴하지 않는 수행경지에 도달했으니 부처님께 다음 생에 자신이 성도(成道)해서 부처가 될 것이라고 수기(授記)했다는 것이다.

성도(成道)는 그 자체가 부처가 된 것이다.

왜냐하면 부처란 마음의 깨달음에 성취가 있으며, 몸으로 나타난 현상의 모양을 보고 중생 또는 부처라 정해지는 것이 아니기 때문이다.

부처님께 자신이 성도(成道)한다는 것을 인정(印定)받았다고 할 때 수기(受記)라 표현하고, 부처님께서 자신이 성도(成道)한다고 인정(印定)하셨다고 할 때는 수기(授記)라 표현한다.

석가모니부처님께서 자신 다음으로 이 세상에 부처의 모습으로 화현할 사람이 미륵보살(彌勒菩薩)이라 말씀하셨다:

이 말씀은 그 사이에 미륵보살만 성도한다는 뜻이 아니다.

성도(成道)는 불성(佛性)과 계합된 것을 뜻하며 육신의 모습이 부처가 된 것을 의미한 것이 아니다.

만약 외형의 모습이 부처가 된 것을 성도라 표현한다면 신통력을 내재한 마구니는 모두 부처로 등극했을 것이다.

부처로 태어난다는 것은 깨달음의 진면목인 법신불(法身佛)을 뜻하는 것이 아니라 중생교화를 위해 중생이 부처라 생각하는 그러한 방편의 부처모습으로 나타내는 것을 의미한다.

본인의 생각을 본의(本意)라 표현한다.

여기에선 미륵보살이 다음 생에 부처가 된다는 생각을 뜻한다.

수행한 인(因)이 있어 성도한 과(果)가 있게 된다.

그런데 평등한 대도는 수행해서 성취되는 것이 아니다.

수행을 하지 않는다고 그러한 대도가 없는 것이 아니다.

수행하고 수행하지 않는 것과는 관계없이 항상 여여부동하다.

그래서 평등대도의 성취는 무행(無行)이 인(因)이 된다.

무행(無行)이란 수행한 바 없는 것을 뜻한다.

다시 말하면 수행한다는 생각을 일으키지 않고 수행하는 것을 의미한다.

그러한 수행이기에 무상정각(無上正覺)은 무득(無得)이 과(果)가 된다.

이미 무행(無行)이고 무득(無得)이면 당연히 무기(無記)이다.

무기(無記)란 수기(授記) 또는 수기(受記)한 바가 없다는 뜻이다.

당신이 부처가 될 것이라 인정한 자도 없고 인정받은 자도 없다는 의미이다.

그래서 깨달음인 보리(菩提)는 불이(不二)이다.

"비교(比較)할 수 없는 그 무엇이 바로 보리(菩提)이다. 왜냐하면 보리(菩提)는 그 어떤 비교(比較), 비유(譬喩)로도 표현할 수 없기 때문이다."의 《유마경》의 가르침을 주석하면서 승조대사는 제일대도(第一大道)의 이치를 강하게 밝히고 있다.

제일대도(第一大道)는 따로 그 어떤 길이 없다. 대도(大道) 그 자체일 뿐 그 어떤 것과도 끊겨 있어 경문(經文)에서 그 무엇으로도 비유 또는 비교해서 밝힐 수 없다고 말씀하신 까닭이다.

第一大道, 無有兩徑, 獨絶羣方, 故無以喩.
（僧肇等 撰《維摩經注》第4卷에서）

그 무엇으로도 밝힐 수 없는 제일대도(第一大道)!
참구수행(參究修行)으로 제일대도(第一大道)와 계합한다.

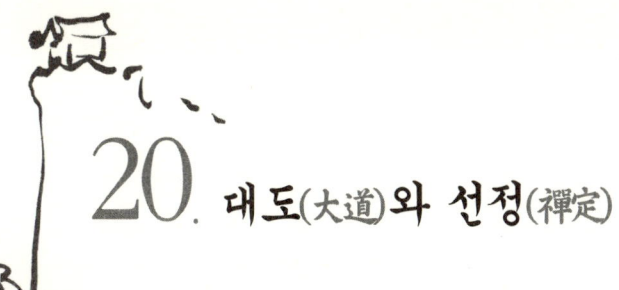

20. 대도(大道)와 선정(禪定)

"모든 선정(禪定)에 있어서 지옥(地獄)과 같이 생각한다."는 《유마경》 가르침의 주석에서 승조대사의 스승이신 나즙대사는 그 까닭을 다음과 같이 밝히고 있다.

선정(禪定)은 세 가지 종류가 있다.
1. 대승선정(大乘禪定).
2. 소승선정(小乘禪定).
3. 범부선정(凡夫禪定).

범부선(凡夫禪)은 자신(自身)이 제일(第一)이라는 교만(驕慢)으로 충천(冲天)하다.

소승선(小乘禪)은 자신(自身)의 깨달음만을 성취(成就)하기 위해 주변(周邊)의 모든 것을 불살라버리기에 무상도근(無上道根)이 파괴(破壞)된다.

대승선(大乘禪)은 그 자체(自體)를 악취(惡趣)로 여기기에 선정(禪定)이 바로 지옥(地獄)과 같다고 본 것이다.

禪定有三種：一、大乘；二、小乘；三、凡夫。凡夫禪, 生高慢我心；小乘

제2편 道에 대한 개념정립 259

禪, 獨善求證, 能燒衆善, 壞無上道根 ; 於菩薩則爲惡趣, 故視之如地獄
也.
　　　　　　　　　　　　　　　　　　(僧肇等 撰 《維摩經注》 第9卷에서)

무상도근(無上道根)은 부처가 될 수 있는 근원을 뜻한다.

승조대사는 같은 경문의 주석에서 선정의 병폐를 다음과 같이 지적하고 있다.

선정(禪定)은 비록 즐거움이나 그곳에 안주(安住)하면 대도(大道)를 성취(成就)할 수 없다. 그래서 보살(菩薩)은 그러한 선정(禪定)을 즐거워하지 않으며 마치 지옥(地獄)과 같이 생각한다.
禪定雖樂, 安之則大道不成 ; 菩薩不樂, 故想之如地獄也.
　　　　　　　　　　　　　　　　(僧肇等 撰 《維摩經注》 第9卷에서)

좌선에서 형성되는 선정은 변화한다.
무수히 많은 다양한 경계(境界)가 오고간다.
깊고 낮음에 따라 수없이 많은 경계가 생(生)하고 멸(滅)한다.
그러한 어떤 한 경계에 집착하는 것을 안주(安住)라 표현한다.
이때 안주(安住)는 곧 집착이다.
왜냐하면 선정 중의 경계는 모두 무상(無常)하기 때문이다.

그래서 "생사윤회(生死輪廻)하면서 생사왕래(生死往來)하는 그곳을 아름다운 정원(庭園)과 같이 생각한다."는 유마경문의 주석에서 승조대사는 대도(大道)는 바로 생사윤회 속에 함께 있다는 이치를 밝힌다.

나고 죽음의 생사윤회(生死輪廻)가 비록 고통(苦痛)이지만 대도(大道)가 바로 그곳에 뿌리하고 있어서 보살은 생사윤회를 즐겁게 왕래하면서 그곳을 마치 아름다운 정원(庭園)과 같이 생각한다.

生死雖苦, 大道之所因, 菩薩好遊, 故想如園觀也.

(僧肇等 撰 《維摩經注》第9卷에서)

생(生)과 사(死)가 반복되는 것을 생사윤회(生死輪廻)라 표현한다.
생(生)과 사(死)가 어디에서 반복되는가?
육도(六道)에서 반복된다.
그래서 생사윤회를 육도윤회(六道輪廻)라 표현한다.
육도는 지옥, 아귀, 축생, 인간, 아수라, 천상이다.
육도(六道)가 어디에 있는가?
삼계(三界)에 있다.
욕계(欲界), 색계(色界), 무색계(無色界)를 삼계라 표현한다.
인간이 살고 있는 지구는 욕계에 포함된다.
육도윤회(六道輪廻)를 육도수행(六度修行)으로 끊는다.
이것을 해탈이라 표현한다.
육도수행은 육바라밀수행을 뜻한다.

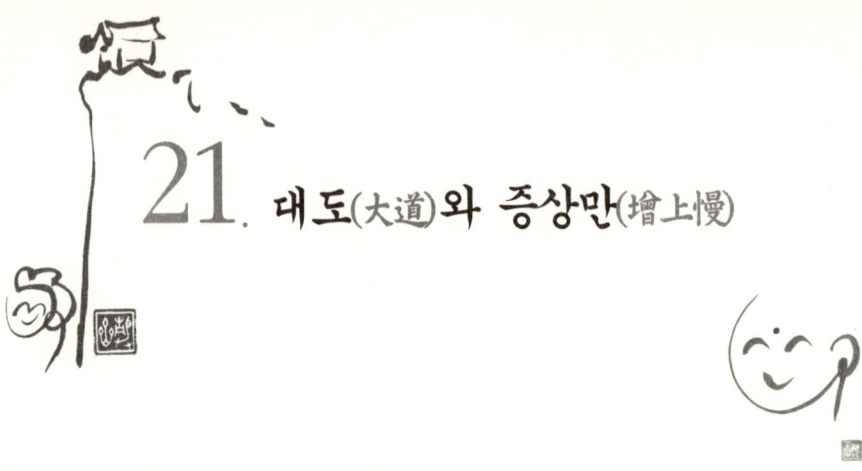

21. 대도(大道)와 증상만(增上慢)

《유마경》에 다음과 같은 천녀의 해탈법문(解脫法門)이 있다.

천녀(天女)가 말씀하기를:
"부처님께서 증상만(增上慢)의 수행자(修行者)를 인도(引導)하기 위해 음노치(淫怒痴)를 떠나야 해탈(解脫)을 성취(成就)할 수 있다고 말씀하신 것이며, 증상만이 없는 수행자에겐 부처님께서 음노치의 성(性)이 바로 해탈(解脫)이라고 말씀하신다."

天曰: 佛爲增上慢人, 說離婬怒癡爲解脫耳。 若無增上慢者, 佛說婬怒癡性, 卽是解脫。

(鳩摩羅什 譯 《維摩經·觀衆生品》 에서)

대도(大道)는 항상 청정(淸淨)하다.
그런데 대도와 계합하지 못하는 가장 큰 원인이 증상만(增上慢)이라는 것을 길장대사는 위 경문의 주석에서 다음과 같이 밝히고 있다.

아직 대도(大道)를 성취하지 못한 수행자가 자신이 이미 대도를 성취했다고 말하는 사람을 증상만이라 부른다. 이러한 사람을 인도(引導)하기 위해 삼독(三毒)을 끊은 것이 해탈이라고 말씀하신 것이다. 또한 이승(二乘)에게 대도를 일깨울 때 이승(二乘)은 구경(究竟)이 아닌데 그것을 구경(究竟)이라고 집착(執着)하는 이것이 증상만이다.

<blockquote>
未得謂得, 名增上慢. 爲此人故, 說斷三毒, 名爲解脫也. 又密化二乘, 令歸大道, 二乘未究竟謂究竟, 卽是增上慢也.
（吉藏 撰 《維摩經義疏》 第5卷에서）
</blockquote>

음노치(淫怒癡)는 삼독(三毒)인 탐진치(貪瞋癡)의 뜻이다.

삼독을 끊어 없애야 성도할 수 있다!
삼독의 성(性)이 바로 보리(菩提)이다!
둘 다 부처님의 가르침이다.
그렇다면 둘 다 옳으신 말씀이다.

그런데 이 두 가지 표현은 일반적으로 보았을 때 완전히 상반된 표현이다.
일반 사람이 인식하면 하나가 옳으면 나머지 하나는 반드시 틀려야 된다.
이와 같이 이해할 경우 삼독을 끊는 것이 옳다면 삼독이 있는 상태에선 성도할 수 없다.
삼독의 성(性)이 바로 해탈이라면 성도했어도 삼독의 성(性)은 그대로 존재한다.

이것을 역설적으로 표현하면 부처님으로부터 "당신은 삼독을 끊으면서 수행하시오!"라는 말씀을 들었다면 그대는 분명 증상만이다.

증상만은 수행세계에서 보았을 때 사회에서 인식하는 불치의 정신병보다 더 심한 증상이다.

부처님으로부터 "삼독의 성(性)이 바로 해탈이지!"라고 들었다면 당신은 분명 정도(正道)로 수행하고 있는 것이다.

집안을 대청소하듯 자신의 마음 구석구석을 깨끗이 정화(淨化)할 필요가 있다.

정화(淨化)하면서 스스로 자신의 마음을 점검한다.

"증상만의 병적인 증상이 있는지? 있으면 증세가 얼마나 심한지?"

일단 발견되면 곧바로 스승을 찾아 일도양단(一刀兩斷)해서 정화시켜야 된다.

대도에 계합하지 못하고서 자신이 수행에서 무엇인가 얻은 바가 있고 증득(證得)한 바가 있다고 말하는 그것이 바로 증상만(增上慢)이라는 이치를 전등대사는 《유마경무아소(維摩經無我疎)》에서 다음과 같이 밝히고 있다.

대도는 본래 천연(天然)이어서 원래 무소득(無所得)인데 만약 이것을 유소득(有所得)이라 이른다면 이것은 대도에 계합하지 못한 것이니 어찌 증상만이 아니겠는가!

道本天然, 元無所得, 謂有所得, 不契大道, 豈非增上慢乎?

(傳燈 撰 《維摩經無我疏》 第8卷에서)

천연(天然)은 오염된 바 없는 청정함을 뜻한다.

오염된 바 없는 마음은 무소득(無所得)의 상태이다.

그런데 수행에서 무엇인가 얻어지는 바가 있다고 인식하면 이것이 유소득(有所得)이 되어 대도(大道)와는 점점 멀어지고 오염물(汚染物)만 쌓이게 된다.

오염물 중에서 제일 심한 악취를 풍기는 것이 증상만 증상에서 생겨난 독소(毒素)이다.

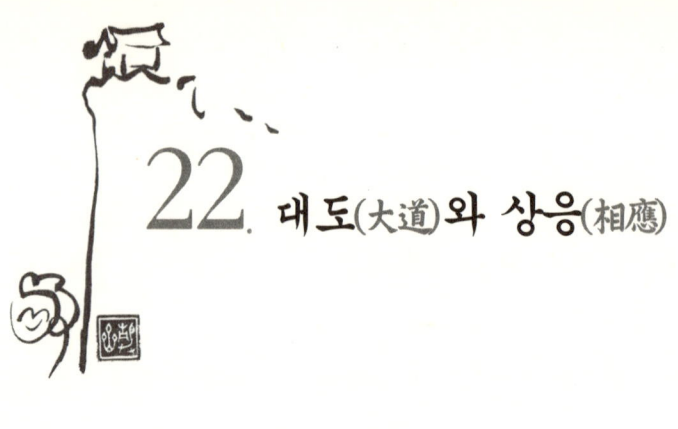

22. 대도(大道)와 상응(相應)

깨달음의 성취는 바로 대도(大道)와의 상응(相應)이라는 이치를 전등대사는 〈입불이법문품〉의 유마경문, "선(善)과 불선(不善)은 서로 다르다. 만약 선(善)과 불선(不善)의 차별상(差別相)을 일으키지 않고 무상제(無相際)에 들어가 통달(通達)하면 불이법문에 들어간다."의 주석에서 다음과 같이 밝히고 있다.

나즙대사는 일체 유루(有漏)의 선심(善心)과 선신구업(善身口業), 무루(無漏) 그리고 열반(涅槃)을 선(善)이라 이름하고, 일체 번뇌(煩惱)의 소작(所作)으로 인(因)한 신구업(身口業)을 불선(不善)이라 칭한다고 말씀하셨다.

만약 불선(不善)의 생각을 일으키면 곧바로 삼계육도(三界六道)에서 윤회(輪廻)하는 생사(生死)의 인(因)이 되고 만약 선(善)의 생각을 일으키면 곧바로 삼계(三界)를 벗어나 이승보리열반(二乘菩提涅槃)의 과(果)가 된다.

불도(佛道)를 구(求)한다는 것은 불선(不善)의 생각을 일으키지 않을 뿐만 아니라 선(善)의 생각 또한 일으키지 않는 것이니 이러할 때 바야흐로 대도(大道)와 상응(相應)하게 된다.

그래서 육조대사(六祖大師)께서 말씀하시기를:

"선(善)의 생각도 일으키지 말고 악(惡)의 생각도 일으키지 말라. 그러할 때 도명상좌(道明上座)의 본래면목(本來面目)은 무엇인가?"

바로 이러한 도리(道理)의 말씀이다.

什公曰：一切有漏善心及善身口業, 無漏乃至涅槃, 名爲善；一切煩惱所作身口業, 名不善也. 燈曰：若起不善念, 則爲三界六道輪廻生死因；若起善念, 則爲出三界二乘菩提涅槃果. 求佛道者, 不惟不起不善念, 即善念亦不起, 方與大道相應. 六祖云：不思善, 不思惡, 阿那箇是明上座本來面目？亦知言也.

(傳燈 撰 《維摩經無我疎》 第10卷에서)

전등대사의 가르침에서 밝히고 있는 것처럼 선(善)하지 못함에 상응한 삶은 범부의 인생이다.

범부는 선(善)하지 못한 경계를 자신의 진실로 인식하면서 살아가기에 마음 또한 그 경계와 상응해서 선(善)하지 못하다.

그러한 까닭에 생사에서 윤회할 수밖에 없다.

선(善)함에 상응한 삶은 이승(二乘)의 인생이다.

이승(성문과 연각)은 선(善)한 경계를 자신의 진실로 인식하면서 살아가기에 마음 또한 그 경계와 상응해서 선(善)하다.

그러한 까닭에 생사윤회를 벗어나 보리열반에 든다.

선(善)함과 선(善)하지 못함을 초월해서 불도(佛道)를 수행할 때 대도(大道)와 계합하게 된다.
그러한 까닭에 혜능대사께서 설법하신다.

착한 생각도 일으키지 말고 악한 생각도 일으키지 말라.
그럴 때 그대의 본래면목은 무엇인고?

혜능대사께서 강조하신 불사선(不思善) 불사악(不思惡)하라는 가르침과 상응할 때 곧바로 본래청정(本來淸淨)한 대도법신(大道法身)과 계합하게 된다.

이와 같이 보았을 때 우리는 알 수 있다.
지도의 진면목이 곧 대도이며 바로 자신의 생명근원인 법신이란 것을!

제3편

재가수행자의 심신양생

생사윤회로부터 해탈하여 자재하는 마음의 깨달음을 수행의 목적으로 삼아 정진하지만 건강한 몸이 뒷받침 되어 있지 않으면 지속적으로 수행력을 향상하기란 쉽지 않다. 특히 재가수행자의 경우 더욱 그렇다. 이러한 세속수행의 특징을 감안하여 옛날 달마대사 등 장수한 선지식의 가르침을 예로 들어 수행하면서 건강장수 또한 함께 성취할 수 있는 방법을 정리했다.

1. 달마(達摩)대사의 심신양생법

 당(唐)나라 때 중국불교 팔대종파 중의 하나인 율종(律宗)을 창시한 도선국사(道宣國師)가 저술한 《속고승전(續高僧傳)》 제16권에 달마대사(達摩大士)의 장수(長壽)에 관한 다음과 같은 내용이 기록되어 있다.

 달마대사가 이와 같은 가르침을 위토(魏土)에서 선양하시니 식진(識眞)의 사람들이 그 가르침을 받들어 깨달음으로 들어갔고, 그러한 가르침이 세상에 널리 전해 졌으며, 달마대사 스스로 자신의 나이가 150여세라고 말씀했다. 중생교화를 마친 후 그의 행적에 대해 더 이상 알 길이 없다.

<blockquote>
摩以此法開化魏土, 識眞之士從奉歸悟, 錄卷流於世, 自言年一百五十余歲, 遊化爲務, 不測於終.
</blockquote>

(道宣 撰 《續高僧傳》 第16卷에서)

 위토(魏土)는 그 당시 중국을 뜻한다.
 식진(識眞)은 진실(眞實)을 알아본다는 뜻으로 달마대사가 선양한 가르침이 대도(大道)를 성취할 수 있는 정법(正法)이란 것을 안다는 의미이다.

　달마대사가 선법(禪法)을 선양할 당시 스스로 자신이 150여세라고 말씀했다면 그 뒤로 얼마나 더 장수하셨는지는 알 수 없다.

　그러나 보통 사람에 비하면 150여세의 나이가 이미 오랫동안 삶을 유지하신 것이다.

　더구나 늙고 병들어 비실거리는 모습이 아닌 깊은 공력의 선정력(禪定力)과 해탈자재의 지혜를 함께 갖춘 장년(壯年)과 같은 건강한 몸이다.

【문】 달마대사께서 어떻게 장수할 수 있었을까?
【답】 그분의 가르침에서 알 수 있다. 일반적으로 본인이 체득한 바의 이치를 가르침으로 전개하기 때문이다.

　역사문헌으로 보았을 때 달마대사가 전개한 가르침은 크게 두 종류가 있다.
　1. 《이입사행론(理入四行論)》
　2. 《역근경(易筋經)》과 《세수경(洗髓經)》

　소림무술에서 외공을 연마하는 소의경전은 《역근경》이고 내공을 연마하는 소의경전은 《세수경》이다.
　모두 달마대사가 전수한 가르침이며 뒷날 소림무술로 발전하여 중원(中原)의 무림(武林) 형성에 기반이 된 주요한 기본경전이다.

역근(易筋)은 근육(筋肉)을 바꾼다는 뜻이다.

살덩어리의 육신(肉身)을 불괴(不壞)의 금강신(金剛身)으로 바꾼다는 뜻이다.

《역근경》 안에 몸을 연마해서 그와 같이 성취할 수 있는 가르침이 내재되어 있다.

세수(洗髓)는 골수(骨髓)를 씻는다는 뜻이다.

골수를 씻는다는 것은 골수를 정화(淨化)한다는 뜻이다.

여기에서 말하는 골수는 물질성분으로 성형된 골수를 뜻하는 것이 아니라 생명의 원기(元氣)를 의미한다.

불교에서 생명체를 심신(心身)으로 나누어 설명한다.

심신은 몸과 마음을 뜻하며 심(心)은 마음의 구성요소이고 신(身)은 몸의 구성요소이다.

여기에서 기(氣)는 몸에 포함된다.

심(心)이란 육체와 분리되어 영혼(靈魂)으로 이어지는 성분이기 때문이다.

기(氣)는 생명이 유지되는데 필수요소인 기운이다.

일단 생명이 없어지면 기 또한 함께 없어진다.

불교수행에서 선정(禪定)과 지혜(智慧)를 중시한다.

이 둘을 합해 정혜쌍수(定慧雙修)라 표현한다.

이때 지혜가 마음을 일깨우는 가르침인 반면 선정은 몸을 일깨우는 가르침이다.

그래서 선정을 공력(功力)이라 표현한다.

마음의 힘을 지혜라 표현한 반면 몸의 힘을 공력이라 표현한다.

달마대사가 전개하신 가르침에 마음의 지혜와 몸의 공력을 향상시키는 수행법이 함께 구비되어 있다.

《역근경(易筋經)》과 《세수경(洗髓經)》의 가르침으로 몸의 공력을 향상시킨다.

《이입사행론(理入四行論)》의 가르침으로 마음의 지혜를 향상시킨다.

몸이 공력으로 금강신처럼 강인해도 마음이 병들면 몸도 함께 병들고 무력해진다.

대표적인 마음의 병이 탐진치(貪嗔癡)의 삼독심(三毒心)이다.

삼독심으로 희로애락(喜怒哀樂)의 감정(感情)이 움직인다.

감정이 움직이면 몸은 직접적으로 마음의 영향을 받는다.

그래서 몸에 앞서 먼저 마음이 수양(修養)되어야 한다는 것을 대부분 문파에서 주장하고 있으며, 그 대표적인 수행단체가 불교의 선종(禪宗)이다.

선종의 창시자 혜능선사의 말씀처럼 자신의 마음이 부처요, 가르침이요, 수행자이다.

마음 떠나 그 무엇도 추구할 게 없다고 주창하는 수선정신(修禪精神)의 근원을 달마대사의 이입사행(理入四行)의 가르침에서 찾아볼 수 있다.

 이입사행의 가르침으로 수행하면서 건강장수 또한 덤으로 함께할 수 있는 이치가 분명 담겨 있을 것이다.
 이입사행이 어떤 가르침인지 다시 도선국사의 글을 통해 이해해 보자!

 도(道)에 들어가는 길이 많으나 그것을 요약하면 오직 두 종류이니 이(理)와 행(行)이다.
 교(敎)에 의지해서 종(宗)을 깨우친다.
 깊은 믿음으로 중생을 포용하면 모두가 한가지로 진성(眞性)이다.
 그런데 객진번뇌(客塵煩惱)의 장애로 인해 미혹(迷惑)되어 있으니 다시금 거짓을 버리고 참으로 돌아갈 수 있도록 의주벽관(疑住壁觀)해야 하며, 그래서 자신도 없고 남도 없으며 범부와 성인이 동일하다.
 이와 같은 경지(境地)를 견고하게 지켜 불이(不移)하며 타교(他敎)를 따르지 않고 도(道)와 더불어 계합되어 적연(寂然)하여 무위(無爲)이면 이것을 이(理)에 들어갔다고 표현한다.
 행(行)에 들어감은 네 가지가 있는데 만행(萬行)을 모두 섭수(攝受)한다.
 첫 번째는 보원행(報怨行)이다.
 수도(修道)의 고통(苦痛)이 극(極)에 달하면 마땅히 이것은 자신이 과거생에 근본(根本)을 버리고 지말(枝末)을 따라 수없이 애증(愛憎)의 마음을 일으켜서 지금 고통 받는 것이니 지금 비록 잘못한 바 없지만 이것은 내가 과거에 지은 잘못의 과보(果報)라 생각하고 그것을 달게 받아드리면서 아무런 원한의 대가도 없다고 생각한다.

두 번째는 수연행(隨緣行)이다.

중생이 무아(無我)여서 고통과 즐거움이 인연(因緣) 따라 생겨나고 없어진다. 영예 등 좋은 일을 만남은 과거생의 착한 일의 대가로 지금 그것을 받는 것이며 그것이 다하면 아무 것도 없는데 어찌 기뻐할 그 무엇이 있겠는가! 득실(得失)이 인연 따라 생겨날 뿐 마음은 증감(增減)이 없어서 위순(違順)과 풍정(風靜)이 법(法)에 명순(冥順)할 뿐이다.

세 번째는 무소구행(無所求行)이다.

세상 사람들이 장미(長迷)해서 처처(處處)에서 탐착(貪着)하여 명리(名利)를 구한다. 도(道) 닦는 사람이 진(眞)을 깨달아 이(理)와 함께하면서 속(俗)을 멀리하여 안심무위(安心無爲)하면서 삶을 연(緣)따라 운전(運轉)한다. 삼계(三界)가 모두 고해(苦海)인데 누가 그 속에서 편안함을 얻겠는가! 경전에서 말씀하시기를: 구(求)하는 바가 있으면 모두가 고통이며 구(求)하는 바가 없으면 이것이 바로 즐거움이다.

네 번째는 칭법행(稱法行)이다.

곧 성정(性淨)의 이(理)이다.

入道多途, 要唯二種, 謂理、行也。籍教悟宗, 深信含生同一眞性; 客塵障故, 令舍僞歸眞, 疑住壁觀; 無自無他, 凡聖等一, 堅住不移, 不隨他敎, 與道冥符, 寂然無爲, 名理入也。行入, 四行萬行同攝。初, 報怨行者, 修道苦至, 當念住劫, 捨本逐末, 多起愛憎, 今隨無犯, 是我宿作,

甘心受之, 都無怨對. ……二、隨緣行者, 衆生無我, 苦樂隨緣 ; 縱得榮譽
等事. 宿因所構, 今方得之, 緣盡還無, 何喜之有 ; 得失隨緣, 心無增減
, 違順風靜冥順於法也. 三、名無所求行, 世人長迷, 處處貪著, 名之爲
求, 道士悟眞, 理與俗反, 安心無爲, 形隨運轉 ; 三界皆苦, 誰而得安.
經曰 : 有求皆苦, 無求乃樂也. 四、名稱法行, 卽性淨之理也.

(道宣 撰 《續高僧傳》 第16卷에서)

이(理)와 행(行)은 몸과 마음의 실천수행(實踐修行)을 둘로 나누어 표현한 것이다.

한 생명에 있어서 몸과 마음은 따로 나눌 수 없다.

단지 설명의 편리를 위해 그와 같이 나누어 표현한다.

선(禪) 수행의 가르침도 그와 같다.

한 수행자의 실천수행에 있어 이(理)와 행(行)을 나눌 수 없다.

그러나 실천수행의 이해를 돕기 위해 부득이 둘로 나누어 설명하고 있다.

수행자(修行者)가 수행법(修行法)으로 수행도(修行道)를 실천하는데 이러한 이치를 나누어 설명하지 않으면 설명할 그 무슨 방법도 없다.

설명하지 않으면 수행자가 수행법을 알 수 있는 방법이 없다.

수행법을 알지 못하면 수행자가 수행도에 들어갈 수 없다.

그래서 방편으로 도(道)와 법(法)이 어떻다고 표현한 것이다.

이와 같이 풀이함으로써 수행자가 그러한 설명현상에 집착하기 쉽다.

그러한 설명 자체가 마치 진리인 것처럼 인식하기 때문이다.

이러한 폐단을 막기 위해 불이(不二)를 강조한다.

일면(一面)에 편집(偏執)을 막기 위해서다.

그래서 중도(中道)를 강조한다.

수행자가 수행실천의 근거인 수행법(修行法)과 수행실천의 현상인 수행도(修行道)에 집착하지 않도록 불이(不二)와 중도(中道)를 합해 불이중도(不二中道)라 강조한다.

이러한 까닭에 승찬대사는《신심명》의 귀결(歸結)에서 '신심불이(信心不二) 불이신심(不二信心)'을 강조하셨다.

이(理)와 행(行)의 실천을 달마대사는 이입(理入)과 행입(行入)이라 표현하셨다.

이입(理入)은 내면의 이치를 깨우쳐 들어가는 것을 뜻한다.

이때 이입(理入)의 수행은 외부의 사물현상과 상관없이 자신 내면(內面)에서 실천된다.

이입(理入)의 입(入)은 수행자 자신이 이치에 맞는 실천수행으로 도(道)에 들어간다는 뜻과 자신의 마음이 이치와 계합되면 자연스럽게 도(道)에 들어간다는 두 가지 뜻을 모두 포함하고 있다.

행입(行入)은 외부현상과 상응하면서 수행을 실천하는 것을 뜻한다.

이때 다양한 사물과의 상응작용으로 인해 미혹되는데 특히 사람과의 관계로 인해 가장 많은 번뇌가 일어난다.

사람과의 관계 중에서도 사랑하고 미워하는 애증(愛憎)으로 인한 수행방해가 절대적이어서 달마대사는 이러한 정(情)의 정화(淨化)를 강조하셨다.

정(情)의 마음을 얼마만큼 잘 다스리느냐에 따라 수행력이 그만큼 향상되고 또는 후퇴한다.

그것은 사람의 태어남 자체가 정(情)으로 비롯되었기 때문이다.

'교(敎)에 의해 종(宗)을 깨우친다.'는 '적교오종(籍敎悟宗)'의 가르침은 현대사회의 수행자에게 매우 중요하다.

특히 전문 수행자가 아닌 가족 또는 직업과 함께하면서 깨달음을 성취하려는 수행자에겐 더욱 중요한 가르침이다.

적(籍)은 근거한다는 뜻이다.

무엇에 근거해서 수행해야 되는가?

교(敎)에 근거해서 수행해야 된다는 뜻이다.

적교오종(籍敎悟宗)은 교(敎)에 근거해서 수행했을 때 오종(悟宗)할 수 있다는 뜻이다.

오종(悟宗)은 종(宗)을 깨우친다는 뜻이다.

종(宗)은 근본(根本)으로 대도(大道) 또는 법신(法身)을 뜻한다.

달마대사의 가르침에서 알 수 있는 것처럼 교(敎)에 의지했을 때 생사해탈(生死解脫)의 자재인생(自在人生)을 실현하는 가장 기본인 도(道)를 깨달을 수 있다는 것이다.

그럼, 교(敎)가 무엇인가?

달마대사가 적교오종(籍敎悟宗)이라 말씀하신 내용에서 교(敎)는 무엇을 뜻한 것일까?

크게 두 가지 학설(學說)이 있다.

하나는 순수한 부처님의 가르침을 뜻한 것이다.

또 하나는 부처님의 가르침과 선(禪) 수행을 인도하는 모든 선지식의 가르침을 모두 뜻한 것이다.

첫째의 학설에 기준해서 뒷날 조사스님들이 주창한 선(禪) 즉 '조사선(祖師禪)은 부처님께서 경전(經典)에서 밝히신 여래선(如來禪)보다 한 단계 더 높은 가르침이다.'고 주장한다.

이때 조사선을 강조한 내면에 지역적인 특색을 강하게 내재하고 있다.

다시 말하면 여래선이 인도(印度)의 선법(禪法)인 반면 조사선은 중국(中國)의 선법(禪法)이란 뜻이다.

이것을 한층 더 깊이 생각해보면 중국에서 탄생(誕生)한 선법(禪法) 즉 조사선이 그 전의 부처님 때부터 전해온 인도의 여래선에 비해 더 훌륭한 가르침이라는 의미를 강하게 내포하고 있다.

만약 이와 같다면 다음 두 가지가 선 수행자에게 항상 의문으로 남을 수 있게 된다.

1. 조사어록의 가르침을 기초로 한 조사선이 부처님의 가르침을 기초로 한 여래선보다 과연 더 수승한 가르침인가?
2. 조사선이 나오기 이전의 선지식은 모두 조사선을 주창한 선지식에 비해 수준이 낮다는 것인가? 물론 석가모니불을 포함해서!

그러나 달마대사 때는 조사선이라는 표현이 없었다.

선종(禪宗)을 창시한 혜능대사 때도 조사선이라는 표현이 없었다.

뒷날 선종의 가르침이 정토종(淨土宗), 화엄종(華嚴宗), 법상종(法相宗), 천태종(天台宗), 계율종(戒律宗), 밀종(密宗) 등 다른 종파의 가르침과 혼합되고 더 나아가 불교의 가르침 이외에 유가(儒家)와 도가(道家) 등 다른 학문(學問)과 섞이면서 다시금 선종의 순수수행을 강조했던 선지식들이 새로운 수행개념인 조사선법의 학설을 강하게 드러낸 것이라 생각된다.

이와 같이 보았을 때 달마대사가《이입사행론》에서 밝히신 적교오종(籍教悟宗)의 교(教)의 뜻은 경전(經典)의 가르침과 함께 스승의 가르침을 포함하고 있다고 보아야 된다.

왜냐하면 다른 수행문파에 비해 선(禪) 수행하는 문파에서 이심전심(以心傳心)의 사제법연(師弟法緣)을 특히 더욱 강조하며 수행자의 수행성취의 인정(印定)을 경전이 아닌 스승에게서 받기 때문이다.

이와 같이 스승과 제자의 법연을 강조하는 달마대사가 교(教)의 중심의미를 혜가대사에게 전(傳)한 외형의 물건인《능가경》보다 제자인 혜가대사가 스승인 달마대사와 직접적으로 계합하고 상응한 심법(心法)에 두었을 것이다.

이입(理入)은 도(道)와 계합(契合)되어 적연무위(寂然無爲)한 경지(境地)를 뜻한다.

그런데 왜 이입(理入)하지 못할까?

달마대사는 그 까닭이 객진번뇌(客塵煩惱)로 미혹(迷惑)되어 있기 때문이라고 밝히고 있다.

그럼, 어떻게 해야 객진번뇌의 미혹에서 벗어날 수 있는가?

사위귀진(捨僞歸眞)을 위해 의주벽관(疑住壁觀)하면 된다고 달마대사는 강조하신다.

거짓을 버리고 진실로 돌아가는 것을 사위귀진(捨僞歸眞)이라 표현한다.

마음을 한 곳에 모아 벽관(壁觀)하는 것을 의주벽관(疑住壁觀)이라 표현한다.

벽관(壁觀)은 마음이 밖으로 분산되지 않는 상태로 깊은 선정(禪定)의 상태를 뜻한다.

벽관은 직관(直觀)에서 발전된 표현으로 달마대사의 9년 면벽수행과 연관된 표현방식이다.

미혹으로 인해 세상은 고통스럽다.
깨어 있음으로 인해 세상은 즐겁다.
미혹의 원인이 객진번뇌(客塵煩惱)에 있다.

네 가지의 행입(行入)은 보원행(報怨行), 수연행(隨緣行), 무소구행(無所求行), 칭법행(稱法行)이다.

이 네 가지는 순서와 차등이 있는 것이 아니라 수행 중에 함께 작용하는 수행법이다.

수행하면서 항상 이 네 가지의 수행정신을 일깨우고 있어야 된다.

첫 번째 보원행(報怨行)은 수행 중에 고통 받을 때 그것을 자신의 잘못으로 생각하고 받아들여야 한다는 가르침이다.

수도(修道)는 도(道)를 닦는다는 뜻으로 일반적으로 불교에선 수행이라 표현하고 도교에선 수련이라 표현한다.

수행하다보면 고통(苦痛)이 극(極)에 달할 때가 있다.

그 한 순간을 넘기면 수행력이 크게 향상된다.

예를 들어 결가부좌를 보자!

결가부좌는 좌선수행에 가장 대표적인 원만한 자세이다.

용수보살의 "마왕이 수행자가 결가부좌하고 있는 모습만 보고도 두려워서 접근하지 못한다."고 말씀하신 것처럼 결가부좌는 앉아 있는 그 자체의 자세만으로도 이미 상당한 기운을 형성하고 있다.

마왕이란 일반적으로 외부에서 자신의 수행을 방해하는 요소를 뜻하며 이것을 선(禪) 수행의 이치에서 사유하면 자신 내면에서 일어나는 수행에 방해되는 번뇌와 장애를 뜻한다.

내면에서 일어나는 대표적인 번뇌는 생각의 산란이고 장애는 몸의 통증이다.

산란의 생각의 뿌리는 분별심(分別心)이다.

분별심은 크게 두 가지 종류가 있다.

수행법에 대한 분별심과 정(情)에 대한 분별심이다.

이미 정(情)을 정화(淨化)하고 수행하는 선지식이 수행법의 분별로 시간을 허비하는 경우가 많다.

그러나 수행자의 대다수는 비록 자신 스스로 수행자라고 인식하고 주변 사람도 그가 수행자라고 말하지만 아직 수행의 입문조건인 정(情)의 정화(淨化)를 거치지 않은 선지식이 많다.

수행에 있어서 반드시 먼저 정화(淨化)해야 될 정(情)은 사랑하고 미워하는 증애심(憎愛心)이다.

증애하는 분별심만 정화(淨化)되면 그 밖의 분별심의 정화(淨化)는 수행하면서 자연스럽게 이루어진다고 볼 수 있다.

그러나 증애심이 가득 있는 상태에서 도(道) 찾는 수행에 들어가면 세간(世間)의 증애심인 정(情)으로 출세간의 도(道)마저 정(情)으로 만들게 된다.

이것은 이름이 도(道) 닦는 것이며 사실은 정(情) 만들기 작업에 열중하고 있는 것이다.

좌선에서 대표적인 장애가 크게 두 가지이다.
1. 기초과정에서 결가부좌하고 정진할 때 다리의 통증이다.
2. 전수(專修)과정에서 선정 또는 명상에서 발현되는 마음의 마장이다.

결가부좌하고 좌선할 때 대부분 선지식이 다리 부위에 나타나는 다양한 통증현상에 시달려 선정 또는 명상에 들지 못한다.

3시간 동안 결가부좌의 자세로 움직이지 않고 고요한 상태에서 편안한 마음을 유지할 수 있을 때 더 이상 몸으로부터 오는 통증의 장애가 일어나지 않는다.

3시간 결가부좌가 성취되는 과정에서 오장육부(五臟六腑)와 모발근골(毛髮筋骨)이 모두 조화롭게 정상화되어지기 때문이다.

과거생(過去生)에 근본(根本)을 버리고 지말(枝末)을 따랐다는 것은 자신의 근원인 불성(佛性)을 망각하고 나고 죽는 육신의 생명을 마치 자신의 중심으로 잘못알고 살았다는 뜻이다.

이와 같이 전도(顚倒)된 생각의 삶으로 인해 애증(愛憎)의 마음을 일으켜서 지금 고통 받고 있는 것이다.

이것을 역으로 표현하면 애증의 마음에 의해 생사윤회가 있다는 뜻이다.

때문에 생사윤회로부터 해탈하고 싶으면 먼저 미워하고 사랑하는 증애(憎愛)하는 마음부터 정화(淨化)해야 된다.

이처럼 과거에 일으킨 증애의 마음으로 인해 주변 사람과 주변 사물과 부딪치면서 남과 자신의 고통을 일으키게 해서 금생에 지금 그 잘못한 과보(果報)를 받는 것이니 상대방을 원망하거나 사건을 원망하는 마음을 일으키지 말라는 것, 바로 이러한 고통에 당면해서도 그것을 자신의 잘못된 생각으로부터 비롯된 것이라 인식하고 남을 원망하지 않는 마음가짐의 수행을 보원행(報怨行)이라 표현한다.

보원(報怨)은 원(怨)에 보답한다는 뜻이다.

다시 말하면 그러한 보답할 수 있는 원(怨)이 있어서 지금 내 자신의 수행력을 향상할 수 있다는 달마대사의 가르침이다.

달마대사의 이러한 가르침에서 큰 고통에 당면할수록 큰 도(道)를 향상할 수 있는 절호의 기회라는 것을 알 수 있다.

두 번째의 수연행(隨緣行)은 인연따라 자유로이 수행하라는 뜻이다.

수도(修道)란 딱 이것을 얻어야 된다, 또는 이것은 반드시 실천해야 된다는 그 무엇이 없기 때문이다.

본래 변함없는 도(道)와 계합되기 위해 수행하는데 어찌 도(道)의 계합에 방해되는 얻고 취하고 버리고 할 것이 있겠는가!

그래서 달마대사께서 이러한 이치를 강하게 밝히고 있다.

중생이 무아(無我)여서 고통과 즐거움이 인연(因緣) 따라 생겨나고 없어진다.

세 번째의 무소구행(無所求行)은 수연행의 기본조건에 해당된다.

무소구행이 이루어질 때 수연행이 가능하다.

무소구행과 수연행은 같은 뜻이다.

단지 자신의 내면의 마음실천을 중심으로 표현할 때 무소구행이라 하고 자신의 외부의 행동실천을 중심으로 표현할 때 수연행이라 한다.

어떻게 하면 구하는 바 없는 수행인 무소구행(無所求行)과 세상사에 자재하는 수연행(隨緣行)을 성취할 수 있나?

안심무위(安心無爲)하면서 삶을 연(緣)따라 운전(運轉)한다.

네 번째 칭법행(稱法行)은 행(行) 자체가 바로 법(法)이라는 뜻이다. 이것은 행(行)이 곧 이(理)라는 것을 의미한다.
이와 같이 이(理)와 행(行)이 둘이 아닌 행(行)을 성정(性淨)의 이(理)라 표현한다.
이것은 곧 이행불이(理行不二)의 뜻으로 달마대사께서 전개하신 가르침은 마음속의 알고 있는 이치와 몸으로 실천되어 나오는 행위가 서로 일여(一如)해야 된다는 것을 밝히고 있다.

그래서 달마대사가 말씀하신 이(理)와 행(行)은 궁극에선 이(理)가 곧 행(行)이요 행(行)이 곧 이(理)이며, 이(理)가 행(行)과 다르지 않고, 행(行)이 이(理)와 다르지 않다는 이행불이(理行不二)의 선(禪) 수행을 실천하는 이치임을 알 수 있다.

이와 같이 종합해 보면 달마대사는 유가(瑜伽)수행으로 장수하셨다고 표현할 수 있다.
유가(瑜伽)는 현대용어로 요가(瑜伽 YOGA)를 뜻한다.
달마대사가 생존했던 그 당시 인도는 몸과 연관된 모든 수련의 총칭이 요가였다.

그래서 불교 또한 요가의 명칭을 그대로 받아들여 유식학파(唯識學派)의 이름을 요가행파(瑜伽行派)라 불렀고, 밀교의 최고경지를 도인요가(導引瑜伽)라 칭했다.

요가행파란 요가로 수행하는 선지식들이 모인 문파라는 뜻이다.

도인요가는 도인의 요가수행으로 즉신성불(卽身成佛)의 열반경지(涅槃境地)에 들어간다는 뜻이다.

달마대사가 혜가대사에게 전수한 경전은 능가경(楞伽經)인데 이 경은 요가행파의 대표적인 경전 중의 한 부다.

이와 같이 보았을 때 소림무술의 뿌리는 요가이다.

이때 요가란 불교 이외의 외도가 실천하는 수행법을 지칭한 것이 아니라 외형의 실천방법이 요가에서 사용하던 모습이며, 그 내면의 심법(心法)은 바로 불교의 정법(正法)이다.

그래서 일체법(一切法)이 모두 불이법문(不二法門) 아닌 것이 없다고 불경(佛經)에선 강조한다.

2. 옥천(玉泉) 양생법

【문】 건강하고 장수하기 쉬운 수련법은 없을까?
【답】 있다! 다음 내용에서 배우자!

의학의 대 스승인 손사막(孫思邈) 선생은 아침에 잠에서 깬 다음 이빨 두드리기로 형성된 침을 삼켜 백세 장수했다는 사실을 그의 저서 《천금요방(千金要方)》에서 밝히고 있다.
 손사막 선생 또한 서기 581년에 태어나 682년에 임종한 102세의 장수를 누리신 대선지식이다.

위나라 무제가 황보륭에게 명하기를:
"짐이 듣건대 그대 나이가 이미 백세가 지났는데도 체력이 쇠퇴하지 않고 귀와 눈이 총명(聰明)하며 안색이 화열(和悅)하다하니 이렇게 좋은 일이 있을 수 있소!
 복식(服食), 시행(施行), 도인(導引)으로 실천하는 것은 아닌가요?
 만약에 나에게 전할 내용이 있다면 내용을 적어 남이 보지 못하도록 비밀 봉투에 넣어 보내시오!"

황보륭이 상소(上疏)로 답변하기를:

"신(臣)이 아는 바로는 천지만물(天地萬物)에 모두 성(性)이 있는데 그중에서 오직 사람이 제일 귀하며 사람이 그와 같이 귀하기에 인생에 있어서 이 성(性)을 잘 양(養)하는 것보다 더 귀한 것은 없습니다.

우주탄생의 시작으로부터 무수히 많은 세월이 흐르고 있는데 사람의 생명은 그것에 비하면 번개 불과 같은 한 순간에 불과한 존재합니다. 매번 이와 같은 이치를 사유(思惟)할 때마다 마음이 망연(茫然)해서 답답해집니다.

생명은 죽으면 다시 올 수 없고 죽어버리면 그 생명을 되돌릴 수도 없는데 어찌 정(情)을 억제하고 성(性)을 수양(修養)해서 스스로 생명을 보존하지 않을 수 있겠습니까?

애석한 것은 지금 세상이 안정되어 태평성세이며 또한 세상 사람을 이롭게 보시공덕(布施功德)을 전개(展開)하고 있지만 제 생각에는 황제께서 오래오래 장수하시려면 마땅히 도(道)를 닦음으로써 장수가 가능한데 그런데 도(道)의 이치를 알긴 쉬우나 그것을 실천하기는 쉽지 않습니다.

신이 잘 아는 부경(剛京)도인은 나이가 이미 178세인데도 장년(壯年)과 같습니다.

그분께서 사람들에게 말씀하기를:

'아침마다 옥천(玉泉)을 복식(服食)하고 이빨을 두드리면 누구나 장년과 같이 안색이 좋아지고 충치를 없애 이빨을 견고하게 한다고

했습니다.'

옥천(玉泉)이라는 것은 입 안에 타액(唾液)을 뜻합니다.

아침에 자리에서 일어나기 전에 입 안에 침이 가득 고이게 하여 그것을 삼키며 이빨을 27회 두드립니다.

이와 같이 하는 것을 정(精)을 수련(修煉)한다고 표현합니다."

魏武與皇甫隆令曰:"聞卿年出百歲, 而體力不衰, 耳目聰明, 顔色和悅, 此盛事也. 所服食、施行、導引, 可得聞乎? 若有可傳, 想可密室封內."
隆上疏對曰:臣聞天地之性, 惟人為貴, 人之可貴, 莫貴於生. 荒唐無始, 劫運無穹, 人生其間, 忽如電過, 每一思此, 罔然心熱, 生不再來, 逝不可追, 何不抑情養性以自保. 惜今四海垂定, 太平之際, 又當須展才布德, 當由萬年, 萬年無穹, 當由修道, 道甚易知, 但莫能行. 臣常聞道人蒯京年已一百七十八, 而甚丁壯. 言人當朝朝服食玉泉, 琢齒使人丁壯有顔色, 去三蟲而堅齒. 玉泉者, 口中唾也, 朝旦未起, 早漱津令滿口乃吞之, 琢齒二七遍. 如此者, 乃名曰練精."

(孫思邈 撰《千金要方》第27卷 <養性序>에서)

아침에 깨어 침대에서 일어나기 전에 입안에 가득 고인 침을 삼키고 이빨을 27회 서로 마찰하면 백세 장수를 누릴 수 있다고 황보륭 선생이 황제에게 알려 주고 있다.

이 얼마나 쉬운가?

누워서 침 삼키면 백세 장수한다니 참으로 쉽게 생각하지 않을 수 없다.

자! 그러면 실천해 보자!

저녁에 잠자리에 들어 수면을 취하고 아침에 잠에서 깨어났다.
자리에서 일어나기 전에 먼저 생각이 떠오른다.

"침 삼켜야지!"

어?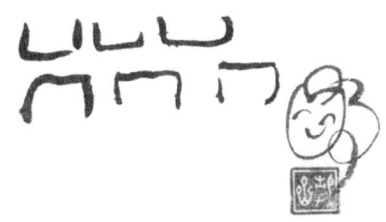
침이 없네?
침이 왜 없지?
있어야할 침이 없다!

옆에 누워 아직도 잠에 빠져 있는 아들을 보니 입가에 침이 흐르고 있다.
침 흘리면서 자는 모습에서 정말 단잠자고 있다고 표현한다.

"저 침! 내 입 안에 있어야 될 침이 왜 저기 있지?"

문제가 생겼다.
장수하기 그렇게 쉬운 진짜 비법인 비법을 알았는데 침이 없다.
침이 있어야 삼키지!!!

이때 장수에 대한 신심(信心)이 부족한 사람은 다음과 같이 생각하면서 침 삼키기를 포기한다.

"없는 침을 어떡할 수 있나? 수련을 포기해야지! 그렇지, 나 같은 사람이 장수할 복 있겠어!"

그러나 굳건한 신심(信心)으로 반드시 장수(長壽)하겠다는 마음이 있는 사람은 다음과 같이 생각하면서 수련 방법을 강구한다.

"왜 침이 없지? 어릴 때는 분명 자고 일어나면 입안에 침이 고여 있었는데! 나이가 들어 몸이 쇠약해져서 침이 고이지 않나보다. 그럼, 어떻게 하면 잠에서 깨어 자리에서 일어나기 전에 침을 고이게 할 수 있을까?"

그렇다!
"어릴 때 분명 자고 나면 입안에 침이 고여 있던 것으로 보아 지금도 노력만 하면 침을 고이게 할 수 있다."는 믿는 마음에서 장수를 향한 양생수련에 들어가게 된다.

평소에 매실 등 신맛 나는 음식을 생각하면 입 안에 침이 고이는 것을 알 수 있다. 이런 현상으로 보아 몸의 기능이 생각의 흐름에 민감하게 반응한다는 것을 알 수 있다.

어떻게 하면 침을 고이게 할 수 있는지 손사막 선생의 위 글을 분석해 보자!

위 글에서 침을 고이게 할 수 있는 세 가지 이치를 찾아낼 수 있다.

1. 오래 장수하고 싶으면 반드시 도(道)를 닦아야 된다.

도(道) 닦는 마음에서 장수의 기운이 싹튼다.

수도(修道)정신이 없으면 세속의 삶 속에서 인생의 가치를 찾아야 된다.

세상사(世上事)는 모두가 선악(善惡)과 취사(取捨) 등 차별상(差別相)으로 이루어져서 마치 파도의 물방울과 같다.

이러한 세상살이를 변함없는 진리로 삼기란 쉽지 않다.

만약 그러한 세상살이를 인생의 진정한 가치로 인식하면서 산다면 성인이 말씀하신 것처럼 그것은 짐승과 같이 차원 낮은 삶이다.

차원 낮은 사람이 자신이 지금 어떤 차원의 인생을 영유하고 있는지 알기란 쉽지 않다.

그래서 성인의 가르침이 존재한다.

이것을 사회적인 용어로 계몽(啓蒙)이라 표현하며 불교적인 용어로 인도(引導) 또는 구제(救濟)라 표현한다.

2. 정(情)을 억제하고 성(性)을 수양(修養)해서 생명을 보존한다.

정(情)의 억제(抑制)는 정말 쉽지 않은 문제이다.

남이 자기의 면전에서 욕하는데, 비하하는데 화나지 않겠는가?

남이 자기의 면전에서 자기의 부모를 못된 놈이라고 흉보는데 어떤 자식이 얼굴 붉어지지 않겠는가?

　불상 앞에서 향 사르고 열심히 기도하는데 누가 와서 흙덩어리 가지고 미신행위하고 있다고 욕하면 어찌 얼굴이 찌그러지지 않겠는가?

　또 욕정(欲情)이 불같이 달아오르는데 옆에 부인 두고 그것을 어찌 참을 수 있겠는가?

　사랑하는 사람이 비참히 죽었는데 어찌 슬프지 않겠는가?

　자신은 열심히 정당한 방법으로 사업했는데 계속 손해보고, 옆에 기업은 권모술수의 방법으로 몇 배의 순이익을 창출하는데 어찌 사회현상에 악 받치지 않겠는가?

　그런데 이러한 개인적, 사회적으로 자신에게 불이익한 어떤 현상이 주어져도 그로부터 감정(感情)을 일으키지 말란다.

　더 어려운 것은 자신에게 자신이 생각하기에 무엇보다 소중한 예를 들면 자식, 부모, 애인, 친구, 애완동물 등에게도 좋아하는 감정을 일으키지 말란다.

　그래서 이런 고사(故事)도 있다.

　옛날 고관(高官)이 건강장수하고 싶은 마음에 이미 백세가 넘었지만 장년(壯年)과 같은 모습의 도사(道士)를 집으로 모셔서 가르침을 구했다.

　그러자 도사는 그에게 장수비법을 다음과 같이 알려 줬다.

　1. 술 마시지 말 것.

2. 성관계 하지 말 것.
3. 권위의식 가지지 말 것.
4. 절식할 것.

고관이 듣고 말하기를:
"그런 거라면 무슨 재미가 있겠소! 아름다운 여자와 잠자리도 불가능, 그 맛좋은 술도 금지, 목에 힘주는 재미로 고위관직에 오르는데 노비처럼 고개 숙이며 살아야 된다니! 맛난 음식도 제대로 먹을 수 없다니! 내 재미있게 살다가 오십에 죽을망정, 그와 같이 천세를 장수한들 무슨 즐거움이 있겠소!"

도(道) 닦는 것은 성(性)의 수양이다.
성(性)의 수양(修養)은 정(情)의 정화(淨化)를 기초로 해서 이루어진다.
정(情)이 발동하면 성(性)의 수양은 쉽지 않다.
그래서 정(情)을 정화(淨化)하고 성(性)을 수양(修養)해야 된다고 표현하고 있다.

3. 인생에서 성(性)을 잘 양(養)하는 것보다 더 귀중한 것은 없다.
인생에 있어서 도(道) 닦는 것이 제일 중요하다는 뜻이다.
도(道) 닦는 것이 가정(家庭)과 재물(財物)과 명예(名譽)보다 더 중요하다.

이것을 역으로 표현하면 가정이 파괴되든지, 재물이 사라지든, 명예가 모두 손상되든 그런 것에 개의하지 말고 일념(一念)으로 도(道) 닦는 수행에만 온 마음이 몰두되어 있어야 한다는 뜻이다.

수도(修道)에 대한 이러한 인식으로 인해 석가모니부처님 등 많은 수행자가 출가수행을 선택한 것이 아니었겠는가?

3. 백세 청춘 양생법

【문】 꼭 수련이나 수행을 통해야만 장수할 수 있나?

【답】 그렇지 않다! 특별한 수행 또는 수련을 통해서만 장수하는 것은 아니다. 꼭 그런 것만은 아니라는 것을 다음 몇 가지 고사(故事)를 통해 알 수 있다.

청(淸)나라 때 부주(涪州)에 주황(周煌)이라는 사람이 있었는데 조상의 원적은 아미산(峨嵋山)의 초(樵)이다. 그의 나이가 이미 99세인데 아직도 부인을 얻지 못했다.

하루는 우연히 계곡에서 많은 금은(金銀)을 얻게 되어 역시 가난한 친구인 오옹(吳翁)과 함께 성안으로 이사했다. 그리고 중매인에게 돈을 주고 부인을 얻고 싶으니 찾아 달라고 부탁하면서 반드시 처녀여야 된다고 못 박았다.

오옹(吳翁)이 그를 비웃었다. 주변 사람들도 한결같이 99세 된 노인과 어떤 처녀가 결혼하겠느냐고 비웃었다.

그때 오(吳)씨라는 집안에 19세 된 딸이 있었는데 그녀가 부모 앞

에 무릎 꿇고 간청하기를:

"아버님 어머님께서 이미 연로하시고 집안 또한 가난하며 딸만 있고 아들이 없으니 어디에 의지하시겠습니까? 주(周) 할아버지가 나이는 많지만 그와 결혼하면 많은 돈을 얻어 부모님을 봉양할 수 있으니 이것은 지금 하늘이 내린 복입니다. 어찌 그와 결혼해서 한생을 그와 함께 마치지 않겠습니까! 저는 그와 결혼하기를 원합니다. 부모님께서는 많은 재물을 얻어 노년을 편히 지내실 수 있습니다. 사람마다 각자 자기의 명(命)이 있으니 여식(女息)이 박복한 상(相)이라 젊은 남자에게 시집가면 과부 신세를 면하기 어렵습니다."

오(吳)씨 부부가 딸의 말을 듣고 주(周) 노인에게 알려주니 매우 기뻐하며 곧바로 날을 정해 혼례를 올렸다.

다음 년에 아들 한 명을 낳았는데 주 노인의 나이가 백세였다.

재롱부리던 아들이 자라 다시 결혼해서 손자를 본 후에 명을 마쳤으니 그때 나이 140세였다.

부인이 일 년 먼저 세상을 마쳤으며 그때 부인의 나이 59세였다.

涪州周大司馬煌, 其祖峨嵋山樵也, 年九十九未娶。一日, 忽於溪中得金銀若干, 與所善貧人吳翁謀遷居城中, 且屬為媒, 願以萬金為聘, 但非處子不可。吳笑諾之。歸告嫗, 謂九十九老翁, 誰肯與為婚者！時吳女年十九, 忽跪而請曰："父母貧且老, 生女不生男, 何恃？今周叟高年, 驟獲多金, 天將福之, 未必遽終於此, 女願嫁之。父母得萬金之聘, 可以娛老矣。人各有命, 女如薄相, 嫁年少者未必不孀也。"吳夫婦奇其言, 以告叟, 喜甚, 即日委禽成婚。後年餘生一子, 時叟年百歲矣。及見其子遊庠食餼, 抱孫後乃卒, 壽一百四十矣。女先一歲卒, 已五十九矣。信人瑞也。

(徐錫麟 錢泳 撰 《熙朝新語》 第10卷에서)

위 글에서 보이는 바처럼 주황노인은 특별한 수련을 통해서 장수한 것이 아니다.

위 글에서 장수와 관계된 특별히 짐작해 알 수 있는 내용 한 가지는 주황 노인이 가난했다는 것이다.

가난했기에 특별한 수련 또는 수행을 통하지 않고도 장수할 수 있었다.

그렇다고 누구나 가난하면 장수할 수 있다는 뜻이 아니다.

그러한 기연(機緣)에 부합했다는 뜻이다.

왜 그렇게 생각하는가?

가난했기에 노동하면서 지냈다.

물론 근골을 손상하는 노동이었다면 설사 선천적으로 건강한 몸으로 태어났어도 그렇게 장수하지 못했을 것이다.

몸은 항상 적당한 양의 운동을 필요로 한다.

젊어서 많은 운동을 했기 때문에 나이가 들어 적게 운동해도 된다는 논리는 전혀 성립되지가 않는다.

만약 젊어서 많은 운동을 한 사람이라면 나이가 들어서도 그와 비례하는 비교적 많은 양의 운동을 지속했을 때 건강한 몸을 유지할 수 있다

위의 글에서 또 한 가지 짐작할 수 있는 것은 주황노인의 의식이 비교적 안정되어 있다는 것이다.

생각이 복잡한 세상사에 빨려가지 않는다는 것이다.

그렇다는 것을 어떻게 알 수 있는가?

99세에 많은 재물을 얻어서 40년을 더 살았던 것으로 보아 세상에 대한 욕망이나 사람관계에서 즐거워하는 명예심이 강하지 않았다는 것을 알 수 있다.

만약 주황 노인이 명예심 또는 허영심이 강한 사람이었다면 가난하게 살 때도 사람들과 세상에 대한 불만이 강하게 있었을 것이고, 이미 재물을 얻은 다음에는 그러한 욕망과 명예를 얻기 위해 세상사에 휩쓸렸을 것이다.

만약 그러했다면 140까지 장수하기란 생명구조의 특징으로 보았을 때 지극히 쉽지 않다.

이와 같이 보았을 때 세상사에 무심(無心)할 수 있는 사람이 재물이 많든 아니면 가난하든 장수하기 쉽다는 것을 알 수 있다.

4. 부부 양생

  청(淸)나라 때 임정(臨定)지역의 깊은 산속에 위(魏)씨 성을 가진 사람이 땔나무해서 파는 것을 업으로 생계를 유지했는데 가족은 오직 부인 한 명뿐이었고 나이가 두 사람 모두 70세였다.

  집안 정원에 큰 등(藤)나무 한그루가 있는데 매우 커서 그 넝쿨이 지붕을 가득 덮었다. 그 등나무는 위(魏)씨가 어릴 때부터 이미 있었는데 그 수명이 얼마나 되었는지 알 수 없다.

  하루는 위씨가 연못에 떨어져 다리를 다쳐 길가에서 신음하고 있는데 그때 백발의 긴 수염과 홍안의 얼굴빛을 한 도사 한 분이 도포자락을 휘날리며 그 앞을 지나다가 노인이 다쳐있는 모습을 보고 연민이 생겨 가슴 안에서 병을 꺼내 콩 크기만 한 환(丸)을 한 알 꺼내 흘러가는 물을 받아 위씨에게 복용시켰다.

  잠시 후에 위씨의 온몸이 열로 가득하여 도저히 참을 수 없어 상처 부위가 터질 정도로 소리 질렀다.

  도사가 그를 부축해 일으켜 말하기를:

  "속히 뛰어라!"

위씨가 힘을 다해 일백여보를 뛰었는데 그러자 다리가 이미 정상으로 회복되어 전혀 통증이 없었다.

위씨는 도사님을 모시고 집으로 돌아와 정성을 다해 접대하고 무릎 꿇고 말씀드리기를:

"저는 이미 쇠약한지 오래되었는데 도사님께서 주신 환(丸)을 복용하자마자 다친 다리의 통증이 없어졌을 뿐만 아니라 근골이 부드러워지고 정력이 왕성하며 정신이 맑아 소년 시절과 다르지 않습니다.

저의 스승님이시여! 스승님께선 신선이십니다. 바라옵건대 저를 제자로 받아주셔서 장생(長生)의 도(道)를 배우게 해주소서!"

도사님이 말씀하시기를:

"그대는 골(骨)이 평범하고 근기(根器)가 둔해서 신선도(神仙道)를 성취할 수 없소. 그러나 건강하게 장수하길 원한다면 그것은 쉬운 일이요."

손가락으로 정원의 등나무를 가리키면서 다시 말씀하시기를:

"저 나무 아래 물건이 있는데 그것을 복용하면 장수할 수 있소."

말을 마치자 마치 가볍게 날듯 순식간에 자취가 사라졌다.

위씨가 등나무를 베고 그 물건을 찾으려하자 부인이 백년 된 등나무인데 베면 안 된다고 막아 그만 두었다.

겨울이 되자 큰 눈이 몇 날 며칠을 그치지 않고 계속 내려 온 산을 덮어 버렸다. 위씨가 먹을 것을 찾으면서 문득 도사님이 했던 말씀이 생각나서 그것을 파기로 결심했다.

흙을 2척(尺) 쯤 파 내려가자 곧바로 등나무 뿌리가 보였다.

그 뿌리의 크기가 마치 수개의 옹기와 같았으며 우연히 껍질에 상처가 생기면 흰색의 액이 마치 진한 우유처럼 흘러내렸으니 하수오(何首烏)처럼 되었다.

부부가 힘을 합해 그것을 뽑아내어 잘라서 익혀 먹었다. 매일 거르지 않고 복용하자 어느 땐 수일 동안 굶주리지 않으며, 2년이 넘어서야 모두 다 먹을 수 있었다.

두 사람 모두 백발이 검은 머리카락으로 바뀌고 이빨이 다시 생겼으며 두 사람 모두 150여 세에 임종했다.

대저 옛날에 수행자의 말에 현혹되어 기(氣)를 연마하고 단(丹)을 복용하면서 늙음을 피하려는 사람이 수없이 많았는데 과연 그 효과를 본 사람 얼마나 되는가?

위씨는 그런 수련도 없이 그것을 얻었으니 어찌 정말로 행운 중에 행운이 아니겠는가?

월서진(粵西鎭)의 안부(安府)에서 많은 양의 수오(首烏)가 생산된다.

그곳 사람들도 그것을 복용하는데 그곳에서 장수하는 사람이 나왔다는 말을 못 들었다.

장소가 달라서 그런가?

아니면 종류가 달라서 그런가?

정말 알 수 없는 일이다.

臨定深山中, 有魏姓者, 以樵爲業, 家惟老妻, 年俱七十矣。所居庭中,有藤一株, 大可數拱, 枝蔓糾延屋上, 魏兒時已有之, 不知其幾歲年也。一日墜淵傷左股, 呻吟於道旁。一道士雪鬢赤面, 攜囊過之, 憫其老而遭傷也, 探囊中葫蘆, 出一紅丸如豆大, 以瓢取澗水, 令飮而呑之。少頃, 魏覺遍體火熱, 不可忍, 傷處崩然有聲。道士扶之起, 曰:"速奔!"魏勉力狂奔百余步, 而股已行動如常, 毫無疾苦矣。因延道士至家, 具黍款之, 跪而告曰:"吾衰憊已久, 頃服丸藥, 不但所苦頓除, 而筋骨柔和, 精旺神健, 不異少年時。吾師非仙而何?請爲弟子, 願學長生。"道士曰:"子骨凡根鈍, 仙不可得也。欲求延年, 亦易易事。"因指庭中藤曰:"其下有物, 可試食之。"言訖辭去, 步履如飛, 瞬息已杳。魏欲伐藤驗之, 其妻以百年舊物, 不可而止。至冬間, 大雪數日, 山谷皆平。魏乏食, 因思道士言, 決意倔之。去土二尺餘, 即見藤根, 大如數石甕, 偶傷其皮, 則白脂流溢若濃乳, 蓋何首烏也。夫婦並力掮之起, 切而煮食之, 每飱輒數日不饑, 逾兩年始盡。兩人白髮盡黑, 齒之落者更生, 連擧二子, 至一百五十餘歲而終。亡有盧尙謙(自牧), 魏之曾孫婿也。予昔晤盧於粵之蒼梧, 聞其顚末如此。夫古人惑于方士之言, 煉氣餌丹以求難老者, 指不勝屈, 然獲效者何人也?魏乃不求而得之, 豈非至幸也哉! 粵西鎭安府之首烏, 每枚有重至一百餘斤。彼處人食之, 與薯芋等, 而從未見有長生者, 豈所植之地不同歟?仰其種類有別耶?不可曉也。

(雷琳 撰 《漁磯漫鈔》에서)

환(丸) 먹고 70 노인이 청년처럼 건장해졌다.

그것도 잠시 동안에 아무 수련 없이 알약 한 알 복용하고 회춘(回春)되었다.

누구든 그 도사님이 주신 환(丸)을 복용하면 그와 같이 회춘할 수 있을까?

아니면 특별한 사람에 한해서 그와 같은 효과를 얻을 수 있을까?

특별한 사람에 한해서 그와 같은 효과를 얻는다면 어떤 특별함일까?

정말 성실하고 착한 특별함일까?
원래 근골이 잘 타고난 특별함일까?
아님 그 도사님과 인연 있는 특별함일까?

현대과학의 발전 추세로 보았을 때 아마도 머지않아 그와 같은 회춘 효과가 있는 환(丸) 또는 주사액이 나오지 않겠는가?

장수!
돌이켜 생각해 봐야한다.
장수하는 그것 자체가 행복함인지?
왜 오래 살려고 하는가?
하루살이와 천년 거북 중에 누가 더 행복한 삶이라고 단정하기는 쉽지 않다.
행복이란 시간의 길이에 의해 정해지는 것이 아니다.
그럼에도 고금(古今)에 많은 사람이 장수를 추구한다.
70에 환(丸) 한 알 복용하고 젊음을 찾았는데 다시 나무뿌리를 캐서 2년 동안 먹고 80년을 더 살았다.
환(丸)이든 나무뿌리든 어쨌든 먹는 것으로만 장수를 성취했다.
특히 부부가 함께 150세를 누렸으니 그 행복은 더욱 컸으리라!

5. 의술봉사의 건강인생

근대에 가장 장수한 사람 중에 한 명으로 중국 요녕성 봉래에 완국장 노인을 들 수 있다. 그는 1760년 6월 11일(음력 4월28일)에 태어나 1924년 2월에 생을 마쳤으니 165세의 장수를 누렸다.

봉천(奉天: 지금의 요녕성(遼寧省)의 관전현(寬甸縣) 백성인 완국장(阮國長)은 현재 165세로 청(淸)나라 건륭(乾隆) 25년 4월 28일 축시(丑時)에 태어났다.

원적(原籍)은 산동(山東)의 봉래(蓬萊)이며 부위(府衛)의 뒤편에서 살고 있다. 부친의 이름은 세성(世盛)이고 모친은 손(孫)씨며 오직 자식이 그 한 명뿐이었고 모두 돌아가셨다.

팔세 때 백부(伯父)인 세성(世成)을 따라 금주(金州)에 가서 2년 반 동안 공부하고 곧바로 유수둔(柳樹屯)에 가서 상업(商業)으로 전공을 바꿔서 공부했다.

17세에 장(張)씨를 부인으로 맞아 아들을 한 명 낳았다.

32세 때 부인이 세상을 떠났고 45세 때 아들 또한 세상을 떠나

홀몸이 되었다.

58세가 되어 다리에 종창이 생겨 걷기가 불편해서 다시 고향인 봉래(蓬萊)로 돌아와 요양(療養)했다. 두루 유명한 의사를 찾아 치료했으나 효과를 보지 못했다.

그 후 우연히 단방(單方)을 얻어 병을 치유했다. 그로 기인해서 많은 종류의 단방(單方)을 배워 가는 곳마다 환자들을 위해 치료해 주었다.

64세가 되어 비로소 관전(寬甸)으로 돌아와 조카딸인 완유정(阮有貞)의 집에 머물면서 한편으로 의술활동을 하고 또 한편으로 가게를 열어 장사를 했다. 그때 관전(寬甸)지역이 아직 개발되지 않아 상주하는 주민이 매우 적어서 장사가 잘 안 되었다.

시술(施術)하기 위해 많은 약을 준비하는데 모든 자본을 썼다.

조카딸인 완유정(阮有貞) 또한 사망해서 다시 봉래로 돌아왔는데 그때 나이 71세였다. 4개월 머문 다음 관전으로 가서 외상을 거두어서 돈이 생겼는데 다시 시술하기 위한 약 구입에 모두 사용했다.

그로부터 항상 환인현(桓仁縣)의 사송배(沙松背)와 관전의 충창구(茞廠溝) 등지를 왕래하면서 시술했다.

완국장 노인은 수염과 이빨이 세 번 빠져 없어지고 다시 세 번 새롭게 나왔으며 매번 새롭게 나온 수염은 모두 검은 색이었고 시간이 많이 지난 다음 다시 흰색으로 변했다.

그의 수염은 74세 때 검게 한 번 변했고 132세에 가서 빠져 다시 검게 나왔으며 145세 때도 그와 같이 반복되었다. 지금은 모두 백발이다. 그의 이빨은 78세와 132세 때 그리고 143세 때 빠져 다시 나왔으니 모두 세 차례 변한 것이다.

민국 12년 4월 간(間)에 기침 가래 증상이 생겨 눈이 흐침해지며 이빨이 흔들렸다. 그러나 귀와 코의 기능은 평소와 같았고 말도 정상이었다.

관전현(寬甸縣)의 지사(知事)인 왕상(汪翔)이 그 지역 노인들을 위문했는데 모두가 그때서야 완국장 노인이 163세라는 것을 알게 되었다.

奉天寬甸縣民人阮國長, 現年一百六十五歲, 據稱於前淸乾隆二十五年四月二十八日丑時生. 原籍山東蓬萊, 住府衙後. 父世盛, 母孫氏, 僅生渠一人, 先後逝世. 八歲時, 從其伯父世成到金州, 讀書二年半, 即至柳樹屯, 轉學商業. 三年藝成, 傭爲信和號櫃夥. 至十七歲, 娶妻張氏, 生子一, 仍回信和號經商. 妻至三十二歲身故, 子至四十五歲亦亡, 旣鰥且獨. 迨五十八歲, 腿患瘡毒, 不良於行, 遂回蓬萊調養. 遍就高醫, 迄未見效. 後以無意中覓得單方治好, 因並學得許多單方, 到處爲人治病. 至六十四歲, 始來寬甸, 住族侄阮有貞家, 一面行醫, 一面作行莊生意. 其時寬甸尙未開邊, 住民稀少, 生意不佳. 治病又多施藥, 將所有資本全行賠盡. 族侄阮有貞又死, 其年適七十一歲, 遂乃回蓬萊. 住四閱月, 復來寬甸, 收要舊賬. 雖收有錢款, 又因施藥用盡. 嗣後常在桓仁縣沙松背及寬甸濁繭廠溝等處, 來往治病. 至民國九年, 有關門砬子保小繭溝住民楊雲海, 繫姑舅重孫女婿, 將我接至家中, 始稍安息. 須與牙三落三生, 每次所生之須, 均繫黑色, 久之始變白色. 其須于七十四歲時變黑一次, 至一百三十二歲落而復生黑色者一次, 至一百四十五歲亦然, 現已全白. 其牙於七十八歲及百三十二歲與百四十三歲, 落而復生者計三次. 民國十二年四月間, 得痰喘症, 眼稍昏花, 齒亦搖動, 惟耳鼻如常等語. 寬甸縣知事汪翔遍問附近鄕老, 僉稱伊年白六十三歲, 繫屬確實.

(步翼鵬 撰 《養壽詩歌》 第1卷에서)

역시 평범한 삶 속에 장수한 모습이다.

내용으로 보아 의식이 넉넉했던 것도 아니다.

일찍 아내와 자식이 세상을 떠났으니 가정이 그리 행복했던 것도 아니다.

병을 치료하기 위해 명의(名醫)를 찾아다녔다.

그러나 고치지 못한 병을 우연히 간단한 약방문을 얻어 그와 같이 치료한 결과 치유되었다.

본인이 병으로 시달리면서 고통 받았으니 다른 고통 받는 사람을 돕고 싶은 마음에서 의술에 관심을 갖게 되었다.

세상사와 함께 하면서 어떠한 환경에서도 장수할 수 있다는 것을 위의 내용에서 이해하였다.

이와 같이 보았을 때 건강하게 장수할 수 있는 가장 큰 요소는 마음의 안정(安定)에 있다.

마음의 안정은 정(情)의 정화(淨化)에서 얻을 수 있다.

정(情)이 정화(淨化)되었을 때 마음이 안정되어 일상생활 속에서 항상 안심(安心)의 상태를 유지할 수 있게 된다.

그래서 재가수행자가 정진력이 향상되면서 몸 또한 함께 건강하게 유지되려면 평소에 항상 안심(安心)하는 습관을 지녀야 된다.

안심은 정(情)의 정화(淨化)에서 얻어진다.

6. 노자선인의 양생법

장수와 직접적으로 연관되어 수도(修道)하는 문파가 도교(道教)이다.
도교에서 노자님을 제일성인(第一聖人)으로 추앙하고 있다.
불교는 석가모니불이 직접 창시했으나, 도교는 노자님이 창시한 것이 아니다.
후대 사람이 도교를 창립하면서 노자님을 교주로 모신 것이다.
신선이 되어 영원히 죽지 않는 삶을 영위하는 것을 목적으로 수련하는 도교에서 노자님을 첫째의 성인으로 모신 것은 분명 노자님의 가르침에 그와 연관된 이치가 있어서였을 것이다.
한(漢)나라 때 사마천이 저술한 《사기(史記)》에 기록된 노자님에 대한 고사(故事)와 상응하면서 그러한 도리(道理)를 일깨워 보자!

노자(老子)는 초고현(楚苦縣)의 역향(歷鄉) 곡인리(曲仁里) 사람이다.
성은 이(李)씨며 이름은 이(耳), 자(字)는 빙(聘)이다.
주(周)나라 수장실(守藏室)의 사관(史官)을 역임했다.
공자(孔子)가 주(周)나라를 여행할 때 노자(老子)에게 정중하게 예(禮)

를 갖추고 가르침을 청(請)했다.

……

노자의 말씀을 듣고 공자가 돌아가서 제자들에게 이르기를:
"새! 그가 능히 하늘을 날을 수 있다는 것을 내가 알지.
물고기! 그가 능히 물속에서 헤엄칠 수 있다는 것을 내가 알지.
짐승! 그가 능히 땅 위에서 걸어 다닐 수 있다는 것을 내가 알지.
땅 위에서 걸어 다니는 짐승은 덫에 걸려들 수 있고, 물속에서 헤엄치는 물고기는 그물망에 걸려들 수 있으며, 하늘에서 날아다니는 새는 화살에 맞아 떨어질 수 있다.
그러나 용(龍)! 그가 풍운(風雲)을 타고 승천(昇天)하는 것을 내 짐작으론 알 수 없다.
오늘 내가 노자님을 뵈었는데 그분이 바로 용(龍)이셨느니라!"
노자는 도덕(道德)을 닦아 그 학문(學問)이 자은(自隱)하여 무명(無名)함으로써 세상을 이롭게 한다.

……

저서로 상편(上篇)과 하편(下篇)이 있는데, 오천여 글자 안에 도덕(道德)의 뜻을 표현하고 자취를 감췄는데 그의 그 뒤 소식에 대해 알 길이 없다.

……

노자는 160여세 또는 200여세를 살았다고 전해지며 그와 같이 수도(修道)함으로써 장수한 것이다.

老子者, 楚苦縣厲鄕曲仁裏人也, 姓李氏, 名耳、字聃, 周守藏室之史也。孔子適周, 將問禮於老子。……孔子去, 謂弟子曰:"鳥, 吾知其能飛;魚, 吾知其能遊;獸, 吾知其能走。走者可以爲罔, 遊者可以爲綸, 飛者可以爲矰。至於龍, 吾不能知其乘風雲而上天。吾今日見老子, 其猶龍邪!"老子修道德, 其學以自隱無名爲務。……著書上、下篇, 言道德之意五千餘言而去, 莫知其所終。……老子百有六十餘歲, 或言二百餘歲, 以其修道而養壽也。

(司馬遷 撰 《史記》 第63卷 <老子韓非列傳>에서)

수장실은 지금의 도서관에 해당되며 사관은 도서관장을 뜻한다.

노자님은 산 속에 은둔하기 전 그 당시 전해지던 대부분의 책을 도서관에 근무하면서 섭렵하셨을 것이다.

공자님이 노자님을 뵙고 느낀 바를 용(龍)에 비유했다.

그것은 공자님 생각에 노자님은 승천하는 용(龍)과 같이 인류의 대 스승이시란 뜻이다.

노자님은 공자님이나 석가모니부처님처럼 열심히 제자를 가르친 것도 아니고, 조사스님들처럼 제자들을 데리고 친절하게 가르치신 것도 없다.

은둔하기 전에는 도서관에서 열심히 책보고 은둔한 다음에는 무엇을 하셨는지 알길 없다.

다만 은둔에 들어가기 전에 도(道)와 덕(德)에 관한 한편씩의 글을 남기신 것이 전부이다.

상편과 하편 둘을 합해 《도덕경》이라 표현하며 모두 합해 오천여 글자(한자)로 이루어져 있다.

이처럼 짤막한 글만 남겼는데 세상 사람이 노자님을 모르는 사람이 없을 정도이다.

왜 그럴까?
그 글속에 무엇이 있어서?
부처님은 얼마나 많은 언어를 남기셨는가?

예를 들어 도(道)를 구하러 온 사람에게 "당신은 지금부터 여기에 쌓여 있는 십만 권의 경전을 모두 공부하시오!" 했을 때와 "당신은 지금부터 이 한 권의 책을 공부하시오!" 했을 때 그것을 받아들이는 구도자(求道者)의 마음에 어떤 느낌의 차이가 있을까?

아마도 노자님이 도(道)에 대한 이치를 쉽고 간단명료하게 표현했기에 오늘날 세계에서 《성경》 다음으로 많이 익히는 책이 되지 않았을까?

중국에서 불노장생을 추구하는 많은 수행자가 건강을 위한 전문서적인 《황제내경》 등의 의술에 관한 책보다도 노자님의 《도덕경》을 통해 건강장수를 실현하려고 한다.

왜 그럴까?
노자님의 말씀이 수명장수를 추구하는 선지식들에게 왜 인기가 있을까?

마음!

마음 때문이다!

장수의 뿌리가 마음에 있기 때문이다.

장수하려면 오욕(五慾)과 칠정(七情)을 잘 정화(淨化)해야 된다.

마음을 정화하는 이치가 《도덕경》에 간단명료하게 잘 표현되어 있기 때문이다.

마음을 정화하는 여러 가지 방법이 있다.

그 중에서 가장 지혜로운 방법이 마음의 중심을 쥐고 정화하는 방법이다.

마음의 중심이 바로 도(道)이다.

도(道)와 마음의 중심은 둘이 아니다.

마음의 중심을 본성(本性)이라 표현한다.

본성을 불교수행에서 법신이라 표현한다.

그래서 우주의 중심인 도(道)와 마음의 중심은 법신(法身)은 둘이 아니다.

이러한 광대무변한 우주의 근원인 도와 나고 죽는 생사윤회의 변화와는 상관없는 법신을 움켜쥐고 생명을 정화시키니 그렇게 정화하는 마음은 큰마음으로 이미 세상사의 오욕(五慾)과 칠정(七情)에 초연할 수밖에 없다.

《도덕경》에 위와 같은 도(道)와 상응하는 큰마음을 일깨울 수 있는 가르침이 잘 전개되어 있다.

《도덕경》의 모든 가르침이 수행자의 건강장수를 일깨우고 있다.

《도덕경》을 쉽고 깊이 체득할 수 있게 우리글의 해석으로 잘 전개한 서적이 많이 나와 있다.

《도덕경》은 삶의 지혜일뿐만 아니라 장수인생을 실현하는데도 큰 도움을 얻을 수 있는 가르침이다.

자주 도덕의 가르침과 상응하는 수행에서 수도(修道)와 장수(長壽)가 둘이 아닌 이치를 알게 되고 진정한 장수가 무슨 뜻인지도 깊이 있게 체득할 수 있다.

가까이 두고 자주 상응하면 자재인생에 큰 도움 되는 책 중에 한 부가 《도덕경》이다.

7. 관료의 장수인생

노자님의 수도정신을 계승한 도교의 수행자가 어떻게 장수를 성취했는지 전랑선인(錢朗仙人)의 고사(故事)를 보면서 사유(思惟)해 보자!

전낭(錢朗)선인은 평소에 은거(隱居)로 보냈는데 이름은 낭(朗)이고 자(者)는 내광(內光)이며 홍주(洪州)의 남창(南昌) 사람이다.

어릴 때 서산(西山)에 머물면서 독서(讀書)에 전념하고 절조가 있는 사람이다.

오경(五經)에 등과(登科)해서 세환(世宦)을 지냈으며 청렴하고 정직해서 그가 떠난 다음에도 세상 사람이 그를 흠모하고 좋아해서 아름다운 모습을 남겼다.

당(唐)나라 문종(文宗) 때 먼저 안남(安南)의 도호부사(都護副使)를 역임하고 후에 광록경(光祿卿)이 되었다.

노산(盧山)에 은거하면서 수도(修道)하는 선지식들과 친하게 지냈으며 동악도사(東岳道士)인 서균(徐鈞)을 스승으로 모시고 보뇌환원(補腦還元)과 복연장생(服煉長生)의 수련법(修煉法)을 배웠다.

소종(昭宗)황제 때 전당(錢塘)의 팽성왕(彭城王)인 전유(錢鏐)가 전낭선인의 득도장년(得道長年)을 흠모해서 전낭선인을 전당으로 맞아 그를 스승으로 모셨다. 그때 전낭선인의 나이 이미 150여세였으며 동안(童顔)으로 몸이 가볍고 민첩했다.

그의 현손(玄孫) 몇 명이 모두 경전(經典)에 밝고 수련이 잘 되어 환관(宦官)의 직위에 올랐으며 모두 청렴했다.

전낭선인이 하루는 홀연히 고별하면서 말씀하시기를:

"내가 이미 세상에 나온 지 오래 되어 상청소소(上淸所召)에 부응하기 위해 이제 돌아가야겠다."

잠깐 후에 기절(氣絶)해서 명(命)을 마쳤는데 수일(數日)이 지나자 안색(顔色)이 다시 생시와 같았으며 입관(入棺)시킬 때 몸이 마치 옷만 있는 것처럼 가벼웠는데 분명 시신이 함께 있었다.

전낭선인의 현손(玄孫)이 사람들에게 "나의 조부(祖父)는 170여세를 사셨다."고 말했다.

錢隱居, 名朗, 字內光, 洪州南昌人也。少居西山, 讀書精勤有節操, 五經登科, 累歷世宦, 清直著稱, 去有遺愛, 時論美之。唐文宗朝, 開成初爲安南都護副使, 後爲光祿卿。歸隱廬山, 情諝好道, 師東嶽道士徐鈞, 得補腦還元、服煉長生之術。昭宗世, 錢塘彭城王錢鏐慕朗得道長年, 乃迎就錢塘, 師事之。時朗已一百五十余歲, 童顔輕健, 玄孫數人, 皆以明經進身, 仕爲宰官, 已皓首矣。朗忽一日告別, 言:"我處世多年, 適爲上清所召, 今須去矣。"俄氣絶, 數日顔色恰暢如生, 擧之就棺, 身輕若空衣, 然已屍解矣。其玄孫謂人曰:"我知高祖, 年一百七十餘歲。"

(趙道一 撰 《歷世眞仙體道通鑒》에서)

관직 생활하면서도 도풍(道風)을 유지하면서 장수한 대표적인 예다.

자주 은둔 생활을 유지했던 것으로 보아 관직에 있으면서도 가능한 시간을 내어 산속에서 수련했을 것이다.

만약 세상사와 함께하는 시간이 길어지면 공력(功力)은 자연스럽게 후퇴될 수밖에 없다.

공력을 바탕으로 한 수행자는 일정 기간 반드시 세간사를 떠나 득공수련에 몰두해야만 공력이 유지될 수 있다.

수행과 연관된 장수는 공력과 불가분의 관계에 있다.

장수한 사람을 크게 두 종류로 나눠 볼 수 있다.
1. 평범하게 장수한 사람이다.
2. 공력을 갖춘 장수한 사람이다.

평범하게 장수한 사람은 비록 오래 살지만 나이가 드는 만큼 그에 비례한 늙음이 함께 온다.

그러나 공력을 갖춘 장수한 사람은 나이가 들었지만 젊을 때의 기운을 유지한다.

그뿐만 아니라 생사에 자유롭다.

그리고 다른 사람을 깨달음으로 인도해 줄 수 있는 법력(法力)을 갖추고 있다.

공력을 갖춘 장수자는 위와 같은 좋은 점이 있는 반면 세상사와 함께하면서 그 속에 묻혀 지낼 수 없다. 몸의 기운이 이미 그러한 환경에서 적응할 수 없게 변화되어 있기 때문이다.

보뇌환원과 복연장생의 수련법!

전낭선인은 바로 보뇌환원과 복연장생의 수련법을 연마해서 도(道)를 성취하고 장수할 수 있었던 것이다.

보뇌환원(補腦還元)의 수련법(修煉法)은 보뇌(補腦)하여 환원(還元)하는 정기신(精氣神) 수련법이다.

보뇌(補腦)는 대표적인 기(氣) 수련법으로 뇌(腦)의 기운(氣運)을 보충(補充)하는 수련이다.

뇌의 기운이 충만할 때 신(神)의 수련에 들어갈 수 있다.

신(神)의 수련을 여기에서 환원(還元)이라 표현하고 있다.

환원(還元)이란 원(元)으로 돌아간다는 뜻으로 원(元)은 태극(太極)을 뜻하며, 작은 의미에서 한 생명의 중심인 원기(元氣)를 뜻하고 큰 의미에서 우주의 중심인 대도(大道)를 뜻한다.

진정한 보뇌(補腦) 수련은 정(精)이 충만했을 때 가능하다.

정(精)은 육신(肉身) 또는 색신(色身)의 가장 핵심 요소로 미워하고 사랑하는 애증(愛憎)의 의식(意識)이 정화(淨化)되었을 때 정(精)의 수련이 가능하다.

장년(壯年)과 같은 몸으로 백세 이상의 장수를 누리는 힘은 정(精)에 기초하고 있다.

이러한 정(精)의 힘을 일반적으로 정력(精力)이라 표현한다.

기(氣)나 신(神)의 수련이 되어있지 않아도 무병장수하는 것은 정(精)의 수련만으로도 가능하다.

특별한 약 또는 음식을 먹어서 기운을 얻거나 또는 신체단련으로 기운을 얻는 것은 대부분 이 정(精)의 범주에 속한다.

기(氣)의 힘은 기공(氣功)으로 일반적인 개념의 무병장수와는 직접적인 관계가 없다. 특별한 공력(功力)을 향상하고자 할 때 반드시 기초되어야 하는 힘이다.

깊은 선정 또는 명상에 몰입하는데 기공(氣功)의 힘은 반드시 바탕 되어야 한다. 몸의 공력 중에 가장 대표되는 공력이 바로 선정 또는 명상이기 때문이다.

복연장생(服煉長生)의 수련법(修煉法)은 몸이 무병장수하는 양생수련을 뜻한다.

복(服)은 음식 또는 약의 복용을 뜻한다. 그러나 중요한 것은 음식을 잘 섭취하는 것만 의미하는 것이 아니라 음식을 섭취하지 않는 것도 포함된다.

장수에 있어서는 섭취보다 섭취하지 않는 단식(斷食)을 뜻할 때가 더 많다.

음식을 섭취하지 않으면 죽지 않는가?

그렇다. 죽는다. 일반적인 개념에선!

그러나 음식 대신 기운을 몸의 에너지로 받아드리면 음식 먹는 것보다 무병장수에 더 좋은 효과를 얻게 된다.

이러한 이치를 단식복기(斷食服氣) 또는 절식복기(節食服氣)라 표현한다.

절식(節食)은 식사량을 평소보다 줄인다는 뜻이다.

줄인 만큼 복기(服氣)로 보충한다.

단식은 절식(絕食)이라고도 표현하며 음식을 아예 안 먹는 것을 뜻한다. 그러나 일반적으로 물 또는 찻물은 복용한다.

단식은 크게 무위단식(無爲斷食)과 인위단식(人爲斷食)으로 나뉜다.

수련 중에 자연스럽게 음식량이 줄어들고 어느 시점에서 아예 먹지 않게 된다.

이러한 단식이 무위단식이며 자연단식(自然斷食)이라고도 표현한다.

수련의 효과를 얻기 위해 계획적으로 먹지 않는 것을 인위단식 또는 계획단식(計劃斷食)이라 표현한다.

단식은 스승 또는 가르침과 자신의 정신상태 이외 외형의 세 가지 조건이 원만했을 때 좋은 양생효과를 얻을 수 있다.

1. 물
2. 환경
3. 시간

8. 혜가(慧可)대사의 자재인생

　도교수행에선 정기신(精氣神)의 수련이 장수와 불가분의 관계에 있다는 것을 알았다.
　그럼, 불교수행에선 어떤 가르침의 실천이 장수와 연관되어 있는지 장수한 선지식 혜가대사(慧可大士)와 혜안대사(慧安大士)에 관한 고사(故事)의 기록을 보면서 음미해 보자!

　혜가대사께서 제자 승찬대사에게 부촉을 마치자 곧바로 학도(郝都)로 가서 인연 따라 설법하셨는데 법음(法音)을 듣고 사방에서 수없이 많은 구법자(求法者)가 모여 들었다.
　이와 같이 34년을 지낸 다음부터 도광양회(韜光養晦)하면서 상모(相貌)를 완전히 바꿔버렸다.
　그로부터 술집과 도살장에 출입하고 혹은 길거리에서 오가는 사람과 한담(閑談)하며 혹은 역관(役官)을 따라 노역(勞役)하였다.
　역관이 혜가대사에게 묻기를:
　"당신은 도인(道人)인데 왜 이와 같이 지내는 것이요?"

혜가대사 말씀하시기를:

"나는 내 스스로 조심(調心)하는 것이니 당신과 상관없지 않소?"

그 후로 관성현(管城縣)의 광구사(匡救寺) 산문(山門) 아래서 무상도(無上道)를 이야기하니 듣는 사람들이 운집(雲集)했다.

당시 변화법사(辯和法師)가 그 절에서 《열반경(涅槃經)》을 강설(講說)하였다.

그런데 어느 날 설법 듣던 사람들이 혜가대사가 산문 밖에서 법을 설한다는 소식을 듣고 한 명씩 빠져나와 혜가대사에게로 갔다.

변화스님이 크게 노(怒)해서 곧바로 읍재(邑宰)인 적중간(翟仲侃)에게 혜가대사를 비판했다.

적중간이 변화스님의 말에 미혹되어 혜가대사가 죄를 지었다고 잡아들이니 혜가대사께서 그것을 그대로 받아들였다.

그러나 그 당시 진상지인(眞相之人)은 어느 것이 진실인지 모두 알고 있었다.

그 당시 혜가대사는 107세였으며 죽은 후 자주(磁州) 부양현(滏陽縣)의 동북쪽 칠 십리에 매장했다.

祖付囑已, 即往鄴都, 隨宜說法。一音演暢, 四衆飯依。如是積三十四載, 遂韜光混跡, 變易儀相。或入諸酒肆, 或過於屠門, 或習街談, 或隨廝役。人問之曰:"師是道人, 何故如是?"祖曰:"我自調心, 何關汝事?"又于管城縣匡救寺三門下, 談無上道, 聽者林會。時有辯和法師者, 于寺中講涅槃經, 學徒聞師闡法, 稍稍引去。辯和不勝其憤, 興謗于邑宰翟仲侃。惟惑其邪說, 加祖以非法, 祖怡然委順, 識真者謂之償債。時年一百七歲。即隋文帝開皇十三年癸醜三月十六日也。葬磁州滏陽縣東北七十裏。

(普濟 撰 《五燈會元》 第1卷에서)

위 글은 혜가대사가 깨달음을 성취하고 다시 혜명을 계승할 제자 승찬대사를 잘 교육 시킨 다음 아무 구애 받음 없이 자유롭게 살아 가신 내용을 담고 있다.

먼저 30여 년 간 출가승의 여법한 모습으로 후학을 지도했다.
그런 다음 완전히 다른 모습의 사람으로 변해버렸다.
그리고 다시 산문 밖에 멍석 깔고 도(道)를 논한다.

왜 그와 같이 탈바꿈의 모습으로 살았어야 했을까?
마지막은 스스로 죽임을 자청한 것이다.
왜 그와 같은 임종을 택했을까?
업장소멸(業障消滅)을 위해?
과거생의 지은 죄의 과보를 받아 없애 홀가분해지기 위해서?

다시 혜안대사의 장수 고사(故事)를 음미해 보자!

9. 관밀(觀密) 양생법

　숭악(崇嶽)의 혜안국사(慧安國師)는 형주(荊州) 지강(枝江) 사람이며 성(姓)은 위(衛)씨다.
　수(隋)나라 개황(開皇) 17년(서기 597년)에 전국의 사도승려(私度僧侶)를 조사하여 정리했다.
　혜안국사를 조사하는데 국사가 말씀하시기를:
　"본무명(本無名)이요!"
　그로부터 산곡(山谷)에서 은둔했다.
　대업(大業) 중에 난리로 인해 집을 떠난 방랑자가 적지 않았는데 혜안국사가 걸식하여 그들을 구제했는데 그 수가 적지 않았다.
　그 당시 황제 양제(煬帝)가 혜안국사를 불렀는데 가지 않고 태화산(太和山)에 잠입(潛入)했다. 전국이 동요하자 국사는 이내 석장을 짚고 형악(衡嶽)에 올라 두타행(頭陀行)을 했다.
　당(唐)나라 정관(貞觀) 중에 황매(黃梅)에 이르러 오조(五祖) 홍인(弘忍) 대사를 친견하고 드디어 심요(心要)를 얻었다.
　……

당(唐)나라 고종(高宗)이 부르자 가지 않았다. 그때에 전국의 명승고적에 다니다가 숭산 소실산(少室山)에 이르러 말씀하시기를:

"이곳이 바로 내가 종신(終身)토록 머물 곳이다."

그로부터 수많은 수선자(修禪者)가 모여 들었다.

어느 날 탄연(坦然)과 회양(懷讓) 두 수선자가 와서 참례(參禮)하고 묻기를:

"무엇이 조사(祖師)가 서쪽에서 온 뜻입니까?"

국사가 말씀하시기를:

"어찌 자신의 뜻을 묻지 않소?"

다시 묻기를:

"무엇이 자신의 뜻입니까?"

국사가 대답하시기를:

"마땅히 밀(密)의 작용(作用)을 관(觀)하시오!"

다시 묻기를:

"무엇이 밀(密)의 작용(作用)입니까?"

그때 국사가 눈을 감고 뜨는 모습을 보였다.

그러자 탄연(坦然)은 그 즉시 깨달아 돌아갔고 회양(懷讓)은 곧바로 조계산에 가서 혜능선사를 참례했다.

측천무후가 국사를 궁으로 청해 스승으로 모셨다.

신수(神秀)선사와 함께 동등하게 국사로 모셨다.

측천무후가 일찍이 국사에게 묻기를:

"연세가 얼마나 되셨습니까?"

국사가 말씀하시길:
"기억이 없어요."
측천무후가 다시 묻기를:
"왜 기억하지 못합니까?"
국사가 말씀하시기를:

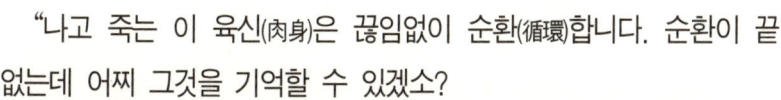

"나고 죽는 이 육신(肉身)은 끊임없이 순환(循環)합니다. 순환이 끝없는데 어찌 그것을 기억할 수 있겠소?

하물며 이 마음은 몸에 비해 물 흐르듯 순간순간 변화하여 그 사이에 틈이 없습니다. 물방울이 생기고 사라지는 것을 보는 것과 같으니 모두 다 망상(妄想)이요!

사람의 최초의 의식이 생겨나서 모든 움직임이 없어지는 것에 이르는 것 또한 이와 같은 이치입니다.

그런데 어찌 모년(某年) 모월(某月)이라 기억할 수 있겠습니까?"

측천무후가 가르침을 받고 깊이 존경하여 신수(信受)했다.

······

삼년 후 궁을 떠나 숭악으로 돌아왔다.

그해 3월 3일 문인(門人)에게 부촉하시기를:

"내가 죽으면 시신을 숲에 두어라. 그러면 자연히 불이 생겨 시신을 태우리라."

팔일에 이르러 방문을 잠그고 엎드려서 입적하니 춘추(春秋)가 128세였다.

문인들이 뜻을 받들어 시신을 임간(林間)에 안치(安置)하니 과연 숲에서 자연히 불이 생겨 시신을 태웠다.

사리 80과가 나왔으며 그중에서 다섯 과의 자색 사리는 궁중에 모시고, 나머지는 선천 2년에 문인들이 부도(浮圖)를 세워 그 안에 모셨다.

嵩丘慧安國師, 荊州枝江人也。姓衛氏。隋開皇七十年括天下私度僧尼。勘師, 師曰: "本無名。"遂遁於山谷。大業中, 大發丁夫開通濟渠, 饑殍相枕。師乞食以救之, 獲濟者衆。煬帝征師, 不赴, 潛入太和山。暨帝幸江都, 海內擾攘, 乃杖錫登衡嶽, 行頭陀行。唐貞觀中, 至黃梅謁忍祖, 遂得心要。……高宗嘗召, 師不奉詔。於是遍曆名跡, 至嵩少, 云: "是吾終焉之地也。"自爾禪者輻湊, 有坦然, 懷讓二僧來參問曰: "如何是祖師西來意?"師曰: "何不問自己意?"曰: "如何是自己意?"師曰: "當觀密作用。"曰: "如何是密作用?"師以目開合示之。然於言下知歸, 讓乃即謁曹溪。武后征至輦下, 待以師禮, 與秀禪師同加欽重。後嘗問師: "甲子多少?"師曰: "不記。"後曰: "何不記邪?"師曰: "生死之身, 其若迴圈。環無起盡, 焉用記為?況比心流注, 中間無間。見漚起滅者, 乃妄想耳。從初識至動相滅時, 亦只如此。何年月而可記乎?"後聞稽顙, 信受。……三年, 又賜摩衲, 辭歸嵩嶽。是年三月三日, 囑門人曰: "吾死已, 將屍向林中, 待野火焚之。"俄爾萬回公來, 見師倡狂, 握手言論, 傍待傾耳, 都不體會。至八日, 閉戶櫃身而寂, 春秋一百二十八。門人遵旨, 舁置林間, 果野火自然闍維得利八十粒, 內五粒色紫, 留于宮中。至先天二年門人建浮圖焉。

(普濟 撰 《五燈會元》 第2卷에서)

윗글에서 혜안국사에 대한 다음과 같은 수행정신을 볼 수 있다.

1. 호연지기(浩然之氣)!
"나는 본래 이름이 없소!"

"본무명(本無名)!"

호탕한 대답이다.

그 당시 사람들은 관리를 무서워했다.

그러나 혜안국사는 그 앞에서 호연지기를 발휘했다. 굴하지 않는 정신으로 수행할때 마구니의 장애를 물리칠 수 있다.

2. 자비행(慈悲行)

그때는 세상이 난리 통이었다. 집이 없어 거리에서 헤매는 사람이 인산인해(人山人海)였던 시기다. 생명을 부지하기 힘든 그러한 난리 중에도 굶주림으로 죽어가는 사람들을 구제하기 위해 걸식해서 그들을 살렸다.

3. 명예에 초연(超然)

황제가 청해도 가지 않았다. 수나라 양제와 당나라 고종이 청했으나 가지 않았다. 출가승의 본연에 맞게 산천을 벗 삼아 수행했다.

4. 오도성취(悟道成就)

황매산에 가서 홍인대사를 친견하고 심요(心要)를 얻었다. 심요를 얻었다는 것은 깨달음을 성취했다는 뜻이다.

5. 회상접인(會上接人)

숭산에 주석해서 후학을 지도했다. 깨달음을 성취한 다음 한 곳에 주석해서 제자를 지도했다.

6. 세연(世緣)과 상응(相應)

측천무후의 청에 임해서 황궁에 있으면서 불국토를 건립하는데 공헌했다. 많은 학자들이 보편적으로 다음과 같이 인정한다.

양무제(梁武帝)와 측천무후(則天武后)에 의해 중국불교가 정착될 수 있었다고!

인도불교는 아육왕(阿育王)에 의해서 정착될 수 있었다.

중국불교는 측천무후와 양무제에 의해서 정착될 수 있었다.

7. 자기의(自己意) 가르침

수행하는 자신의 의(意)에 수행정신을 모아야 된다는 가르침을 전개했다.

생각을 염(念)이라 표현한다.

생각이 모인 것을 의(意)라 표현한다.

혜능대사는 의(意)로 형성되기 이전의 염(念)을 강조했으며 이것을 일념(一念)이라 표현한다.

염(念)은 선(禪) 수행에서 마음작용과 가장 밀접한 요소이다.

그러한 까닭에 근본수행법인 삼십칠조도품에서도 염(念)이 가장 중요하게 반복되어 있다.

화두(話頭)를 참(參)하는 그 마음 또한 염(念)에 해당된다.

왜냐하면 이미 염(念)이 겹쳐 의(意)로 작용하면 그것은 이미 분별

(分別)이기 때문이다.

탄연과 회양 두 스님이 "달마대사가 서쪽에서 온 뜻이 무엇입니까?" 하고 물으니 혜안국사께서 다른 사람 이야기인 조사서래의(祖師西來意)를 말하지 말고 당신 자신을 말하라는 의미로 자기의(自己意)로 표현한 것이다. 즉 타의(他意)를 물어서 자의(自意)를 일깨운 것이다.

8. 생사순환(生死循環)의 가르침
육신(肉身)은 끊임없이 순환한다고 표현하고 있다.

겉보기엔 몸에 변화가 없는 것처럼 보인다. 그러나 세포 하나하나를 보면 몸을 구성하고 있는 모든 물질이 순환하지 않는 것이 없다. 물론 이미 죽었는데 배출시키지 못하여 그대로 몸 안에 남아있는 것은 제외이다. 그렇다고 죽어 있는 세포덩어리가 순환하지 않는 것은 아니다. 단지 생명유지를 위한 기능 작용을 못하고 있을 뿐이다.

순환(循環)은 변화를 뜻한다. 변화(變化)는 무상(無常)을 뜻한다. 그래서 몸이 무상(無常)하다는 것이다.

무상(無常)은 깊은 의미에선 환상(幻相)이라 표현할 수 있다. 왜냐하면 항상 변화하기 때문이다.

이와 같이 몸은 환상(幻想)의 존재인데 그러한 환상 덩어리에 무슨 나이가 있겠는가?

이것을 생명과 시간의 관계성에서 보면 어제의 내 몸이 오늘의 내 몸이 아니며, 오늘의 내 몸이 내일의 내 몸이 아니라는 이치를 알 수 있다. 몸도 그와 같이 시시때때 변화하는데 마음은 더 말할 것 없다는 것이다.

마음은 염념(念念)이 변화하기 때문이다.

9. 야화분시(野火焚屍)의 가르침

자연의 불이 생겨 시신을 태울 것이란 걸 혜안대사는 미리 알고 계셨다.

이러한 능력을 천안통(天眼通)이라 표현한다.

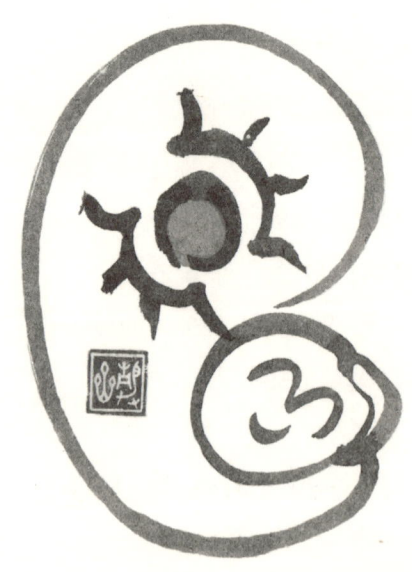

10. 추항(秋航) 대사의 바둑양생

【문】 음주(飮酒)하고 육식(肉食)하면서도 건강장수할 수 있는가?
【답】 건강장수할 수 있다!

다음 고사(故事)에서 그 이치를 음미해 보자!

금릉(金陵)[지금의 남경시(南京市)] 천백민(泉伯敏)의 태수(太守) 노(魯)가 말하기를:
 "경사(京師)인 추항화상(秋航和尚)은 바둑이 뛰어나 그를 국수(國手)라고 부른다. 술 마시며 고기 먹는 것이 일반 사람과 다르지 않다.
 동치(同治) 갑자년(甲子年 서기 1864년)에 그의 나이 120세에 원적(圓寂)했다."
 ……
 추항화상이 어느 날 바둑 두기를 마치고 말씀하기를:
 "이번 모임이 마지막이오. 다시 이와 같은 바둑 두기가 없소."
 말을 마치고 손으로 바둑판의 그림을 그린 다음 어성거리면서 숙소로 돌아갔다.

추항화상이 돌아가셨다는 보고가 들어와 태수(太守)가 가서 보니 결가부좌하고 지그시 눈감고 비주(鼻柱)가 무릎 가까이 내려와 있으며 그 빛남이 수정(水晶)과 같았다.

이러한 모습은 당연한 것 아닌가?

그는 출가한 스님인데!

또는 좌공복기(坐功服氣)의 도술(道術)이 있었던가?

金陵泉伯敏太守魯言：京師秋航和尚工圍棋，稱國手；飮酒、食肉，無異平人。同治甲子，年一百二十歲始圓寂。……兼與某公對局，局終雲：＂此會難再，即此局棋，猶是絶著。＂猶手畫所上棋譜，徜徉而去。元宵早起，忽報秋航已逝。太守往視，則見瞑目趺坐，雙垂鼻柱至膝，其光亮如水晶雲。然此是釋子，或疑其有坐功服氣之術。

(陳其元 撰 《庸閑齋筆記》 제9권 <長壽術>에서)

화상(和尙)은 출가한 스님에 대한 존칭어다.

추항 스님은 다음과 같은 몇 가지 특징을 가졌다.

1. 높은 경지의 바둑 실력.
2. 술 잘 마시고 고기 즐김.
3. 임종을 미리 알고 있었음.
4. 결가부좌하고 입적.
5. 임종 후에도 육신의 모습이 수정과 같이 빛남.

집필자는 출가한 스님은 당연히 추항 스님처럼 죽음에 자유자재한다고 생각하고 있다.

이 말을 역으로 표현하면 죽음에 자유롭지 못한 스님은 껍데기만 스님이지 그 속은 속물이라는 뜻이다.

그런데 죽은 후에 몸도 수정처럼 빛나야 진정으로 수행한 스님이라면 그것은 좀처럼 쉽지 않을 것 같다.

결가부좌하고 "나 이제 떠난다!" 말하고 임종하기도 쉽지 않은데 죽은 후에 시신까지도 빛나게 처리해야 한다니!

술 즐기고 육식 좋아하면서 추항 스님은 어떻게 그와 같이 장수하고 멋지게 임종할 수 있었을까?

바둑 좋아하신 분들!

목숨 마칠 때 먼저 바둑 판 벌려 "이게 마지막 판이야!" 소리 한 번 치고, 바둑 둔 다음 추항 스님처럼 손가락으로 바둑판 한 번 그리고, 방에 들어가 결가부좌하고 세상살이 회향하면 이것 또한 즐거운 판 아니겠는가!

11. 천세 장수한 보장(寶掌)대사

역사문헌에서 가장 오래 산 것으로 기록되어 있는 인물이 보장(寶掌)대사이다.

B.C414년에 태어나 A.C657에 입적했으니 무려 1072세를 살았다.

송(宋)나라 때 보제대사가 지은 오등회원(五燈會元)에서 그에 관한 고사를 볼 수 있다.

천세보장화상(千歲寶掌和尙)은 중인도(中印度) 사람이다. 주(周)나라 위열 12년 정묘(정묘 B.C 414)에 태어났는데 왼손을 쥐고 있었다.

7세에 출가승이 되었을 때 드디어 손을 펴서 이름을 보장(寶掌)이라 지었다.

위진(魏晉) 사이에 동쪽으로 와 이 땅에 이르렀다. 촉(蜀)나라에 들어가 보현보살을 참례(參禮)하고 대자사에 머물렀다.

자주 단식했으며 매일 《반야경》 등 많은 경전을 독송했다.

……

하루는 대중에게 이르기를:

"내가 이 세상에서 천세 살기를 발원했는데 금년이 육백 이십 육 년 째다."

그로부터 그를 천세(千歲) 스님이라 부르기 시작했다.

그 다음 오대산에 갔고, 다시 축융봉의 화엄사로 옮겼으며 황매의 쌍봉과 노산의 동림에 머물렀다.

오래지 않아 다시 건업[지금의 남경]에 도착해서 달마대사를 만나 함께 양나라에 들어가 달마대사에게 가르침을 받아 깨달았다.

……

목욕한 다음 결가부좌하고 제자 혜운에게 이르기를:

"내가 세상에 머문 지 이미 천년하고 다시 칠십 이년이 되었으니 이제 그만 떠나련다. 나의 열반 게송을 들으라.

본래 생사가 없는데
지금 생사가 보이는구나.
마음 깨닫고 이제 떠나니
다음 생에 다시 오리라."

千歲寶掌和尚, 中印度人也. 周·威烈十二年丁卯, 降神受質, 左手握拳. 七歲祝髮乃展, 因名寶掌. 魏晉間東遊此土, 人蜀禮普賢, 留大慈. 常不食, 日誦《般若》等經千餘卷. ……一日, 謂衆曰:"吾有願住世千歲, 今年六百二十有六."故以千歲稱之. 次游五台, 徙居祝融峰之華嚴, 黃梅之雙峰, 廬山之東林. 尋抵建鄴, 會達磨人梁, 師就扣其旨, 開悟. ……即澡浴易衣趺坐, 謂雲曰:"吾住世已一千七十二年, 今將謝世. 聽吾偈曰:'本來無生死, 今亦示生死. 我得去住心, 他生復來此.'

(普濟 撰《五燈會元》第2卷에서)

보장대사처럼 천 년 세월을 살려면 어떻게 해야 될까?
장수한 사람들의 특징 중에 하나가 단식(斷食)하는 경우가 많다.
음식을 먹지 않는 것과 장수는 불가분의 관계인가?
꼭 그렇지만은 아닌 것 같다.
그러나 수행 또는 수련을 통해 장수를 함께 성취한 경우 대부분 선지식이 수행 중에 자연스럽게 무위단식(無爲斷食)이 이루어진다.

12. 팔백세 장수한 팽조(彭祖)선인

보장대사와 같이 오랜 세월 장수한 도교수행자는 팽조선인이다.

진(晋)나라 때 갈홍(葛洪)선생이 저술한 《신선전(神仙傳)》에 팽조선인의 장수에 대한 가르침이 다음과 같이 기록되어 있다.

팽조(彭祖)는 성이 전(籛)씨며 휘(諱)가 갱(鏗)이다.
팽조는 황제(黃帝)의 후손인 전욱(顓頊)의 현손(玄孫)이다.
은(殷)나라 말엽에 나이가 767세였는데도 늙지 않았다.
……
팽조는 평소에 몸이 불편하면 곧바로 도인(導引)으로 폐기(閉氣)하여 치유했다.
마음은 그 몸에 있다.
머리, 얼굴, 오장(五臟), 사지(四肢)와 모발(毛髮)에 이르기까지 모두가 그 안에 마음이 깃들어 있다.
……
그 당시 채녀(采女)가 있었는데 또한 젊어서 도(道)를 얻어 양형(養

形)의 방법을 알아 나이가 270세인데도 열다섯 또는 열여섯의 아가씨로 보였다.

　……

채녀가 팽조에게 도(道)를 묻자 다음과 같이 말씀했다.

"지금 대완산에 청정선생이 계시는데 천세(千歲)가 되셨다고 전해지며 그런데 그의 모습이 동자와 같아 움직이면 하루 동안 삼백리 길을 걷고 능히 일 년 동안 먹지 않고 지내며 또한 능히 하루 동안에도 아홉 차례 식사한다."

채녀가 다시 묻기를:

"청정 선생은 어떤 신선입니까?"

팽조가 대답하기를:

"득도(得道)한 사람일뿐 신선(神仙)은 아니다."

彭祖者, 姓錢諱鏗, 帝顓頊之女孫。至殷末世, 年七百六十七歲, 而不衰老。……其體中或有疲倦不安, 便導引閉氣, 以攻所患。心存其身, 頭、面、九竅, 五臟、四肢, 至於毛髮, 皆令其存。……又有采女者, 亦少得道, 知養形之方, 年二百七十歲, 視之年如十五、六。……乃令采女乘輕軿而往, 問道于彭祖。彭祖曰:……令大宛山中有青精先生者, 傳言千歲, 色如童子, 行步一日三百里, 能終歲不食, 亦能一日九餐, 真可問也。采女曰:敢問青精先生所謂何仙人也?彭祖曰:得道者耳, 非仙人也。

(葛洪 撰《神仙傳》第1卷에서)

팽조선인의 가르침에서 다음 몇 가지를 장수와 연관시켜 사유해 볼 수 있다.

1. 도인(導引)으로 폐기(閉氣) 수련한다.

도인(導引)은 크게 세 가지 종류가 있다.
1. 몸동작을 중심으로 하는 도인(導引)수련.
2. 호흡을 중심으로 하는 도인(導引)수련.
3. 의식을 중심으로 하는 도인(導引)수련.
이 셋이 모두 기(氣)와 연관되어 있다.
그래서 도인은 기(氣)수련이라고 표현한다.

몸동작을 중심으로 하는 도인(導引)수련은 기혈(氣血)의 기(氣)와 연관되어 있다.

호흡을 중심으로 하는 도인(導引)수련은 기공(氣功)의 기(氣)와 연관되어 있다.

의식을 중심으로 하는 도인(導引)수련은 신기(神氣)의 기(氣)와 연관되어 있다.

도인(導引)으로 폐기(閉氣)한다는 것은 이 중에서 두 번째의 호흡을 중심으로 하는 도인수련에 해당된다.

폐기(閉氣)란 크게 두 가지 뜻이 있다.
1. 숨을 크게 들이켜서 멈춘 다음 운기조식(運氣調息)으로 몸 안을 정화(淨化)하고 숨을 내쉬는 방법이다. 주로 밖으로부터 한기(寒氣) 등 건강을 해치는 기운이 몸 안으로 들어왔을 때 그것을 정화(淨化)해 없애기 위해 이러한 폐기(閉氣)수련을 택한다.

2. 호흡과는 관계없이 몸 안의 기운 흐름을 끊는다.
주로 특별한 공력을 향상하기 위해 이러한 방법을 택해 수련한다.

2. 몸 곳곳에 마음이 함께 있다.
이것은 몸의 어느 곳에서도 마음을 찾을 수 없다는 가르침과 같은 뜻이다.

왜냐하면 없다는 것은 곧 있다는 뜻이기 때문이다.

불교의 선(禪) 수행법이 주로 몸에 마음이 없다는 부정적인 표현 방법을 사용한 반면 도교의 기(氣) 수련법에선 마음이 몸에 항상 함께 있다는 긍정적인 표현 방법을 사용했다.

그래서 몸의 장수를 추구하는 선지식이 선법(禪法)보다 선법(仙法)을 더 선호(選好)하는 원인(原因)이다.

그러나 몸에 대해 도교처럼 긍정적인 방법을 선택하든 아니면 불교처럼 부정적인 방법을 선택하든 무병장수의 성취에는 차이가 없다.

위에서 본 바처럼 선 수행하는 사람도 기 수련하는 사람도 장수한 사례가 많다.

3. 270세에 16세의 미모(美貌)
채녀(采女)의 나이 이미 이백년 하고도 70세를 더 살았는데 그 모습이 16세의 처녀 같다니!

뜻 있는 선지식이 실천해 볼만하지 않겠는가!

4. 천세(千歲)에 동자(童子) 모습

세상을 이롭게 하는 사람이 청정 선생처럼 오래 장수한다면 곧 세상 사람의 즐거움이다.

5. 일 년 단식과 하루 구식(九食)

일 년 단식이라!

일 년 동안 차(茶)만 마시다가 어느 날 갑자기 하루에도 연거푸 폭식해도 전혀 지장이 없다?

사실 가능하다!

기(氣) 수련을 조금이라도 체득한 바가 있는 선지식이라면 전혀 의심하지 않는다.

사람의 생명 안에 이미 이러한 기운을 내재하고 있다.

단지 그것을 일깨워 사용하지 않고 있는 것뿐이다.

6. 득도(得道)한 사람과 신선(神仙)

팽조선인은 신선을 도(道)를 성취한 사람보다 우위에 두었다.

13. 결가부좌 심신양생법

　결가부좌는 깊은 명상에 들어가 지혜를 일깨우는데 좋은 자세일 뿐만 아니라 오장육부의 조화를 도와 건강한 몸을 유지하는데도 탁월한 양생효과가 있다.
　세상사의 많은 반연과 부딪치는 와중에 수행이 이어져야 하는 재가수행자에게 결가부좌는 건강과 수행을 함께 얻을 수 있는 좋은 정진좌법이다.

　【문】 결가부좌가 어떤 수준에 도달해야 다리의 통증 없이 긴 시간 명상에 몰입할 수 있는가?
　【답】 3시간이다!
　【문】 중간에 발을 바꿔도 되는가?
　【답】 3시간 동안 발을 바꾸지 않고 명상에 방해될 만큼 통증이 심하지 않으면 결가부좌의 정진을 통해 수행성취와 건강양생을 함께 얻을 수 있다.
　【문】 왜 3시간인가?

【답】 3시간이 경계선이다. 즉 프로와 아마추어의 경계선이라 볼 수 있다. 3시간 동안 요지부동의 편안한 모습으로 결가부좌가 이어지면 프로수준이다.

【문】 어떻게 하면 그러한 수준에 도달할 수 있는가?

【답】 처음 결가부좌를 연습하는 선지식의 경우 다음과 같은 순서로 연마한다.

1. 한기정화
2. 근육이완
3. 30초 결가부좌
4. 3분 결가부좌
5. 30분 결가부좌 성취
6. 100회 30분 결가부좌
7. 1시간 결가부좌 성취
8. 100회 1시간 결가부좌
9. 2시간 결가부좌 성취
10. 100회 2시간 결가부좌
11. 3시간 결가부좌 성취
12. 100회 3시간 결가부좌
13. 3.3.9 결가부좌 성취

구체적인 수련방법은 선원을 찾아 지도받으면 좋다.

혼자서 연습하는 것에 비해 전문지도자에게 가르침을 받으면 빠른 시간 안에 효과적으로 3시간 결가부좌를 성취할 수 있다.

결가부좌가 수행에 좋다는 것은 말할 여지가 없다.

법당에 모셔진 불상에서도 쉽게 알 수 있다.

혜능대사 등 등신불의 모습을 보아도 알 수 있다.

그러나 결가부좌가 절대적인 수행성취의 문인 것은 아니다.

일종의 방법일 뿐이다.

지혜와 공력과 건강을 함께 성취할 수 있는 하나의 방법일 뿐이다.

수행자가 법에 집착하면 미혹에 빠지기 쉽다.

결가부좌도 그 중에 하나이다.

수승한 법일수록 집착하면 그에 상응한 큰 병폐가 생긴다.

3시간 결가부좌 명상의 생활화는 복잡한 현대사회에서 심신이 피로에 지친 세상 사람들로 하여금 자재인생과 생사해탈을 성취하는 데 도움 되는 좋은 가르침인 것은 사실이다.

14. 차(茶)와 심신양생

    차는 의식을 맑게 하는 작용으로부터 생명을 오래도록 건강하게 도와주는 양생효과가 있다. 즉 몸과 마음을 함께 돕는 음료수이다.
    그것은 차나무가 비록 땅에 뿌리내리고 있지만 그 안에 내재된 기운은 사람과 같이 하늘의 기운과 항상 상응하고 있기 때문이다.
    차를 마시면서 천(天)과 지(地)의 기운을 함께 받아들이게 된다.
    천 년 전부터 선(禪) 수행자와 차(茶)는 일상생활에 있어서 불가분의 벗이었다.
    선 수행자가 있는 곳에 차가 함께 있다.
    차가 있는 곳에 명상이 함께 있다.
    이러한 차(茶)문화에 의해 다선일여(茶禪一如)의 깊은 명상세계를 차 마시며 대화하는 중에 실현하게 되었으니 인류의 정신문명이 음차생활(飮茶生活)에 의해 향상되었음을 알 수 있다.

    차는 많이 마실수록 양생을 돕는다.
    양생(養生)이란 생명을 양육한다는 뜻이다.

생명의 양육은 몸과 마음이 함께 조화롭게 상응했을 때 진정한 양육이 이루어진다.

차(茶)문화가 바로 대표적인 생활 속의 양생법 중에 하나이다.

송나라 때 차를 물마시듯 즐긴 스님 한분이 계셨는데 그분에 관한 이야기가 전이선생의 《남도신서》에 다음과 같이 기록되어 있다.

대중 3년에 동도에 스님 한분이 오셨는데 연세가 120세였다.

선황제가 무슨 약을 복용했기에 그와 같이 건강장수하시냐고 묻자 스님께서 대답하시기를:

"저는 어렸을 때 미천해서 약의 성질에 대해서는 전혀 알지 못합니다. 저는 차를 즐겨 마십니다. 그래서 어디를 가든 차만 있으면 됩니다. 혹시라도 마음 놓고 차를 마실 수 있는 조건일 땐 하루에도 백여 사발을 마십니다. 평소에도 하루에 사오십 사발 이상은 마십니다."

황제가 이 말씀을 듣고 그 스님에게 차(茶) 오십 근을 하사하고 보수사에 주석하시게 했다.

> 大中三年, 東都進一僧, 年一百二十歲。宣皇問服何藥而至此, 僧對曰:
> 臣少也賤, 素不知藥性, 本好茶, 至處唯茶是求。或遇茶, 日過百餘碗,
> 如常日, 亦不下四五十碗。因賜茶五十斤, 令居保壽寺。
>
> (錢易 撰《南部新書》第8卷에서)

끽다거(喫茶去)!

끽다거는 우리에게 익숙한 용어이다.
문자 그대로 해석하면:

차 마시고 가게!

조주선사께서 후학이 선(禪)을 배우러 오면 누구에게나 공통적으로 사용한 언어이다.

조주선사는 80세에 조주원(趙州院)에 정착해서 40년 동안 후학을 지도하시고 입적하셨으니 120세에 몸을 벗어버렸다.

그의 법명은 종념(縱念)이다.

조주원에 정착해서 그를 조주선사라 칭하게 되었다.

조주선사의 거처는 매우 초라했다. 말 그대로 흙집이다.

요즘은 건강을 위해 황토방을 찾지만 조주선사의 거처는 자연황토방이다. 바람이 불면 흙먼지가 날린다.

그의 삶은 매우 검소했다. 가진 그 무엇이 없었다.

그래도 차(茶)만은 즐겨 마셨기에 누가 오든 그들에게 차를 대접했다.

현대사회에서 차(茶)는 사회인에게 매우 좋은 식품이다.
현대사회에서 차(茶)는 수행자에게 매우 좋은 도반이다.

차와 연관된 다양한 다도법이 있다.

어떤 다도법이든 양생을 돕는 좋은 수행법이다.

자신과 법연이 상응한 다도법(茶道法)으로 차(茶)를 받아들이면 더욱 좋은 심신건강의 양생효과를 얻을 수 있다.

不二養生1-3
在家修行재가수행

초판 발행일 2009년 11월 9일

지은이 정암 // 그림 정암 // 표지 및 본문디자인 김지연
펴낸이 김현회 // 펴낸 곳 도서출판 하늘북

등록 1999년 11월 1일(등록번호 제3000-2003-138)
주소 서울시 종로구 필운동 139-1
전화 02-722-2322, 팩스 02-730-2646
E-mail hanulbook@yahoo.co.kr

ⓒ 정암 2009
ISBN 978-89-51-3 03220

※ 잘못된 책은 교환하여 드립니다.
※ 가격은 뒷면에 있습니다.